全祖望集彙校集注

五

【清】全祖望 撰　朱鑄禹 彙校集注

上海古籍出版社

第五册目録

經史問答

卷一

卷二

卷三

卷四

卷五

卷六

鮚埼亭詩集

卷一

卷二

卷三

卷四

卷五

卷六

卷七

卷八

卷九

帖經餘事集

卷十

經史問答

經史問答卷一〔一〕

易問目答董秉純 十七條

問：說易家有互體，其來遠矣。南軒教人且看王輔嗣、胡安定、王介甫三家，以其不言互體也。然則互體之說非與？而朱子晚年頗有取焉，何也？

答：向來謂大傳之雜物撰德，同功異位，即指互體。愚未敢信其必然，蓋觀於『多凶多功，多譽多懼』之語，似於互體無涉。然互體在春秋左氏傳已有之，乃周太史之古法，則自不可斥，不必攀援大傳而後信也。漢晉諸儒無不言互體者，至王輔嗣、鍾士季，始力排之，然亦終不能絀也。特是漢儒言互，祇就一卦一爻取象，而未能探其所以然。直至南宋深寧王禮部作鄭康成易注序，始發之。深寧謂八卦

〔一〕 本書底本每卷卷首書名下有『餘姚史夢蛟重校』七字。

之中，乾、坤純乎陰陽，故無互體。若震、巽、艮、兑，分主四時，而坎、離居中以運之，是以下互震而上互艮者，坎也；下互巽而上互兑者，離也。若震、巽分乾、坤之下畫，則上互有坎、離；艮、兑分乾、坤之上畫，則下互有坎、離。而震、艮又自相互，巽、兑又自相互，斯陰陽老少之交相資也。其義最精。而愚由深寧之言，再以十辟卦推之：五陽辟，以震、兑與乾、坤合而成。五陰辟，以巽艮與乾坤合而成。乃夬姤近乎純乾，剥復近乎純坤，故無互體。而艮兑之合乾坤也，爲臨爲遯，則下互有震巽。震巽之合乾坤也，爲大壯爲觀，則上互有艮兑。至坤乾合而爲泰，則下互艮而上互震。乾、坤合而爲否，則下互兑而上互巽。坎、離於十辟卦雖不豫，而以既、未濟自相互，是陰陽消長之迭爲用也。其法象亦未嘗不天然也。然則互體之説，非徒以數推，而以理備。當聖人畫卦之初，何嘗計及於此，乃其既具而旁午曲中，所以不流於鑿。是故深寧八卦之旨，即中央寄王之義也。愚所推十辟卦之旨，即六律還宫之義也。而聖人參伍於此，以之取象，蓋十之五。是以朱子晚年，謂從左氏悟得互體，而服漢儒之善於説經，有自來矣。是固互體之原也。

問：然則諸家之異同若何？

答：古人互體之法，但於六畫中求兩互，是正例也。漢人説易如剥蕉，於是又有從互體以求重卦之法，謂之『連互』，蓋取兩互卦與兩正卦，參錯連之，下互連外體，上互連内體，各得一卦，所謂五畫之連互也。下互連内體，上互連外體，又各得一卦，所謂四畫之連互也。虞仲翔解豫曰『豫初至互體比，故利建侯』，是五畫連互之説也。又曰『三至上體師，故利行師』，是四畫連互之説也。間嘗以其説求之於象，如訟初至五互渙，故初之不永，二之歸逋，三之無成，四之即命，皆能聽命於元吉之主而渙其羣。至終訟之上，鞶帶是侈，三褫不改，則以其在渙外也。晉初至五互比，故有康侯之接，其象皆天然者。且不特經文之象多所合也，即卜筮家占法亦用之。宋人或筮取妻，得小過，不知其説，質之沙隨，則曰『大吉』，蓋内卦兼互體爲漸，漸女歸吉，外卦兼互體，則歸妹也，是誠曲而中矣。至宋所傳麻衣易，則又有參互之法，謂除本卦之二體，但以所互之上下二卦，重而參之，又得六畫之卦一，是又一法也。然此皆但於二五中離合以求之，不參以他説，其於古法不悖。及漢上朱内翰則以二五爲未足，始於互中求伏，共得四卦。不知正體或可言伏，互體而更求其伏則支矣。林黄中則謂一卦皆得八卦，前四卦以兩正卦兼兩互體，後四卦以兩反對卦兼兩互體。夫於反對之中尚欲求互，則屯即蒙，蒙即屯矣，是較之漢上爲更謬矣。黄中又别有包體之説，亦以互體分去取，則尤屬舛戾不足詰者。華亭田興齋，則於每卦取變卦，而又於變卦之中求互。其説本之沈守約，不知是在占法中或可用，若以解經，則不可也。降而至於明之瞿塘來氏，雜用諸家之例，愈繁愈溷，而互體之學互亂。近則西河毛氏亦然。使南軒見之，必益動色相戒，揜耳而走。然遂以之廢古法，則又非也。

問：林氏之包體若何？

答：林氏之書，傳於今者祇集解，不載包體之説。惟楊止菴嘗述之，其説以爲一卦具兩互，取一互，留一互。取之者以致用，留之者以植體。一卦取上互，則一卦取下互，如乾包坤，則爲損益；坤包乾，則爲咸恒。一卦包三十二卦，八卦包二百五十六卦。是於易之經傳取象，全無豫者，故朱子於其前説嘗辨之，而包體之説不及焉。蓋以爲其不足詰而置之也。

問：先天互體之説，先生獨不道及，何也？

答：宋人言互體，於伏，於反對，於變，皆非古法，然猶未牽纏於陳、邵之圖説。其以先天圖説言互體者，則吴草廬也。草廬之圖，有隔八縮四諸法。隔八者，先天圖之左起乾、夬，歷八卦而至睽、歸妹，又歷八卦而至家人、既濟，又歷八卦而至頤、復。先天圖之右起姤、大過，歷八卦而至未濟、解，又歷八卦而至漸、蹇，又歷八卦而至剥、坤。左右各以二卦互一卦，合六十四卦互之，得十六卦也。縮四者，合十六卦而互之，祇得乾、坤、既、未濟四卦也。草廬爲是圖，不載之易纂言，而載之外翼。按外翼十八卷，是圖即十八卷之一也。顧同時胡雲峯言互，竟與之合。二人學術門户不甚同，而言互則同。草廬之外翼，今已罕見，獨楊止菴嘗述之，故世但知爲雲峯之説。夫康節之言曰『四象相交，成十六事；八卦相盪，爲六十四』，是言正體也，非言互體也。雖就康節之説，亦祇成爲康節重卦之法，而非易之法。

然在康節，亦未嘗以之當互體。今如草廬之圖，是先有互體，後有正體，其謬不攻而自見矣。乃李厚菴力宗之，更參以漢人連互之法，而又變之爲環互，因舉雜卦大過一節爲例，謂自初至四爲姤，自上至三爲漸，自五至二爲頤，自四至初爲歸妹，自三至上爲夬。本卦之畫順行，互卦之義逆轉，斯雜卦大過一節之旨也。既、未濟無可取，則又從而別爲之詞。吾聞六畫自下而上，故其互亦自下而上，即支離其說而求之於伏，於反對，於變者，亦未有不自下而上者也。而謂可以析而環之，順行而逆轉之，斯則未之前聞也。是豈特於經無補，且又從而障之矣。故弗敢及也。

問：又有大卦之說若何？

答：是亦京房之說，而朱子嘗用之者，所謂中孚爲大離，小過爲大坎是也。六子同列，何以獨舉坎、離也？曰：四子之大卦，臨、大壯、遯、觀皆在十辟。所以然者，十辟以震、兑、巽、艮與乾、坤合而成，而坎、離居中以運之，不豫焉。十辟無坎、離，故坎、離之大卦不在十辟，而别見於中孚、小過。舉坎、離，可以概六子矣。然聖人之取象則有序，大抵求之正體而不得，則求之互體，又不得，則求之大卦，或反對卦，或變卦，故朱子於大壯，取大卦之兑以解羊象，而先儒以爲大壯本互兑，且其諸卦相接之兑不一，故六爻有四羊。洪景盧曰：『自復進爲臨，而下卦有兑，三之觸藩所自也。又進而爲泰，而上互爲兑，四之決藩所自也。又進爲本卦，而上互爲兑，五之喪易所自也。及五變爲夬，而上卦又有兑，上之不退不遂所自也。』洪氏之説，校之朱子更精。然則大壯之羊，無需於大壯求之矣。是以師之二至上爲大震，然自初至四，本互震，則長子弟子之象，不必於大震取之。晉之初至四爲大艮，然自二至四，本互艮，則鼫鼠之象，不必於大艮取之。此固例也。其必有兼取而後備者，則如蠱是也。蠱之六爻，其五皆以父母爲象，而求之無乾坤之體。不知蠱之正體，艮也，巽也；互體，震也，兑也；五畫四畫之大卦，坎也，離也，六子備矣，而父母獨失位，則兄弟交出而有事。惟上九已際蠱之終，故別爲象。乃知聖人所以成卦之旨，亦有取於是者，是則大卦之説，足以與互體參觀者也。五畫之大卦，間有與五畫之連互同者；四畫之大卦，間亦有與四畫之連互同者；則皆以互體爲主也。

問：近人惟南昌萬學士孺廬最善言互，先生所深許也。唯是先天卦位，學士亦頗用之，如先生言，則斷不可用者矣。向嘗與學士論及之否？

答：學士於予，深有忘年之交，説易尤多合。其論互，能發前人所未及者至多，獨有偶及先天卦位者，是其不審。曩在江都同邸舍，嘗以告之。學士生平固力言陳、邵之學不可以解易，一聞予言，瞿然引過曰：『即當芟之。』今學士已没，其説尚存，或是其門人所録前此未定之本，非芟正之書也。蓋乾一兑二之序，出於陳、邵諸子之言，自宋以前未之聞也。可據者莫如經，以父母男女之序言，始乾終兑。以春夏秋冬之序言，始震終艮。若乾一兑二之序，其於經何所見？且三男皆少陽，三女皆少陰，而太陽何以有兑？少陰何以有震？少陽何以有巽？太陰何以有艮？此皆絶不可解者。乃既横列以定其序，又圜列以定其位，而四正四維，究無豫於經，則又不審學易諸公何以震而驚之，以爲千古之絶學。然其説之初起，原不過自爲一家言，而未嘗以之解經。劉長民始謂八卦圖位，乾一與坤八對，兑二與艮七對，離三與坎六對，震四與巽五對，其位皆九，故説卦云『天地定位，山澤通氣，雷風相薄，水火不相射』也。説者引以解康節三十六宫之詩，未爲不可，而牽説卦之文以就之，則所謂『天地定位』者，其於四九之數何取焉。康節始以解數往知來之旨，謂有已生之卦，未生之卦。而朱子實之曰『自震至乾爲已生，自巽至坤爲未生』，則又牽説卦以就圓圖之序。而其實所謂數往知來者，甚非經之本解也。然於六十四卦之象，則自來未有以此序言之者。而學士於解二之『三狐』，困初之『三歲』，巽四之『三品』，則皆曰『三者互離之數』。震二之『七日』，則曰『七者互艮之數』。豐初之『旬』，則曰『十日爲旬』。是合離三、巽五、兑二之數』。是殆未及致思而筆之者。互體者，周太史之説也。乾一兑二者，宋陳、邵諸儒之説也。此其爲説，必不可合。要之陳、邵圖學，自爲一家。其於聖經之説皆無豫，牽而合之，是又一草廬矣。

問：宋儒爲九卦説者十餘家，大率以反身脩德之義言之。若陳希夷龍圖中亦及九卦，則於繫辭三陳之意無豫，於是胡仲虎輩遂别立一説，謂上下經適相對，咸、恒與乾對，損、益與履對，困、井與謙對，巽、兑與復對，皆以下經之兩，當上經之一。凡十二卦而二篇卦數，上下適均，十二卦而僅舉其九者。

乾、咸其始也，兑其終也，始終則皆略之。上卦自乾至履，得卦者九；下經自恒至損、益，得卦亦九。上經自履至謙，得卦者五；下經自益至困、井，得卦亦五。上經自謙至復，得卦者九；下經自井至巽，得卦亦九。此三陳之序也。循環數之，上經自復至下經恒，得卦者九；下經自巽至上經乾，得卦亦九。近多有是之者，然否？

答：序卦之旨，宜專從正對反對爲當。蓋乾、坤、大過、頤、坎、離、中孚、小過爲正對，而反對者五十六，則上下二篇，得卦各十有八，無參差也。倘謂乾爲上經之始，咸爲下經之始，而皆去之矣，則復爲上經之終，兑爲下經之終，何以祇去兑而不去復也。蓋去復則不可以言九卦，而自謙至恒，得卦十八，不可通也。且自巽至乾得卦九，是又數乾矣，則自復數之，亦仍宜至咸，而無如其得卦祇八，因越咸而數恒，則何以上經又數乾。蓋使自巽至履，得卦十七，不可通也。然則所謂序卦之旨，據胡氏之説牽强增減，非自然之法象矣。且序卦則皆宜有一定之例，九卦之中，或得卦九，或得卦五，亦無説以處此。即如戴師愈麻衣易，謂序卦當以小畜居履之後，今以錯簡亂之。大傳三陳九卦之序，履得九，謙得十五，復得廿四，皆與龍圖數合，非偶然也。是皆舉聖經以就己説，而不知其爲儒林之禍。其於真正微言，豪髮無補。蓋皆自僞龍圖序啟之。

問：三十六宫之説，自朱子外，有謂太陰、太陽之位，乾一與坤八對，兑二與艮七對；少陰、少陽之位，離三與坎六對，震四與巽五對。是以配位得四九，合爲三十六宮。其説本於劉長民，稍出康節之前。有謂震、坎、艮皆五畫，通十五畫，合乾爲十八畫；巽、離、兑皆四畫，通十二畫，合坤爲十八畫。是以分畫得四九，合爲三十六宮。其説出於六經奥論，託之鄭漁仲者也。方虚谷則謂一陽起子，正當天根，由是左行，得一百八十日；一陰起午，正當月窟，由是右行，得一百八十日。十干一宫，是謂三十六宮，是以先天卦氣言之。鮑魯齋則謂自復至乾爲陽辟，凡陽爻二十一，陰爻十五；自姤至坤爲陰辟，凡陰爻二十一，陽爻十五。奇偶相配，合爲三十六宮，是以十二辟卦言之。若以朱子之説校之，孰優？

答：尚不止此四家，而愚近以健忘，不能舉矣。猶記先司空曰：乾之策，二百一十有六；坤之策，一百四十有四；凡三百有六十。當期之日，少陽進而未極乎盈，少陰退而未極乎虚，數亦如之。自天一至地十爲一宫，是用九用六三十六宮，用七用八三十六宮。先宗伯曰：震、坎、艮爲三男，三男之畫十八；巽、離、兑爲三女，三女之畫十八；合六子之重卦數之，亦得三十六宮。凡此數説，於義皆合。然不過就卦畫、卦位、卦策言之，亦不能出朱子之右。唯所聞於棃洲黄子者曰：『康節所謂天根者，性也。月窟者，命也。性命雙脩，老子之學。康節自泝其希夷之傳，而其理於易無豫，則亦自述其道家之學，而其數於易無豫也。説者求之易，而欲得其三十六宮者，可以不必也。其説最精。而康節之所謂三十六宫者，尚未知何所指，則黄子亦未之發也。』愚偶與當塗徐檢討顒尊語及之，則欣然曰：『是也，君不讀擊壤集詩乎？「物外洞天三十六，都疑布在洛陽中；小車春暖秋涼日，一日祇能移一宫。」是非三十六宫之明文乎？天根、月窟，老氏之微言也。三十六宫，圖經之洞天福地也。其必以復、姤之説文之者，猶之參同必以乾、坤、坎、離分氣值日，而究之參同之用易，非聖人作易之旨也。』是足以爲黄子易學象數論之箋疏矣。檢討所著管城碩記，最精博，有考據。

問：厚齋先生謂『蔡澤引易「亢龍有悔」，此言上而不能下，信而不能詘，往而不能自反者也。澤相秦數月而歸相印，非苟知之，亦允蹈之』。何其許澤之深也？

答：蔡澤安知易。澤以傾危之口，乘范雎之急，挑而奪之。是其進其得不以正也。居位一無建白，是其存不以正也。不過巧於退而不陷於喪亡耳。細觀澤之底裏，蓋以蘇、張之術始，以黄、老之術終，其所爲於蘇、張則已黠，其所得於黄、老則尚粗。吴禮部校國策，其言略與予合。

問：厚齋於井之九三，荆公解曰『求王明，孔子所謂異乎人之求之也。君子之於君也，以不求求之。其於民也，以不取取之。其於天也，以不禱禱之。其於命也，以不知知之。井之道，無求也，以不求求之而已。』以爲語意精妙，諸儒所不及。而義門以爲此特輔嗣清言之儔。何如？

答：厚齋之許固過，義門以爲清言亦非。此數語，乃荆公一生作用，一生心法。所謂『以不求求之』者，即其累召不出之祕術也；『以不取取之』者，即惠卿不加賦而用自足之秘術也；『以不禱禱之者』，一變而遂爲『天變不足畏』之邪説矣。斯荆公經義之最乖舛者也。

問：厚齋謂陸希聲作易傳，而不知比之匪人之訓，與易相違。考之唐書本傳，但言希聲居位無所重輕，不見他事。故閻潛邱疑厚齋蓋誤以希聲爲文通。是否？

答：希聲如何溷於文通。此事見於楊文公談苑，而葉石林避暑録述之，厚齋之所本也。其言曰：方希聲閑居時，供奉僧䛒光以善書得幸，嘗從希聲授筆法，因祈使援己，寄以詩曰：『筆底龍蛇似有神，天池雷雨變逡巡。寄言昔日不龜手，應念當時洴澼人。』䛒光即以名達貴幸，因得召。昭宗末年，求士甚急，故首傾倒於朱朴，待希聲亦然。按之，乃所謂比之匪人也。潛邱多學，顧未考及此。此事亦可補唐史之遺。

問：喻湍石曰：『泰之「小人道消」，非消小人也，化小人爲君子也。』厚齋取之，而吾丈非之，何也？

答：此言似新而實戾經旨。『小人道消』，是化小人而爲君子；然則『君子道消』，是化君子爲小人也？可以知其説之訛矣。須知小人或可化而爲君子，君子必不化而爲小人。不如舊説之爲妥。

問：謝觀察説中孚，其於『虞吉，有他不燕』，甚奇。

答：觀察，予好友，其箋經多特見，然亦有好奇之病，不可不審也。如此條，因中孚之有豚魚、鶴、翰音，而撏扯其類，因及於燕，又及於虞，强以爲飛走之屬，誕矣。

問：『西南得朋』、『東北喪朋』之説，程子之説了然，而朱子不從，何也？

答：陰陽趨舍，凡陰未有不以從陽爲慶。故程子之説，不可易也。朱子殆欲以上文後得之得，貫下得朋之得，故謂當返之西南，而不知得喪之際，蓋有以喪爲得者。當從程子爲是。

問：春秋外傳筮法『貞屯悔豫皆八』之説，大不可曉。沙隨尚不了了。近世如安谿所云，先生尤以爲妄，究竟何以解之？

答：貞、悔之例，有變爻，則以本卦之卦分之；無變爻，則以内卦、外卦分之，原不可易。獨此所云貞、悔，則別有説。韋注曰：『内卦爲貞，外卦爲悔。震下坎上屯，坤下震上豫。得此兩卦，震在屯爲貞，在豫爲悔，其兩陰爻皆不動。』然則是兩筮所得也。蓋初筮得屯，原筮得豫，其二體各有震，而一在内，一在外，皆得八焉。故其曰貞屯，曰悔豫，謂合兩筮而共一震，故分貞、悔以別之。後人不知，竟以本卦之卦之貞、悔當之，宜其舛戾而難合已。夫兩筮皆八，一奇也。兩八皆在震體，又一奇也。兩震皆得建侯之象，又一奇也。屯之八爲晉，豫之八爲泰，皆爲吉兆。要之二象已足，不必更求之卦而了然者，寧待司空季子始知之？而當時筮史以爲不吉，真妄人耳。況夫事始之爲貞，事終之爲悔。貞屯之震，文公得國之占也。高梁之刺，公宮之焚，蓋猶有不寧焉。悔豫之震，文公定霸之占也，陽樊、城濮之勛，以順動矣，其兆顯然，更無事旁推，而正非盡筮家貞、悔之例也。及讀朱子答沙隨書，亦謂似是連得兩卦，皆不值老陽、老陰之爻，故曰皆八。然兩卦中有陽爻，何以偏言皆八，似亦未安。朱子之謂連得兩卦，是也。其疑兩卦中有陽爻，何以偏言皆八，則疑之泥者。蓋兩卦之震，二陰不動，則以兩陰爲主，故曰皆八。惜乎朱子之未見及此也。倘如沙隨之説，爲屯之豫，是三爻變也。其不變之三爻，在屯亦八，在豫亦八，固已。夫三爻變，以變爲主，安得尚以八稱之，是在古筮家無此文也。安溪別爲之説，其所謂卦以八成者，於用八之旨尤謬。由今觀之，則韋注内外貞悔之説，本自了然，而世勿深考，遂滋惑耳。

問：泰之八一條，此最難曉。如先儒以爲六爻不變者，是因董因占語，秖稱本卦彖詞故也。其説似矣，然果爾，則何以云之八也？如春秋内傳僖十五年，秦伯伐晉，遇蠱。成十六年，晉厲公擊楚，遇復。昭七年，孔成子立君，遇屯。家語孔子自筮，遇賁。乾鑿度孔子自筮，遇旅。是皆六爻不變者，而均不云之八，則舊説託於夏、商之易者，其誤已見。若以爲三爻皆變，是泰之坤，此因誤解貞屯悔豫爲屯之豫，而援其例，總於八不可通。夫筮法以兩爻或一爻不變，始占七八。則泰之八，其所遇者，有六四不變爲觀，五不變爲晉，上不變爲萃，四五不變爲剥，五上不變爲豫，四上不變爲比。今但云泰之八，而繇詞又無所引及，宜乎後世之茫然矣。

答：愚因此六卦推之，以爲當日所遇者，泰之剥也。蓋使其爲觀，爲晉，爲萃，爲豫，爲比，則不曰建侯行師，即曰錫馬晝接；不曰假廟，即曰盥薦，是皆晉公子所幾幸而不敢必之辭，其爲大吉更何疑，不應董因總無一語及之，而反有取於本卦之象。惟爲剥，則嫌其不吉，故竟不復引，而别爲之詞。然其實由泰而剥，凡事不吉，而争國則吉。蓋兩爻皆不變，或以爲占下爻，或以爲占上爻，亦頗不同。如是卦，以争國則當占五。今泰五則帝乙歸妹，剥五則貫魚以宫人寵，其爲得國必矣。董因之見不及此，而但取大往小來之説，則其於泰之八何有矣。近世經師亦多知舊解之非，故蕭山毛檢討以爲泰之豫，桂林謝御史以爲泰之晉，則何竟不及兩象也。愚故以爲所遇者剥，雖亦出懸揣之辭，而於理近之。穆姜之筮也，得艮之八，史以爲艮之隨。説者以爲史有所諱，故妄引隨以爲言。夫使不以隨實之，則艮四陰之不動者，孰能知其爲何爻，是復董因之例也。

問：易象用之占筮，列國皆當有之，何以韓宣子獨見之魯？且易象何以爲周禮，不應當時列國皆無易象？

答：按此陳潛室嘗及之。潛室謂易卜筮所嘗用，然掌在太易，屬之太史，列國蓋無此書。故左傳所載卜筮繇辭，其見於列國者，各不與周易同，而别爲一種占書。獨周史及魯所筮，則皆周易正文。以此見周易惟周與魯有之。故韓宣子謂周禮在魯，潛室之言，大略得之。然所考尚有未盡者。前漢書藝文志有大次雜易八十卷，即所謂自成一種占書者也，殆如今易林之流。杜預明言當時有雜占筮辭，但春秋時之列國，非其初竟無周易筮法也，文獻不足而失之。故左傳載筮辭，其用周易者，則必曰『以周易筮』，不使與他筮混。莊公二十二年，周史有以周易見陳侯者，陳侯使筮敬仲，遇觀之否。昭公五年，叔孫穆子之生，莊叔以周易筮之，遇明夷之謙。哀公九年，陽虎爲趙鞅以周易筮救鄭，遇泰之需。若襄公九年，穆姜居西宫，筮得艮之隨；昭公十二年，南蒯之叛，筮得坤之比；則雖不言以周易筮，而其占皆引周易之文，是潛室所謂周易筮法，秖用於周、魯可證者也。乃昭公七年，孔成子立衛靈，再筮皆以周易。僖公二十五年，晉文公筮納王；襄公二十五年，崔杼筮納室；雖不以周易筮，而皆引周易之文，則不得謂列國皆不用也。特用之者少耳。閔公元年，畢萬筮仕於晉，遇屯之比；僖公十五年，秦穆公筮伐晉，遇蠱；晉伯姬之筮適秦，遇歸妹之睽；成公十二年，晉厲公筮伐楚，遇復；皆用雜占。是潛室謂列國筮法别爲一種占書，可證者也。乃閔公二年，成季之生，筮大有之乾，亦引雜占，則魯亦未嘗不兼用他書也。特用周易者多耳。蓋當周之初，典禮流行，易象一經，必無不頒之列國者。至是而或殘失，不能不參以雜占，惟魯以周公之舊，太史之藏如故，此宣子所以美之也。

經史問答卷二

尚書問目答董秉純 十八條

問：四岳，據孔安國傳即是羲和。然據韋昭注國語，則四岳是共工之從孫，炎帝之後。杜預注左傳，亦曰太岳，神農之後四岳。故厚齋以爲非羲和，而國語謂羲和是重、黎之後。不知是否？

答：羲和爲重、黎之後，以呂刑證之，似可信。而左傳重爲少昊四子之一，黎爲顓頊所出，則皆非太岳之宗矣。是孔注未可從者一也。以二十二人之數合之，則十二牧加以九官，而太岳特以一人總四方之任，適得二十二人，又不應如羲和之分而爲四矣。是孔注未可從者二也。且四岳又名太岳，則豈有四人而一名者。是孔注未可從者三也。但考夏書仲康之胤征，則似是時并爲一官，不知是重之後失其職而黎兼掌之，抑是黎并于重，世遠難考。司馬遷所以溷稱出于重、黎而不能辨也。謂四岳即羲和，亦不始于孔氏，伏生大傳中已言之。

問：「滎波既豬」，鄭、賈以「波」爲「播」，古文作「嶓」。或引爾雅，水自洛出曰「波」。或引職方，豫州之浸波溠，則不必改字矣。然畢竟職方、爾雅，將安所從。

答：職方之「波」是也。波水出霍陽，入汝水，詳見水經。禹貢無治汝之文，而孟子有之。若明乎「波」爲霍陽之水，是即禹之治汝也。漢人所謂治一經，必合五經而訓詁之者，此也。

問：淮南子言共工嘗治洪水，亦見於竹書。然則堯典「滔天」二字，蓋指治水而言，適與「驩兜方鳩僝功」之語相合。

答：是在故人龔明水嘗言之，但非也。淮南等所紀事，多與遺經不合，大半難信。竹書尤不足據。亭林先生喜引竹書，最是其失。但淮南所云共工治水，則原有之，而以之箋「滔天」二字，則又不可。何以知共工嘗治水也？國語太子晉曰「共工壅防百川，墮高堙庳，以害天下。崇伯稱遂共工之過」，則是「方鳩僝功」，原指治水，淮南之言非無據。賈逵、韋昭以共工爲炎帝時之共工，是甚不然。蓋本文明言鯀襲共工之障水以致殛，則是先後任事者，而下又言四岳，即共工從孫，能佐禹以幹蠱，是共工即四凶之一無疑。蓋共工治水不效，鯀繼之，又不效也。但帝所云「象恭滔天」，則似不以治水言，蓋以史記考之，則作「似恭漫天」，古文每多通用，慆與滔通，慢與漫通，六書之例然也。故孔明曰「慆漫則不能研精』，而孔傳以爲傲狠，孔疏以爲侮上慢下。然則滔天者，慢天也，貌恭而心險，正與僞言僞行交肆其惡，故大禹以巧言令色當之，而史記亦言其淫僻，不可以下文洪水『滔天』二字，并指爲共工治水之罪狀也。班孟堅幽通賦『巨滔天以滅夏』，曹大家注：滔，漫也。夫新莽亦豈有治水之事，以是知古人之訓故別有屬也。是在明人文氏琅琊漫抄中嘗及之，而明水之説亦未當。

問：納于大麓，孔叢子謂如録尚書之録，似未可信。

答：三代安得有録尚書省之官，是乃東漢人語。孔叢所以爲後人所疑，指其依託者，此也。且即如所云，便是百揆之任，何以複出。而既是東漢以後之録相，則於風雷何豫。徐仲山曰：『大麓乃司空之掌，當時方治水，故舜或親視之。』其説近是。

問：商容之言行，孔疏引帝王世紀一條，是其言。厚齋困學紀聞引韓詩外傳一條，是其行。然世紀似可信，外傳似不可信。

答：善哉，去取之審也。據韓嬰謂商容欲馮于馬徒以伐紂而不能，自以爲愚；不争而隱，自以爲無勇。故武王欲以爲三公而辭之。夫商容仕于殷朝而欲伐紂，是何舉動，豈止于愚。又謂不争而隱是無勇，蓋七國荒唐之徒所爲説，故早已見於燕惠王貽樂間書中，要之不足信。商容不仕于周，自是伯夷一流，韓嬰之言，適以污之，厚齋先生亦不審耳。孔疏但引世紀，正是有斟酌也。

問：韋昭、酈道元以五觀即太康之五子。後人又以斟灌即五觀。若云太康之五子，則賢弟也。考五觀則畔臣，故漢人名其地曰畔觀，何不類也？若云即斟灌，則又相之忠臣也，何所適從？

答：以有扈氏與觀並稱，見于春秋內傳。以朱、均、管、蔡與觀並稱，見于外傳。而東郡之縣名畔觀則其不良亦復何說。唯是以五觀遂指爲太康之五弟，而因指洛汭之地爲觀，則古人亦已疑之。厚齋王氏曰：『五子述大禹之戒，仁義之言藹如也，豈若世所云乎？』但厚齋亦但以尚書詰之，而即韋、酈之說，其自相悖者，未盡抉也。夫東郡之畔觀，非洛汭也，觀既爲侯國，則五觀者，五國乎？抑一國乎？五國則不應聚于一方，一國則不可以容五子。況五觀據國以逆王命，又何須於洛汭之棲棲也。是按之地與事而不合者也。蓋五觀特國名，猶之三朡。今以太康之弟適有五，而以配之，則誣矣。然內傳尚無此語，外傳始以爲夏啟之姦子。夫以追隨太康之弟，而反曰姦，曰畔，則必其從羿而後可矣。蓋嘗讀續漢書郡國志，曰『衛故觀國，姚姓』，乃怳然曰：『畔觀非夏之宗室也，而況以爲太康之同母乎？』是足以輔厚齋之說者也。

至若以斟灌即畔觀，則以皇甫士安曰：『夏相徙帝邱，依同姓之諸侯斟灌、斟尋。』夫斟灌在帝邱，則是即東郡之畔觀，觀與灌音相同，故可牽合。而臣瓚又疏晰之曰『斟尋在河南，太康居斟尋，即尚書所云傒于洛汭也。相居斟灌即東郡之灌也』。引汲冢古文以證之。但考應劭又云：『斟尋在平壽。』京相璠曰：『斟灌即在斟尋西北，相去九十里。』杜預亦云：『二斟俱在北海。』夫臣瓚謂斟尋在洛汭，按洛汭有名曰鄩中，即周大夫鄩氏所居，適與洛汭合，而其去東郡之觀亦近，固似可據，然觀乃姚姓之國，則非夏宗室之斟灌矣。而靡奔有鬲，收合二斟之餘燼。鬲在平原，正與北海近，則二斟自在平壽，非河南與東郡也。吴斗南調停之，以爲二斟初在河南，爲羿所逼，棄國而奔平壽，是乃騎郵之詞，不足信也。蓋五子自是五子，二斟自是二斟，無從牽合。而畔觀則異姓。三分而勿施糾纏焉，則惑解矣。

曰：然則相之居帝邱，將誰依也？曰：是殆畔觀既平之後，而相還焉，而二斟以東國之賦爲之捍衛，如晉文侯之輔周，未嘗不可。若必以爲依畔觀，則觀既畔矣，而爲啓之姦子，乃不數十年而又率德改行，爲相之忠臣，何前後之不符也。是皆展轉附會，而不能合者也。

問：胤征之篇，坡公以爲羲和忠于夏、貳于羿者，故非仲康之討之也。陳直卿最稱之，其信然乎？

答：未必然也。夏本紀最殘失，但以尚書及左傳考之：太康失夏都，居洛汭，是時羿但據夏都，尚未侵及三川也。故五子須於洛汭，仲康，當即五子之一。太康崩，仲康立，是時之夏，蓋如東遷之周，僅保洛汭，未必得還安邑。先儒以爲仲康爲羿所立，亦未必然。仲康雖不能除羿，然猶能自立，故命胤侯掌六師征羲和，以稍剪其黨羽，則固勝于周之平、桓諸王矣。仲康崩，帝相更孱，羿始吞并及三川，而相因遷於帝邱，則羿篡夏之局遂成矣。讀五子之歌，而知仲康之能自立也。其卒未能除羿者，天未厭亂，惡貫或有待也。坡公之論雖奇，須知夏史豈有尚録羿書者乎？

問：漢書王莽傳謂周公之子七人，而先生以爲八人，未知所出。

答：左傳：凡、蔣、邢、茅、胙、祭，支子凡六，則合禽父而七，固自有據。不知尚有世襲周公之爵者。厲王時，周定公以共和有大功，而左傳亦累有周公爲太宰，非八人乎。蓋禽父以元子受魯公，而次子世爲周公，其餘如凡，如祭，如胙，如茅，皆封畿内，邢、蔣則封于外。按水經注，則凡亦外諸侯也。

問：厚齋先生引坊記注，君陳乃禽父之弟也，而惜其他無所考。潛邱又引詩譜，以爲次子世守采地者。如先生言，得非即周公乎？

答：亦未可遽定也。坡公以爲君陳，蓋如君奭、君牙之儔，難確證其爲周公之子。然要之叔旦之後非七人，則已明矣。

問：水心先生謂『惟辟作福』三句，箕子之言亦可疑。意者殷之末造，紂雖諸事自專，而臣下必有竊其威福者，故作此語。不然，箕子不應爲此言也。愚意箕子之説所以戒枋臣，水心之説所以戒昏主，足以相輔而不相悖，是否？

答：賢者之説甚善。然三代而後，人君日驕，則水心詰箕子，是乃極有關係之言。畢竟二典説得圓融，曰：『天命有德，五服五章；天討有罪，五刑五用。人君奉天而已，刑賞原非己所得主。』然則惟辟而曰『作福』，便不本天命；曰『作威』，便不本天討。何嘗不凶于而身，害于而國也。箕子于此一層，未拈出也。且惟辟而曰『作福』，即有竊惟辟之福以作福者；曰『作威』，即有竊惟辟之威以作威者。而且其始也竊而行之，其究也肆無忌憚而作之，皆由于惟辟之不知奉天，而以威福爲己作也。然箕子于上文曰『無有作好，遵王之道。無有作惡，遵王之路』。所謂王道、王路，即是天命、天討，其義亦自互相備。豈知後世人君，專奉此三語爲聖書，而帝王兢業之心絶矣。『惟辟玉食』句，尤有疵。先儒謂荆公豐亨豫大之説，誤本於周禮『惟王不會』一語。不知洪範此語，亦自與此互有瓜葛也。

問：吕覽南宫括曰：『成王定成周，其辭曰：「惟予一人，營居于成周。有善，易得而見也；有不善，易得而誅也。」』説苑南宫邊子曰：『成王卜成周。其命龜曰：「使予有罪，四方伐之，無難得也。」』淮南子武王欲築宫于五行之山，周公曰：『五行險固，使吾暴亂，則伐我難矣。』君子以爲能持滿。劉敬傳：『周公營成周，以爲此天下中，有德易王，無德易亡。』或以爲武王，或成王，顧不見於營洛之篇，何也？

答：是乃後世附會之言。周公營東都，不過以爲朝會之地，未嘗令後王遷居之也。果爾，則王公設險守國之言，不應見之易矣。蓋設險守國，前王所以爲子孫計也。在德不在險，後王所以自省也。其言各有當，聖王固無私其後世長有天下之心，然亦豈有聽其易亡之理。若五行之山，乃太行也，其地雖險，而過於阨塞，自不可以爲都會，非謂其難亡也。三代以至今，太行之國孰不亡，而謂伐之難者？

問：召公年一百八十，見於論衡，信否？

答：此是傳聞之語。召公或謂是文王之庶子，或謂但是同姓，俱不可考。然要之其年，則當與武周相肩隨。當成王之初，召公亦不下九十。歷成至康，不過四十餘年，而康王即位之後，召公不見，則已薨矣。周初諸老，固多大年，然周公九十九歲，太公百二十餘歲，畢公亦壽考，要之無及昭王之世者。若百八十，則及見膠舟之變矣，非召公之幸也。

問：左傳引洪範爲商書，何也？

答：是蓋殷之遺民所稱，而後人因之者。蓋曰『惟十有三祀』，則雖以爲商書可也。微子、微仲，終其二世不稱宋公，亦猶洪範之稱商書也。商之異姓臣子，如膠鬲，如商容，亦皆冥鴻蜚遯，不獨西山之老，可謂盛矣。

問：史記武王伐紂，卜龜兆不吉，羣公皆懼，獨太公强之。按尚書孔疏亦引六韜：龜焦，筮又不吉。太公曰：『枯骨朽筮，不踰人矣。』厚齋謂六韜非太公所作，不足信。按尚書『朕夢協朕卜』，則六韜之妄明也。

答：引泰誓以詰六韜，甚佳。左傳昭七年，衛史朝已及之矣。然愚更有説于此：武王救民水火之中，所信者天，并不必卜，不必夢也。託夢、卜以堅衆心，則所自信者反薄矣。故吕覽載夷齊之言，謂武王揚夢以説衆。而顧亭林疑泰誓之爲僞者，此也。

〔問〕（此條問語及『問』、『答』字原缺，今謹補『問』『答』字。）

〔答〕湯之放桀，而有慙德，自是高于武王。黎洲黄氏曰：『有湯之慙，然後君臣之分著，而人知故國之不可以遽剪。有虺之誥，然後揖遜征誅之道一，而人知獨夫之不可以横行。』其言最精。武王遜湯正在此，周公之作多士曰：『非我小國，敢弋殷命』，則亦似爲武王補此一節口過。斯周公之功所以大。

問：漢、魏十四家『六宗』之説，錯出不一，若何折衷？

答：類上帝，首及皇天后土也。則禋『六宗』，當爲天神，而後望山川，以及地示，然後遍于羣祀。

今或仍及天地，或并及山川，又或指人鬼而言，非雜複，則凌亂矣。『六宗』則當實舉其目，而或名雖六而實不副，或自以其意合爲六，或反多于六者之外，是信口解經也。故犯此數者之説，則其謬誤，不必詳詰而已見。是以伏生之天、地、四時，其説甚古。然于類帝有複。歐陽和伯變其説，以爲在天、地、四方之間，助陰陽，成變化。而李郃以爲六合之間，劉邵以爲太極沖和之氣，爲六氣宗。孟康以爲天地間遊神。則皆歐陽之説，無可宗而强宗之，揚雄所謂神遊六宗者也。孔安國引祭法，以爲四時、寒暑、日月、星、水旱，則寒暑即時也。幽、雩乃有事而祈禱，非大祭也。説者以爲本之孔子。劉昭曰：『使其果出孔子，將後儒亦無復紛然者矣。』劉歆、孔光、王肅，以爲水、火、雷、風、山、澤，是乾坤之六子，則兼山川而祭之。賈逵之天宗：以日爲陽宗，月爲陰宗，北辰爲星宗；地宗：以河爲水宗，岱爲山宗，海爲澤宗，同此失也。康成以周官小宗伯四郊注中之星、辰、司中、司命、風師、雨師當之，則自司中而下，皆星也，六宗祇二宗。虞喜以地有五，總五爲一以成六。劉昭取之，則六宗祇一宗。司馬彪以日月星辰之屬爲天宗，社稷五祀之屬爲地宗，四方五帝之屬爲四方宗，是并羣神皆豫矣，而覈之則六宗祇三宗。若張髦以爲三昭三穆，張迪以爲六代帝王，則無論是時曾備七廟之制與否，其六代果爲何帝何王，而要之不應以人鬼列于山川之上。若宋儒羅泌以爲天宗、地宗、岱宗、河宗、幽宗、雩宗，則無論經文之上下皆凌犯，而亦輕重不以其倫。明陶安以爲類上帝乃祭天，禋宗乃祭地，六者，地之中數也，則又本虞喜之説，而少變之。方以智以爲五方實有六神，曰重，爲句芒；曰黎，爲祝融；曰該，爲蓐收；曰脩、曰熙，爲玄冥；曰勾龍，爲后土。不知五人帝者，五天帝之配，豈容别列爲宗。近如惠學士士奇以古尚書伊訓及周禮之方明爲六宗，以其上玄下黄，前青後黑，左赤右白，實備六合之氣。則亦上下四旁之説，而況是時尚未必有方明之祀。杭編修世駿謂是天地四嶽之神，亦少變伏、歐之説者。然天地已見于類帝，而四嶽則望山之所首及也。沈徵君彤以爲六府，亦非天神之屬，皆不免於上下文有牴牾。故愚嘗謂盧植以六宗爲月令祈年之天宗，其義甚長，而特是天宗之目不著，則孔、鄭兩家之説，皆得附之，而無以見其爲六。然則天宗之六者，何也？曰：即左傳之六物也。六物者，曰歲，謂太歲也；曰時，謂四時；曰日，曰月，曰星，則二十八宿也；曰辰，則十二次也。是六者，皆天神也。天神之屬，無有過於此六者。有時舉四時而析之，與歲、日、月、星、辰並列，則謂之九紀。逸周書周公曰：『在我文考，順道九紀，一辰、二宿、三日、四月、五春、六夏、七秋、八冬、九歲。』又曰九星，周書日、月、星、辰、四時、歲，是謂九星。王深寧曰九星，即九紀也。有時舉歲、日、月、星、辰而不及時，則謂之五位。國語武王伐殷，歲在鶉火，月在天駟，日在析木之津，辰在斗柄，星在天黿，蓋舉五位而知其時之爲冬也。有時舉日、月、星、辰而不及歲時，則曰四類。深寧解周禮之四類，以此四者當之。蓋舉四者，而歲時從可知也。有時舉日、月、星，而不及三者，則曰三光，又曰三辰。蓋以日、月該歲時，以星該辰也，是皆隨意錯舉者。若祭則必定爲六，故曰六宗。尚書之禋，禋此六者。月令之祈年，亦祈此六者也。或曰康成之説，謂郊之祭，大報天而主日，祭以月。日月不宜尚在六宗，何與？曰：是亦不然。日月配天，不宜列六宗，嶽瀆配地，何以列望祀也。是又不足誚也。

問：今文尚書傳，以『七政』爲『七始』。古文尚書傳，以『七政』爲『七緯』。歷代言尚書者，多主『七緯』。而葉夢得尤詆伏生之言。近世李穆堂詹事攻古文之僞，乃力主『七始』之說。然不知古文孔傳無舜典，今文孔傳、舜典一篇，乃王肅本。而康成解書，已主『七緯』，鄭、王皆伏氏之學，則于孔傳無豫也。是否？

答：『七律』出于國語，以配『七始』，又謂之『七元』，見劉昭注漢志，其說最古。隋志亦曰『七衡』，但春、夏、秋、冬，不應與天、地、人並列爲七。蓋四時皆天運，而人事成之，言天、地、人，則四者在其中矣。況璣衡亦祇可用于天耳，其于地，則土圭水臬，別有其器。而于人，則竟無所用之。不若『七緯』之于璣、衡爲切也。即『七律』亦不應配『七始』也，記不云乎：『宮爲君，商爲臣，角爲民，徵爲事，羽爲物。』二變者，五音之餘耳。今以天、地、人配宮、商、角，而徵、羽合二變，以隸四時，則參錯不齊，非自然之法象矣。是雖出于周、秦諸儒之說，而實則不足爲據者也。若謂五星之名，始見于甘石，唐虞時所未有，則不足以難鄭氏。五星之以五行爲名，始于甘石，要之熒惑、歲填、太白諸象，昭回于天者，非甘石始有也。經文未嘗有五星之目，而撫于五辰，則即尚書語也。以日月五辰言『七政』，何不可之與有？故愚以爲『七政』當以鄭氏之說爲長。若漢以後人言『七律』，亦有不用『七始』而配『七緯』者。五代會要王仁裕曰：黄鍾爲土，太簇爲金，姑洗爲木，林鍾爲火，南吕爲水，應鍾爲月，蕤賓爲日，謂之『七宗』，則并『七律』而亦以『七緯』配矣。然五正音反配五辰，而二變反配二曜，則豈有二曜而反爲五辰之餘者，斯其説亦未合。要之『七政』之爲『七緯』，非『七始』，確然無疑。而『七律』，則在國語，衹以自子至午之『七同』當之，不必以『七始』相牽合也。若史記以北斗七星爲『七政』，馬融用之。然其説亦謂北斗七星，第一主日，法天；二主月，法地；三命火，主熒惑；四煞土，主填；五伐水，主辰；六危木，主歲；七罰金，主太白。則亦本『七緯』而言，並非以璣衡二星爲附會，是又可以見『七始』之説，自伏生以後，未有用之者也。若漢志引益稷篇『六律、五聲、八音，在治忽』，而以末三字作『七始』，則更失之。蓋使專以『七始』言『七政』，則是六律、五聲、八音之所從生，不應反序其下。若以『七始』即『七律』，則二變聲作于牧野，而歌南薰之時無有也。

問：古之言三江者極多，以沈存中之該博，亦云莫知孰爲三江者。故前輩以爲按今所行大江以求三江，猶按漢所行大河以求九河，必不可得。此最合聖人闕如之旨。然羣説之紛綸，要不可不考也。

答：三江之説，其以中江、北江、南江言之者，漢孔氏傳，據經文謂有中有北，則南可知，是爲三江。其道則自彭蠡分爲三，而入震澤；自震澤復分爲三，入海。按江、漢之水，會于漢陽，合流凡數百里，至湖口與豫章江會，會數千里而入海，即所謂彭蠡也。然則江至彭蠡并三爲一，未嘗分一爲三，況震澤在今之常、湖、蘇三府地，自隋煬帝鑿江南河，始與江通，當大禹時，江湖何自而會？且大江又合流入海，未聞三分，故前輩謂安國未嘗南遊，全不諳吴、楚地理，是書傳之説非也。班孟堅地理志，指松江爲南江，指永陽江、荆谿諸水爲中江，指大江爲北江。司馬彪郡國志因之。此與書傳所言，本自不同，乃孔穎達引以證傳，而司馬貞入之索隱。王荆公亦取其説，但其所謂中江出丹陽蕪湖縣，西南至會稽陽羨縣東入海者。按陽羨，今之宜興，與丹陽雖相接，而兩境中高，又皆有堆阜間之，其水分東西流，江之在陽羨者，固可通海，而蕪湖之水皆西北流，合寧國、廣德、宣、歙諸水，北向以入大江，安得南流以上陽羨也。夫諸水本皆支流，不足以當大江，經文明有中江，而乃背之，甚屬無謂。乃或言地理志之中江，在洪水時原有之，禹塞之以奠震澤。則何不云三江既塞，是地志之説尤非也。水經謂江至石城分爲二，其一即經文所謂北江者也。南江則自牛渚上桐水，過安吉縣，爲長瀆，歷湖口，東則松江出焉，江水奇分，謂之三江口，東至會稽餘姚縣東入海，其于中江闕焉。不知桐水，今之廣德；長瀆，今之太湖；其中高，水不相通，亦猶丹陽之與陽羨。而南江既爲吴松，安得更從餘姚入海。故胡朏明疑『東則松江出焉』十五字乃注之誤混于經者。蓋地志以松江爲南江，水經以分江水爲南江，酈元欲援水經以合地志，故曲傳之。總之，與禹貢不合，是水經之説又非也。鄭康成書注，左合漢爲北江，會彭蠡爲南江，岷山居其中，則爲中江。康成未嘗見書傳，然其説頗與之合，特不言入震澤耳。唐魏王泰括地志，謂禹貢三江，俱會彭蠡，合爲一江入澥。夫合爲一江，則仍不可以言三江。故眉山以味別之説輔之。古之言水味者，本諸唐許敬宗，但大禹非陸羽一種人物，則蔡九峯之所難，不可謂其非也。是書注之説亦非也。盛宏之荆州記，江出岷山，至楚都，遂廣十里，名爲南江。至尋陽，分爲九道，東會于彭澤，經蕪湖，名爲中江。東北至南徐州，名爲北江，入海。此本漢地理志舊注：岷山爲大江，至九江爲中江，至徐陵爲北江，蓋一原而三目，今載在初學記中，而徐氏注説文宗之。但此則仍一江，非三江也。其與孔、鄭別者，不過一以南江爲大江之委，一以爲原，暮四朝三，不甚遠也。則荆州記之説亦非也。賈公彦周禮疏襲孔、鄭之説而又變之，謂江至尋陽，南合爲一，東行至揚，復分三道入海。但彭蠡在尋陽之南，幾見江、漢之分，至尋陽始合，而大江之合，至彭蠡又分者。則周禮疏之説亦非也。初學記又引郭景純山海經：三江者，大江、中江、北江，汶山郡有岷江，大江所出；崍山，中江所出；崌山，北江所出。此在山經，原未嘗以之言禹貢之三江，而楊用修因謂諸家求三江于下流，曷不向上流尋討。蓋三江發原于蜀，而注震澤。禹貢紀其原以及其委。用修多學，乃不考大江、震澤之本不相通，且亦思三江盡在夔峽以西，安得越梁而荆而紀之揚，況山海經安足解尚書也。試讀海内東經又有『大江出汶山，北江出曼山，中江出高山』之語，是又一三江也，是固不足信之尤者也。其以松江、東江、婁江言之者，張守節謂在蘇州東南三十里，名三江口：一江西南上七十里至大湖，名曰松江，古笠澤江；一江東南上七十里至白蜆湖，名曰上江，亦曰東江；一江東北下三百餘里，名曰下江，亦曰婁江。是本庾杲之吴都賦注，而庾又本顧夷吴地記。吴越春秋所謂范蠡乘舟出三江之口，與水經所云『奇分』者也。陸德明已引之，守節始專主其説，而薛季龍、朱樂圃、蔡九峯皆以爲然。但據諸書，皆云三江口，而不以爲三江。況東婁爲吴松支港，近在一葦，故孔仲達即已非之，謂不與職方同。今考吴都賦注，則東江、婁江並入海，據史記正義，則僅婁江入海，然則三江仍屬一江，而東、婁二江，至今無考，則吴地記之説亦非也。虞氏志林謂松江到彭蠡，分爲三道。其所謂三道者，大抵即指松江、東江、婁江而言，則更紕繆之甚者。彭蠡爲中江、北江、南江之會，其水既入大江，即從毗陵入海。而松江之水，乃從吴縣入海，安得至彭蠡也。則志林之説尤非也。黄東發力主庾、張，而又疑之，謂予嘗泛舟至吴松，絶不見所謂東、婁二江者。考之吴志，有白蜆江、笠澤江，意者即古所謂三江者耶？不知白蜆江即東江，笠澤江即松江，東發既失記張氏原注，而又懸揣之。是日抄之説亦非也。金仁山曰：『太湖之下三江，其説有二：一謂吴松江七十里，中爲松江，東南爲婁江，北爲東江。一謂太湖之下原有三江，吴松乃其一耳。』則亦疑松江、婁江、東江之未足以當三江，而别設一疑軍以岐之。究之别有江者，果何江也。是又欲爲之辭而不得者也。若韋曜則又謂吴松江、浙江、浦陽江爲三江，其意以大江之望，已舉彭蠡，于是南及松江，又南則及浙江，又南則及浦江。然浦江導源烏傷，東逕諸暨，又東逕始寧，又東逕曹江，然後返永興之東，與浙江合，則特錢唐之支流耳，安能成鼎足哉？或且祖吴越春秋，以浙江、浦江、剡江爲三江，則浦江原不過浙江之附庸，而剡江并不能與浦江並，大江以東，支流數百，使隨舉而錯指之，可乎？惟水經沔水下篇注引郭景純曰：『三江者，岷江、松江、浙江也。』初學記誤引以爲韋曜之言，蓋自揚州斜轉，東南揚子江，又東南吴松江，又東南錢唐江，三處入海，而皆雄長一方，包環淮海之境，爲揚州三大望，南距荆楚，東盡於越，中舉勾吴，此外無相與上下者，恰合職方大川之旨，即國語范蠡曰：『與我争三江五湖之利者，非吴也耶？』子胥曰：『吴之與越，三江環之。』夫環吴、越之境，爲兩國所必争，非岷江、松江、浙江而何？善乎，蔡傳旁通曰『三江不必涉中江、北江之文，而止求其利病之在揚州之域，則水勢之大者，莫若揚子大江、松江、浙江。經文記彭蠡之下，何爲直捨大江，而遠録湖水之支流』，則中江、北江之與三江，本不相合明矣。況岷江入，則彭蠡諸水皆從矣。鄭、孔諸家所謂中江、北江、南江者，已足該之。松江入，則具區諸水皆從矣，庾、張諸家所謂松江、東江、婁江者，已足該之。浙江入，則浦陽諸水皆從矣，韋、趙諸家所謂浙江、浦江、剡江者，已足該之。蓋既舉三大望，而諸小江盡具焉，是諸説皆可廢也。嘗考宋淳熙間，知崑山縣邊實作縣志，言大海自西滜分南北，由斜轉而西，朱陳沙謂之揚子江口，由徘徊頭而北，黄魚垛謂之吴淞江口；由浮子門而上，謂之錢唐江口，三江既入，禹迹無改，是其説最得之。乃有疑大江衹一瀆耳，不應既以表荆，復以表揚。不知江漢朝宗之文，尚兼漢水言之，至揚始有專尊，況自南康至海門，直下千五百里，不得專屬之荆也。試以禹貢書法言之，淮海惟揚，海岱惟青，海岱及淮惟徐，倘謂著之一方，即不得公之他所，則是夏史官亦失書法也。又有疑禹合諸侯于會稽，在攝位以後，若治水時，浙江未聞疏導，不得豫三江之列。不知禹貢該括衆流，不應獨遺浙江，而會稽又揚州山鎮所在，必無四載不至之理。其不言於導水者，或以施功之少，故略之耳。若顧寧人疑古所謂中江、北江、南江，即景純所謂三江。北江，今之揚子江也；中江，今之吴淞江也，東迤北會爲匯，蓋指固城、石臼等湖；不言南江，而以三江見之，南江，今之錢唐江也。則愚又未敢以爲然。據先儒，固城等湖是闔廬伐楚開以運糧者。況經文中江，明指大江，似無容附會也。若胡朏明既主康成之説，又以秦、漢之際別有三江，以分江水，東歷烏程，至餘姚，合浙江入海者爲南江；以蕪湖水東至陽羡，由大湖入海者爲中江；合岷山爲北江。其説雖無關禹貢，而亦屬不考。分江水發安慶，至貴池，即有山谿間之，何由東行合浙？蕪湖之水，其北入江者，既不別標一名，其東由太湖入海者，安得復言江也？朏明將正漢志、水經之失，而不知自出其揣度之詞矣。景純之説，黄文叔頗不以爲然。其後季氏圖始引之，東匯澤陳氏暢之，歸熙甫因爲定論。愚竊以景純之説爲不易云。

問：昔陸文安公在荆門，以皇極講義代醮事，發明自求多福之理，軍民感動。朱子摘其講義中『大中』之説，力詆之，以爲荆門之教，是乃斂六極也。愚以爲陸子於從宜從俗之中，而寓修道修教之旨，不必以訓詁之屑屑，從而長短其間。且朱子謂近人言『大中』者，多爲含宏寬大之言，其弊將爲漢元唐代。此其説，謂有爲言之則可，若因後世之弊，而遂謂『大中』之不可以解經，無乃過乎？

答：是固然矣。然後儒之排朱子者，必欲以『皇極』爲『大中』，以爲漢、唐以來舊解盡同者，則愚又未敢以爲信也。據謂皇之爲大，六經皆然，未有訓『君』字者，惟大雅：『皇王烝哉』，顧命：『皇后凴玉几』，吕刑：『皇帝清問下民』，皆與『君』字相近，而實皆訓大，即王字亦訓大，如王父稱大父也。愚不敢遠引，即以漢儒尚書之學證之，洪範五行傳，『皇之不極，是謂不建』，繼之曰：『皇，君也。極，中也。』康成據大傳皇作王，曰：『王，君也。不名體而言王者，五事象五行，則王極象天也。極，中也。王象天以情性覆成五事，爲中和之政也。』傳又曰：『時則有射妖』，康成曰：『射，王極之度也。射人將發矢，必先於此儀之，發則中於彼矣。君將出政，亦先于朝廷度之，出則應於民心矣。』傳又曰：『時則有下人伐上之痾。』康成曰：『夏侯勝説，伐宜爲代，君行不由常，王極氣失之病也。天於不中之人，恒耆其毒，以賢代之。』漢書有曰：『皇極，王氣之極。』然則漢人之以皇訓君，伏生言之，大夏侯、劉向言之，鄭氏亦言之。其以爲大者，祇孔氏耳。孔氏之説，不先於伏氏，是固不必以六經之皇無訓君者，而遂强洪範而就之也。若夫六書之旨，則爾雅釋詁曰：『皇，君也。』是亦小學之書之最古者也。或謂皇極一疇，所以稱人主者，並曰汝，而獨『皇建其有極』、『惟皇作極』、『皇則受之』、『時人斯其惟皇之極』，四語稱君，以爲不類，則古人文例，恐又不當以此論之也。朱子謂如孔注則『惟大作中』、『大則受之』，皆不成語。或以爲是乃古人詰屈之辭，夫辭之詰屈無傷，然『惟大作中』，則大與中有兩層，其言支離而難通矣。是故極之訓中可也，而皇則必以君解之。且愚嘗讀後漢書而更有悟焉，馬融對策引書説曰：『「大中」之道，在天爲北辰，在地爲大君。』蔡邕對詔問曰：『皇之不極，惟建「大中」之道，則其救也。』然則即如孔傳，亦豈能離君而言之哉。愚生平於解經，未嘗敢專主一家之説，以啟口舌之争，但求其是而已。故謂陸子以『大中』言皇極，而遂有妨於治道，此説之必不可通者。若『皇極』之解，則固當宗朱子。鄭筠谷宫贊嘗不滿朱子『皇極』之説，謂予曰：『是殆爲建中靖國言之也。』予疑汴京之事已遠，朱子所指，未必在此。偶讀周正字南仲對策曰：『陛下聰明，爲小人蔽蒙者有三：一曰道學，二曰朋黨，三曰皇極。夫仁義禮樂是爲道，明辨講習是爲學。人有不知學，學有不聞道，皆棄材也。古人同天下而爲善，故得謂之道學，名之至美者也。小夫譖人，不能爲善，而惡其異己，于是反而攻之，而曰此天下之惡名也。陛下入其説，而抱材負學之士，以道學棄之矣。惡名既立，爭爲畏避，遷就迎合，掃跡滅影，不勝衆矣。小夫譖人猶不已，又取其不應和而罵譏者，亦例嫌之，曰：我則彼毁，爾奚默焉？是與道學相爲黨爾。陛下又入其説，而中立不倚之士，以朋黨不用矣。舉國中之士，不陷於道學，則困於朋黨矣。唯其不能可否，而自爲智，無所執守，而自爲賢。然後竊箕子公平正直之説，爲庸人自便之地，而建「皇極」之論起矣。夫箕子所謂有爲有猷有守，是有材有道有操執之人也，汝則念之，斯須不可忘也。不協於極而亦受之，謂其雖有偏，而終有用，亦當收拾而成就之也。今所謂道學朋黨者，正「皇極」所用之人也。奈何棄天下之有材有道有操執者，取其庸人外若無過中實姦罔者而用之，而謂之建「皇極」哉。其故無他，闒冗適尊異，凡庸當奮興，天下大禍始于道學，終于「皇極」矣。』乃知朱子所指，直是當時鄭丙一流議論。然以此譏陸子，得非所謂室於怒，市於色者耶？

經史問答卷三

詩問目答張炳 二十一條

問：正樂、正詩，或分爲二，或合爲一。先生謂正詩乃正樂中事，蓋正樂之條目多，有正其僭者，如宫懸不應用於諸侯，曲懸不應請於大夫，舞佾、歌雍皆是也。有正其有司之失傳者，如大武之聲淫及商是也。有正其節奏之紊者，如翕純皦繹之條理是也。有正其聲而黜之者，如鄭、衛、齊、宋四聲，以及北鄙殺伐之響是也。有正其容者，如大武之致左憲右是也。有正其器者，如歌韶必以首山之竹，龍門之桐是也。有正其名者，如大武之樂，據泠州鳩語，别有四名，疑其不可爲據是也。而最大者在雅頌之失所，此最爲詳盡曲當。唯是雅頌之所，先生歷舉左傳、大戴投壺，并石林葉氏、竹村馬氏，以及毛傳異同，幸科分而條晰之。

答：今人所共知者，如左傳甯武子之湛露、彤弓，其一條也。叔孫穆子之肆夏、文王，其一條也。

是皆雅之失所者也。大戴禮投壺篇：『凡雅二十六篇。八篇可歌，鹿鳴、貍首、鵲巢、采蘋、采蘩、伐檀、白駒、騶虞也。又八篇廢不可歌。其七篇商、齊，可歌也。三篇間歌。』按投壺之文最古，故列於經，而其說不可曉。二雅之材一百五，而以爲二十六，不可曉者一也。白駒是變雅，今列之正雅，不可曉者二也。八篇之中，鹿鳴、白駒，一正一變。貍首據康成以爲曾孫侯氏之詩，則亦在雅。而鵲巢四詩是南樂，亦列之雅，不可曉者三也。伐檀則直是變風，亦列之雅，不可曉者四也。就中分别言之，南之溷於雅，猶之可也。變雅之溷於正雅，不可也。變風之溷於變雅，猶之可也。遂溷入於正雅，不可也。至若商、齊七篇，不知是何等詩，據樂記，商者五帝之遺聲，則康成以爲商頌者謬。齊者，三代之遺聲，是皆在雅頌以前，何以投壺亦竟指爲雅詩，不可解者五也。是非雅之失所者乎？固不僅如左傳所云也。考之漢、晉之世，尚仍投壺之説用之廟堂，是孔子雖曾正之，而世莫知改，可嘆也。若石林葉氏之言，尤前人所未發者。吴札觀樂，以大雅爲文王之德，以小雅爲周德之衰，猶有先王之遺風，則是所奏之小雅皆變雅，蓋并板、蕩等詩，凡變雅皆誤合之以爲小雅；所奏之大雅，皆正雅，并鹿鳴、伐木等詩，凡正雅皆誤合之以爲大雅。是失次之尤者也。此蓋本於劉炫，以正杜預之謬，而以解雅之失所，最精。袁清容曰：『小雅而曰周德之衰，是歌六月至於何草不黄矣。鹿鳴至於菁莪，皆美詩，何言乎周德之衰乎？大雅誠文王之德矣，然民勞至於召旻，刺亂也，何文王之德乎？故可以合樂者，小雅至菁莪而止，大雅至卷阿而止。』按清容似未見石林之説，而適與之合。然諸書所言，皆是雅之失所。若頌之失所，則石林亦頗鶻突。愚以毛傳考之，絲衣，繹賓尸也，而高子以爲祭靈星之尸，則必是時有用之靈星者。楚莊述大武之三章曰賚，六章曰桓，卒章曰武。而今所傳，則桓先於賚，武又先於桓，故杜預曰『是楚樂歌之次第』，是皆頌之失所也。而尤善者，竹村馬氏之言，謂穆叔不拜肆夏，以爲是天子所以享元侯。夫肆夏，頌也，而何以溷入於雅，天子取以享元侯乎？是必舊時沿習如此。故穆叔雖知禮，不知其非。穆叔尚然，況其餘乎？蓋魯以禘樂享賓，則凡頌皆以充雅，而用之燕禮，至孔子始正之。夾漈曰：『南溷於雅，猶之可也；頌溷於雅，不可也。』

問：然則商、齊之詩，何詩也？

答：竹村嘗言，康衢，風之祖也。喜起、南風，雅之祖也。五子之歌，變聲之祖也。是皆商、齊之遺也。以是推之，即放齋所云『太始天元之策，包羲罔罟之章，葛天之八闋，康衢之民謠，古詩所始者也，皆商聲也。』蓋商聲有正而無變，齊聲則有正變二者。大傳所云『大訓大化，九原六府』，皆禹樂章，而九辯見於山經，統之則九功九德之九歌也。吕覽所云『晨露』，是湯樂章，皆雅之祖也。五子之歌以下，變聲日多，如麥秀，如采薇，如微子之閔殷，如祈韶，皆變聲也，則皆齊聲也。其中或多依託，故夫子不録。

問：然則程文簡公泰之謂詩，除雅頌南豳之外，皆不入樂。顧亭林力宗之，而先生不以爲然，何也？

答：古未有詩而不入樂者，是乃泰之謬語也。特宗廟朝廷祭祀燕享不用，而其屬於樂府，則奏之以觀民風，是亦樂也。是以吴札請觀於周樂，而列國之風並奏焉，不謂之樂而何？古者四夷之樂，尚陳於天子之廷，況列國之風乎？亭林於是乎失言。況變風亦概而言之，衛風之淇澳，鄭風之緇衣，齊風之雞鳴，秦風之『同袍同澤』，其中未嘗無正聲，是又不可不知也。清容曰：『亦有非祭祀告神之詩，而謂之頌者，敬之、小毖、振鷺、閔予小子諸篇是也。』按此非頌而附於頌者，以其不類雅之音節也。試取諸詩讀之可見。

問：野處洪文敏公曰：『衛宣公父子事，毛詩、左氏皆有之。但宣公以隱公四年十二月立，至桓公十二年十一月卒，凡十九年。姑以嗣位之始，即行烝亂，而急子即以次年生，勢須十五年然後娶；既娶而要之，生壽及朔，一能救兄，一能奪嫡，皆非十歲以下兒所能辦也。然則是十九年中，如何消破？』野處之言如此，何以解之？

答：是在春秋孔疏中已及之。蓋宣公乃莊公之庶子，而夷姜則莊公之諸姬也。莊公卒，長子桓公在位十六年，方有州吁之難，而宣公立，則烝亂之行，當在前十六年之中，有子可以及冠，『魚網離鴻』，即宣公嗣位初年事也，其年足以相副矣。雖然，愚尚有以補孔疏之遺者。桓公在位，則先君之嬪御自尚在宫中，宣公方爲公子，而謂出入宫中，烝及夷姜，公然生子，則宫政不應如此之淫蕩也。桓公當早被鶉奔之刺矣。故此事畢竟可疑，史記以夷姜爲宣公之夫人，而毛西河力主之，亦因此疑竇而求解之。然凡史記與左氏異者，大抵左氏是而史記非。且此等大事，左氏不應無據而妄爲此言，惜乎孔疏未及也。是亦但可闕之以爲疑案者也。

問：唐風揚水諸詩，序與史記合，華谷嚴氏以爲不然。考之左氏，則似華谷之言爲是。朱子仍依序説，蓋華谷後朱子而生，未得見其詩緝也。先生以爲然否？

答：曲沃自桓叔至武公，祖孫三世，竭七十年之力而得晉，皆由晉之遺臣故老，不肯易心故耳。是真陶唐之遺民，而文侯乃心王室之餘澤也。詩序、史記之言俱謬，今以其曲折次之。平王三十二年，晉大臣潘父弑昭侯，迎桓叔。桓叔將入，晉人攻之。桓叔敗歸，晉人誅潘父，立孝侯，由是終桓叔之世不得逞，此一舉也。四十七年，莊伯弑孝侯，晉人不受命，逐之，而立鄂侯，是再舉也。桓王元年，莊伯伐晉，而鄂侯敗之，乘勝追之，焚其禾，此事不見於左傳，而史記有之。曲沃懼而請成，是三舉也。二年，莊伯合鄭、邢之師，請王旅以臨晉，鄂侯奔隨，而晉人立哀侯以拒之，是四舉也。三年，晉之九宗五正，復逆鄂侯入晉，使與哀侯分國而治，其不忘故君如此。十二年，陘庭召釁，哀侯被俘，晉人立小子侯以拒之，是五舉也。十六年，曲沃又誘小子侯殺之，而周救之，晉人以王命立哀侯之弟，是六舉也。於是又拒守二十七年，力竭而亡，而猶需賂取王命以脅之，始得從，然則以爲將叛而歸者，豈其然乎？當是時，曲沃豈無禮至之徒，而要之九宗五正，不可以潘父及陘庭之叛者，概而誣之，是則華谷之言，確然不易者也。故近日平湖陸氏曰：『「素衣朱襮，從子于沃」，蓋發潘父輩之陰謀以告其君，使得爲防也。「彼其之子」，則外之也。』

問：朱竹垞曰『劉向所述皆魯詩』，未知果否？其亦有所據否？

答：劉向是楚元王交之後，元王曾與申公同受業於浮邱伯之門，故以向守家學，必是魯詩。然愚以爲未可信。劉氏父子皆治春秋，而歆已難向之説矣，安在向必守交之説也。向之學極博，其説詩，考之儒林傳，不言所師，在三家中，未敢定其爲何詩也。竹垞之説，本之深寧，然以黍離爲衛急、壽二子所作，見於新序，而先儒以爲是齊詩，則不墨守申公之説矣。

問：『往近王舅，南土是保』，朱子曰：『近，辭也。』其義頗不可曉。李厚菴曰：『往保南土，王舅是近』，亦是强爲之詞。嚴華谷訓作已。皆難通，幸明示之。

答：華谷之釋，即朱子之釋也。蓋毛傳本訓作已，康成曰：『近，辭也，聲如「彼記之子」之「記」。』孔疏：『嘆而送之，往去已，此王舅也，近、已其聲相近。』陸氏釋文：『近讀作記。』是華谷與朱子本同也。按詩『彼其之子』之『其』，一作『記』，亦有用本字者，園有桃詩也；有轉作忌字者，大叔于田詩也；有轉作近字者，是詩是也。往近，猶云往矣也。朱子用其解而遺其音，以致後人不曉，而厚菴則不知而漫釋之。

問：蒹葭之詩，序曰：『刺襄公也。』朱子曰：『不知其何所指。』厚齋則曰：『感霜露也。』近日李天生以爲秦人思宗周，『在水一方』，指洛京也。竹垞稱之，謂前人所未發。而先生曰：『亦曾有道過者。』敢問所出？

答：天生秦人，以是歸美秦俗之厚。在天生固屬自得之言，而魏仲雪早嘗及之。其曰『秦人不復見周室威儀，而隱然有美人之感也』。然則以序參之，曰『刺襄公』者，亦是。蓋試讀秦風，急公勇戰之意，固其招八州而朝同列之兆。而寺人、媚子，亦屬景監、趙高之徵，先王之有勇知方者，不若是也。詩人以是益睠懷於故國也。朱謀㙔曰『是故老之遁跡者，刺襄公不能招致之』，亦互相發也。厚齋之言更蹈空。

問：南軒於渭陽之詩，何責康公之深也？

答：宋儒每多迂刻之論，而宣公最少，若此條則犯之矣。令狐之役，晉負秦，秦不負晉也。康公之送雍曰：『文公之入也無衛，是以有呂、郤之難』，乃多與之徒卒，依然渭陽之餘情也。晉人乞君，秦人答之，有何覬覦，而以爲怨，欲害乎良心，則似不讀左傳矣。如宣公言，將晉人召雍而康公留之不遣乎？以是爲論世，則不可謂非一言之不知也已。

問：左傳楚子之言以賚爲大武之三章，以桓爲大武之六章，以武爲大武之卒章。杜元凱曰『不合於今頌次第』。蓋楚樂歌之次第，孔仲達曰：『今頌次第，桓八，賚九。』按毛傳，八九之次未聞。

答：仲達蓋取三十一篇合數，其所告於武王者而次第之，皆以爲大武之樂。昊天有成命第一，毛傳不以爲兼祭成王之詩。時邁第二，執競第三，毛詩不以爲兼祭成王、康王之詩。有瞽第四，載見第五，武第六，酌第七，桓第八，賚第九也。然以序考之，則似止以於皇武王一篇爲武，并賚與桓皆不以爲武也。況酌即是勺，别是舞名，見於内則，則不在大武之内，而昊天執競二詩，確是康王以後之詩，則是三、六之次固非，八、九之次亦非也。且武在第六，何也？是所當闕者也。

問：溱水有三，而見於經者，惟鄭之溱。先生以爲祗二溱，鄭之水當作潧，是據説文。不知他尚有所證否？

答：溱水在説文，以出桂陽之臨武者當之。而水經注汝水篇亦有出平輿之溱，所謂二溱者也。鄭之水，說文本作潧，水經亦作潧，說文引詩亦作潧，水經引國語亦作潧，以是知古文皆不作溱也。故陸氏釋文亦疑焉。今以其音爲溱，而遂溷之，盡改詩及春秋內外傳并孟子之潧皆作溱，誤也。故水經注雖多譌謬，然不可廢者，此類是也。潧水一名鄶水，故檜國也。程克齋因此以爲一名澮水，則又非也。澮水在河東，見水經注汾水篇，而灌水在淮南，亦一名澮。以潧爲澮，豈可乎？克齋精於釋地，不知何以失之。

問：亭林先生謂『薄伐玁狁』之太原，非尚書之太原。按朱、呂、嚴三家，皆以爲即今陽曲，而亭林力非之，是否？

答：亭林是也。周之畿內自有太原，故宣王料民於太原。若以晉之太原當之，則踰河而東，以料民於藩國，有是理乎？爾雅：『廣平曰原』，公羊傳：『上平曰原』，尚書大傳曰：『大而高平者，謂之太原。』蓋太原字義，原不必有定在。春秋說題辭：『高平曰太原』，斯平涼一帶，所以亦有太原之名。先儒所以謂太原爲陽曲者，孔穎達曰：『杜氏謂千畝在西河之介休，則王師與姜戎在晉地而戰。』按左傳：『晉文侯弟，以千畝之戰生』，則千畝似晉地也。而九域志：『古京陵在汾州，宣王北伐玁狁時所立』，則亦以太原爲晉陽也。予謂周之畿內，蓋亦別有若千畝者，非即西河之介休。其時晉人，或以勤王至畿內，戰于千畝，而成師生，亦未可定。蓋千畝乃籍田，亦應在畿內，不應渡河而東，卜地于介休。

是皆當闕如者也。

問：漆、沮二水，禹貢與詩並有之，然其説不一。漢志：『右扶風有漆縣，漆水在西，東入渭。』闞駰十三州志亦同。是漆水也。水經：『沮水出北地郡直路縣，東入洛。』是沮水也。王厚齋曰：據此，則沮自沮，漆自漆，而孔氏引水經『沮水俗謂之漆水，又謂之漆沮水』。此則名稱相亂。諸家以爲扶風之漆，與北地之沮當爲二。扶風是漆水，北地是沮水之一名漆沮水者。蓋扶風之漆，至岐入渭，在豐水之上流。而尚書渭水，會豐會涇之後，乃過漆沮，則漆沮乃在豐水之下流。是書之漆沮，非詩之漆也。詩之漆、沮是二水，而書之漆沮是一水，即詩之沮也。然水經之沮入洛，而尚書之漆沮入渭。孔安國謂漆沮一名洛水，則漆沮即洛也，又何入之有？當闕之以俟知者。以厚齋之精於釋地，顧終不能定此惑。不知先生之説詩、説書、説水經，何以和會而折衷之？

答：漆是漆，沮是沮，洛是洛，三水各有源流，無可疑，不得混而爲一。然漆入沮，故世有呼沮水爲漆沮水者；漆、沮皆入洛，故世有呼漆沮水即爲洛水者。段昌武、嚴粲之説，所由疑也。段氏竟謂漆沮有二：一在上流，一在下流，非也。程泰之曰：『沮水，按宋氏長安志，自邠州東北來，至華原縣南，合漆水，入富平縣石川河。石川河者，沮水之正派也。漆水，按宋氏長安志，自華原縣東北同官縣界來，南流入富平縣石川河，是漆、沮會合之地，而洛水出自北地歸德縣臨戎夷中，至馮翊懷德縣入渭。懷德者，今同州之衙縣也。然則漆在沮東，至華原而西合於沮。沮在漆西，受漆而南，遂東合於洛。洛又在漆、沮之東，至同州而始合。』泰之所言，視厚齋爲了當。前人疑入渭入洛之異者，不知入洛則由洛以入渭矣。杜岐公曰：『謂漆、沮爲洛者，以三水合流也。』此最足櫽括。若張守節曰『漆、沮二水，源在雍州之西。其名洛水者，源在雍州之東』。此實段氏、嚴氏之疑所由出。不知洛水本在漆、沮二水之東，其後由東而西，遂合爲一，又何害乎？唯是洛水之名，始見於周禮職方氏，泰之以爲秦、漢時始有此水，則不審。

問：道元於漆水篇引禹本紀之文云『導渭水，東北至涇，又東逕漆沮，入于洛。』其言與禹貢悖。

答：禹本紀乃太史公所不采。然是亦必非禹本紀之文，以禹時尚無北地之洛水也。即以職方而後之水道言之，洛入渭，不聞渭入洛，禹本紀安得爲此言？道元好采異聞以示博，而不審真妄，嘗有此失。

問：據道元，則濁谷水亦謂之漆水，而又引柒渠水之入岐者以存疑。然則漆水自不止一水也。

答：漆水或有同名者，固未可定。然尚書及詩所指漆，則皆是一水，不必援他小水以亂之。

問：厚齋不特謂漆、沮二水有二，并謂洛水有二，其説亦本之括地志，不知是否？

答：是非括地志之謬也，乃張守節之謬也。括地志曰『洛水出慶州，至華陰入渭，即漆沮水』，而張守節辨之曰：『非古公所度漆沮。』厚齋因本之，引易祓曰：漢志馮翊之懷德，荆山在其縣西，正洛水之源也，是即禹貢之漆沮。又一洛水，出慶州洛源縣，有白旋山，洛水所出，因以名縣。東南流至同州澄城縣，其去懷德亦近，則大謬矣。洛(州)〔水〕出於慶州之白旋山，至懷德之荆山而入渭，今以荆山別爲一洛之源，豈非囈語。厚齋謂雅詩瞻彼洛矣之洛，是雍州之洛是矣，而忽有此失，不可解也。

問：先生謂鄭之溱水，古文作潧，秦之沮水，古文作瀘，皆本説文。按今水經溱作潧，而沮不作瀘。

答：舊本亦自作瀘，今誤耳。小司馬索隱引水經：『瀘水出北平直路縣。』是唐本之不悖於説文者也。説文曰：『北地瀘水，虘聲；漢中沮水，且聲。』其了了如此。蓋沮水有三：一是沔漢之沮；一是沮漳之沮，亦作睢；一是灉沮之沮。而地志元氏縣下沮水是泜水之誤文，不知尚書、毛詩、史、漢、水經，何以一變，而關中之瀘，皆盡誤而爲沮。

問：『豈曰無衣，與子同袍』，序曰：『刺康公用兵也。』詩無刺意，其説固非。朱子引蘇氏曰：『秦本周地，故其民猶思周之盛時而稱先王』，此蓋以小戎諸詩之意申之，其説似勝於序。而先生曰『穆公之詩』，何所見與？

答：讀詩，則所謂王者是指時王，非先王也。蘇氏之言未覈。況其曰『與子』，是明有同事者，蓋當襄王在氾，穆公師於河上，將以納王。其曰『與子』，指晉人言之也。故曰『同袍』、『同仇』、『同澤』、『同裳』，穆公是舉最佳，不知何以竟爲晉人所辭，而中道歸去。晉人固譎，欲專勤王之勛，而穆公拙矣，然其心則固可取也。予嘗謂穆公生平之事，惟此舉足傳。

問：唐風杕杜章：『豈無他人，不如我同父』，其與魏風彼汾章：『彼其之子，殊異乎公行』，疑皆是諷晉之無公族也。先儒曾有言之者否？

答：東萊呂氏嘗言之，蓋晉人亡國之禍，遠在二百餘年之後，而實兆於此。晉自桓叔不逞，弑宗國之君者五，而後有晉，其心惟恐宗室之中，有效尤而出者，故獻公今日殺富子，明日殺游氏之二子，尋盡殺羣公子，以士蔿爲密勿之功臣，而不知轉盼間，驪姬殺申生矣，逐重耳、夷吾矣，詛無畜羣公子矣。乃又轉盼間，三公子之徒，殺奚齊矣，殺卓子矣；夷吾立，幾殺重耳矣；重耳殺圉矣。以重耳之賢，不能革此淫詛，四散其諸子，轉盼間爭國：欒死矣，雍逐矣，黑臀繼靈，周繼厲，俱自外至，於是以六卿之子弟充公族，是彼汾之詩，所爲刺也。而要皆獻公啟之。啟獻公者，桓叔也。春秋之國，如楚，如衛，如宋，如鄭，皆得宗卿之力。魯之三家雖不道，然終未嘗簒國。晉用六卿而先亡，齊用田氏而先亡，『豈無他人』之謂也。或疑唐、魏之詩，無及獻公以後者，則甚不然。變風終於陳靈，何以唐、魏二國獨無乎？

問：顧亭林謂唐叔所封，以至翼侯之亡，疑皆在翼，不在晉陽，然則燮父何以改國號曰晉乎？唐城畢竟安在？

答：既改唐曰晉，則其在晉陽可知。然亭林之言，亦自有故，難以口舌辨也。括地志所述唐城有二：一在并州晉陽縣北二里，是太原之唐城；一在絳州翼城縣西二十里，是平陽之唐城。相去七百餘里，而史記晉世家謂唐叔封於河汾之東，則當在平陽。張守節亦主此說。若太原，則在河汾之西矣，故亭林疑唐叔本封在翼者，以此故也。但燮父之改唐曰晉，以晉水，則自在太原。而詩譜明曰『穆侯始遷於翼』，則史記所謂河汾之東者，未可信矣。而平陽亦有唐城者，蓋必既遷之後，不忘其故而築之，如後此之所謂故絳、新絳，二絳異地而同名耳。至於晉自唐叔以後，靖侯以前，年數且不可考，何況其他？則其中必累遷而至翼，亦必無一徙而相去七百餘里也。亭林於括地志之唐城，引其一，遺其一，則稍未覈也。

問：竹村馬氏曰：『三百五篇，惟周頌三十一篇，商頌五篇，爲祭祀之詩。小雅鹿鳴以下，彤弓以上諸篇，爲宴享之詩。此皆其經文明白，而復有序說可證者也。至於周南以下十五國風，小雅自六月而下，大雅自文王而下，以至魯頌之四篇，則序者以爲美刺之詞，蓋但能言其文義之所主，而不能明其聲樂之所用矣。左傳所載列國諸侯大夫聘享賦詩，大率多斷章取義，以寓己意。如秦穆公將納晉文公，宴之而賦六月；季武子譽韓宣子嘉樹，宴之而賦甘棠。蓋借二詩以明贊諷之意。又如荀林父送先蔑，而爲賦板之卒章；叔孫豹食慶封，而爲賦相鼠。蓋借二詩以明箴規之意。它若是者不一而足，皆是因事寓意，非曰此宴必合賦此詩也。獨儀禮所載鄉飲酒禮、燕禮、射禮，工歌、閒歌、合樂之節，及穆叔所言天子享元侯，與兩君相見之禮，則專有其詩。然考其歌詩合樂之意，蓋有不可曉者。夫關雎、鵲巢，閨門之事，后妃、夫人之詩也，何預於鄉宴，而鄉飲酒、燕禮歌之。采蘋、采蘩，夫人、大夫妻能主祭之詩也，何預於射，而射禮用之。肆夏、繁遏、渠，宗廟配天之詩也，何預於宴飲，而天子享元侯用之。文王、大明、緜，文王興周之詩也，何預於交鄰，而兩君相見歌之。以是觀之，其歌詩之用，與詩人作詩之本意，蓋有判然而不相合者，不知其何説？晉荀偃曰「歌詩必類」，今如儀禮及穆叔所言，則類者少，不類者多，若必就其文詞之相類，則鄉飲酒禮所歌，必伐木、行葦之屬；射禮所歌，騶虞而下，必車攻、吉日之屬；天子享元侯所歌必蓼蕭、湛露、彤弓之屬，方爲合宜。』竹村之疑，前人所未及也，何以晰之？

答：以古禮言，則必每樂各有所歌之詩。但今不可得而盡考。以春秋之世之禮言，則容有斷章而取義者，原未必盡合於古，此雖於經傳無明文，而可以意推而得之者也。但鄉飲酒禮所歌，亦正不必伐木、行葦之屬，射禮所歌，亦正不必車攻、吉日之屬，則以其義之所該者大。陳晉之曰：『鄉、射升歌鹿鳴諸詩，所以寓君臣之教；笙奏南陔諸詩，所以寓父子之教；閒歌魚麗，笙由庚，歌南有嘉魚；笙崇丘，歌南山有臺，笙由儀，所以寓上下之教；合樂三終，歌二南諸詩，所以寓夫婦之教。』然則因一事而兼羣義，有不盡泥其事者矣。其與春秋時賦詩之禮，又自有不同者，不必如竹村所疑也。但雖不必泥其事，而未嘗不專有其詩，以司樂者各有所屬故也。若賦詩言志，如荀偃所云不類，蓋指攜貳之詞耳。

經史問答卷四

三傳問目答蔣學鏞 二十七條

問：荀息之傳奚齊也，阿君命以成危事，故左傳以『白圭之玷』惜之。而春秋之書法，居然與孔父、仇牧同科。顧亭林曰：『以王法言之，易樹子也；以荀息言之，則君命也。彼「枯菀」之歌出，而里克以畏死改節矣，則荀息不可謂非義也。』然則叔仲、惠伯，更非荀息之比，而亭林反詆之。何哉？

答：惠伯豈是荀息之比，蓋其所傅者，應立之世子，既主喪矣，襄仲突出而弑之。是死也，雖與日月争光可也。今求聖人所以不書之故而不得，乃妄詆之，則亭林之謬也。亭林之前，亦有揚人馬駢曾爲此説，皆不知大義者也。荀息在晉，其料伐虞之事，固知者，然即其知而言之，亦非能導其君以正者，不過狥其吞并之私，而行其狙詐已耳。及其老而耄，以身殉亂，聖人所以書之，以爲猶愈于里克、丕鄭之徒也，非竟許之也。若惠伯則真忠也。假如亭林之言，必使魯之臣，皆如季孫行父、叔孫得臣俛首唯阿，往來奔走，以成襄仲之事，而後謂之識時務與？賢如行父，尚且不免，而惠伯能爲中流之一壺，後人乃從而貶之，則天地且將崩裂矣。當付托之重，亦有不死以成事者，季友是也。是必諒其時勢與其才力足以集之而後可也，不然，不如死之愈也。亦有竟得成事而適以亂濟亂者，里克是也，又不如死之愈也。然則惠伯何歉乎？曰惠伯以宗臣居師保，倘責其疏忽，不能豫測襄仲之逆，而弭奸除賊，則或惠伯之所服也。雖然，季友先去叔牙，竟不能去慶父，則事固有難以求備者，聖人論人，不如此之苛也。且夫惠伯之死，其帑奔蔡，已而復之，豈非宣公亦憐其忠，襄仲亦自慚其逆，行父之徒，終有媿於公論，而卒全其祀乎？然則當時之亂賊且許之，而後世人妄詆之，吾之所不解也。曰：然則聖人之不書何也？曰：其文則史，是固舊所不書也，聖人無從而增之。而況既諱國惡，不書子赤之弑，則惠伯無從而附見。曾謂惠伯反不如荀息者，真邪説也。

問：萇弘合諸侯以城成周，衛彪傒曰：『萇弘其不没乎？』國語有之，『天之所廢，不可支也』。左氏此言，蓋推周人殺萇弘之張本，果爾，則萇弘固周之忠臣也。何以貶之？

答：左氏喜言前知，故於萇弘之死，求其先兆而不得，則以此當之。其説在外傳爲尤詳，然可謂誣妄之至。假如其言，則是人臣當國事將去，必袖手旁觀，方有合於明哲保身之旨，而知其不可而爲之者，皆有天殃，宇宙更無可支拄之理。成敗論人之悖，一至於此，唐柳子厚、吕化光、牛思黯已非之矣。

雖然，吾於萇弘之事，亦有疑焉。左氏言周之劉氏，晉之范氏，世爲婚姻，故朝歌之難，周人與范氏。事定，趙鞅以爲討，周人乃殺萇弘以説。夫范、中行之搆難，不過欲并趙氏。范、中行之據朝歌，趙氏之據晉陽，其叛則同。及范、中行既不克而伐公宫，攻都邑，連齊、衛，結戎、蠻，以傾故國，則其猖狂已甚。萇弘，周室之忠臣也，將扶國命於既衰，射貍首以詛諸侯之不廷者，則欲使天子得有其諸侯，即當使諸侯得有其大夫。今不能助晉討賊，而反從而城之，是則萇弘之失也。稽之往事，孫林父之叛衛也，而晉人戍之，是晉霸中衰之時。欒盈之叛晉也，而齊人救之，是齊靈極亂之時。魚石之叛宋也，而楚人救之，是楚霸中衰之時。是皆倒行逆施之事，是以穆叔雍榆之役，春秋善之，與國尚然，況天下之共主乎？況敬王之入晉也，崎嶇伊、洛之間，其幸而得濟，晉之力也，而忽左袒於其叛臣，是則萇弘之失也。雖然，細覈之，則亦未必信然也。夫當時之助范氏者，齊也，衛也，鄭也，而周無聞焉。周之力，亦非能以兵爲助者也，不過劉、范婚姻，或有通問往來而已。趙鞅悍矣，然終不能得志於齊、衛諸國，而區區守府之周，則敢從而討之。是鞅之悖，更不可問也。故萇弘之死，吾終疑其有屈，蓋劉、范以婚姻有連染，而弘不過劉氏之屬也。晉人之討乃在劉，而劉竟以弘當之，其罪未必在弘也。弘之忠勤，其在劉，必爲同事者所忌，而因借是以陷之。故其血三年而化碧，而左氏無識，并其城成周而亦貶之，則其碧（十）〔千〕年不可滅矣。韓非謂叔向讒萇弘，出於不考。是時叔向之死久矣，而其以讒而死，則事之所或有也。

問：楚莊入陳，諸家皆以討賊與之，獨東發先生貶之。其大要謂夏徵舒之弒，在宣十一年；辰陵之盟，弒已及年，何以不討？向來讀春秋者，未嘗計及于辰陵之役，直至東發始及之。楚莊既欲討陳，何以先與之盟？誠不可解也。

答：東發抉出辰陵之盟，可謂善讀經者。然於既盟而又伐之隱情，尚未之得也。夫是時楚方與晉爭陳、爭鄭，以爭宋，總是求霸，亦何討賊之有。果討賊乎？辰陵之盟，陳成公正在會，留之而與共討夏氏可矣。更進於此，并責成公以不能除不共戴天之仇，廢之，而以兵入陳，除夏氏置君焉，則王者之師矣。何以親執牛耳，與之誓神成禮而退。夫霸者之制，嗣君雖有罪，得列於會則不討，雖非王制，然亦春秋之例也。是楚莊之無意伐陳可知也。然則何以不久而伐之？曰：陳成公仍叛楚而即晉，意當時當國者必夏氏，則主從晉者亦夏氏，故楚莊必取夏氏而甘心焉，而納孔寧、儀行父以撓其權。不然，二人者逢君之惡而陷靈公于死，其罪大矣。夏氏宜討，而二人之奔楚久矣，辰陵之盟，何以不納，至是而始遣之也。然則以爲討賊，真瞶瞶者矣。曰：既縣之，而又封之何也？曰：是亦別有故焉，而左氏以爲申叔時之諫，亦附會之談也。家語并附會於孔子之稱之，皆非也。蓋是時陳成公尚在晉，楚果縣之，晉人未必竟束手也，則爭端起矣。故不若因而封之，則陳自此必不敢更叛楚矣，是則所以封之者，終以晉之故也。吾於是嘆聖經之嚴也：大書辰陵之盟，而其義見矣。然而左氏則昧矣。

問：據史記則夏氏弒君自立，成公以太子奔晉，楚人迎而立之也，而不見於左傳，何也？

答：是史記之誣也。夏氏未嘗自立，成公已豫辰陵之盟，何嘗以太子出奔乎？使謂夏氏自立，則辰陵之盟，孔子豈肯書爲陳侯，可不辨而明也。

問：經書陳靈公之葬，説者以爲前此竟未嘗葬而楚葬之，則楚亦可稱矣。

答：陳公已即位，靈公安有不葬之理，是蓋楚假討賊之名，爲之改葬，而遍告於諸侯者，既告則書之，亦非褒也。

問：『越境乃免』之説，春秋人託之於孔子者，先儒多已非之。先生以爲陳文子之去他邦，蘧伯玉之出近關，皆爲此説所惑，後世人臣不可援以爲例。夫宣孟之罪，世所知也，文子則亦在可疑之列者也，獨伯玉似不可同年而語。故近有閩人郭植再三爲之申雪，願先生詳論之。

答：伯玉乃孔子所嚴事，愚豈敢妄議之。然近關再出，終不無可疑也。伯玉位在庶寮，其力固不足以誅孫甯，即其地亦非能通密勿，有聞即可入告者，故凡責伯玉以不討賊，不死節，皆屬不知世務之言。伯玉所處，不能討賊，亦不必定死節也。唯是伐國不問仁人，則聞孫甯之謀而去，固義所宜。而既去而即返，則義稍未安。蓋父母之邦，雖不忍棄，而與亂臣賊子比肩旅進，則君子寧棄父母之邦而不居矣。即令返，亦何可以再仕。吾傷伯玉之賢，生遭亂世，所遇大故不一而足，視其君之出入生殺如奕棋，而乃以近關之出爲定算。禍作而去，禍止而返，仍浮沉於鴟鴞檮杌之羣，以是爲潔身，則似於義固有歉也。故郭氏之言，但知附會伯玉，而不知爲後世人臣峻去就之防者也。唯是伯玉之年齒則固有可疑者。獻公之出，當襄公之十四年，又八年孔子始生，而其時伯玉已與聞孫甯之事，則必其人名德已重，然後孫甯思引以共事，蓋最少亦當三十矣。乃又歷一十八年，爲襄公之三十一年，又歷昭公之三十二年，定公之一十五年，至哀公之元年，孔子再至衛，主於其家，則上距孫甯逐君之歲，已六十有六年，伯玉當在九齡以外，而史魚猶以尸諫而引之，南子尚聞其車聲而識之，則猶未致仕也。伯玉即如此長年，必不如此固位，是大可疑也。故吾竊意近關再出，不知何人之事，而誤屬之伯玉，以是時伯玉必未從政也。左氏書中以九十餘歲老人，尚見于策者，一爲吴季子，一爲齊鮑文子，皆可疑，而伯玉尤甚。

問：宋之盟，楚先歃，而經仍先晉。左氏以爲晉有信也。孔子脩春秋，其文則史，豈有自取諸侯之次第而竟改之者，是謬説也。然則楚未嘗先歃與？楚先歃，而經何以先晉與？

答：善哉問也。若以有信遂先之，則前者清丘之盟，唯宋有信，何不加宋於晉上也。蓋當時在會之坐次，本晉爲先，而楚次之，經文所書，會之序也。及盟，而楚人爭先，則楚駕於晉矣，而經文不複出，但曰：『豹及諸侯之大夫盟于宋』，則楚之先無從見矣。試觀既盟，宋公兼享晉、楚之大夫，而趙孟爲客，則晉仍先楚，以堂堂首歃之子木，至是不能争也，則諸侯本先晉之明驗也。若謂孔子所欲先即先之，則安有斯理。是開宋儒迂誕之説者，左氏也。

問：然則使楚竟駕晉於會，春秋將遂先楚乎？

答：是又未必然也。春秋固不敢擅改載書之次第，然畢竟須重王爵。晉自文公以來，天子命之爲霸，非楚人所敢望也，是以黄池之會，吴竟駕晉矣，然春秋書曰：『公會晉定公及吴夫差于黄池』，則内外進退之旨，了然可見。使宋之會亦若此，則書法亦若此矣。聖人經文之妙如此，然後知春秋雖不予晉，而如郝氏、毛氏，妄謂春秋最惡晉而許楚者，妄也。

問：孔子之卒，杜氏謂四月十八日乙丑，非己丑，五月十二日乃己丑。然史記、孔叢皆作己丑，與左氏合，則恐是杜氏長曆之訛也。吴程以大衍曆推之，乃四月十一日，不知誰是？

答：前二年五月庚申朔，是左氏所紀，下距是年四月，中間當有一閏，以庚申朔遞推之，六月朔爲庚寅，七月、八月朔爲己未、己丑，九月、十月朔爲戊午、戊子，十一月、十二月朔爲丁巳、丁亥，次年正月、二月朔爲丙辰、丙戌，三月、四月朔爲乙卯、乙酉，五月、六月朔爲甲寅、甲申，七月、八月朔爲癸丑、癸未，九月、十月朔爲壬子、壬午，十一月、十二月朔爲辛亥、辛巳，而閏月及次年正月朔爲庚戌庚辰，二月、三月朔爲己酉、己卯，四月朔爲戊申，是四月十八日，乃乙丑也。若四月十一日，乃戊午也，杜氏似不謬。宋潛谿謂是年四月壬申朔，則謬矣。

問：叔孫莊叔敗狄於鹹，獲長狄僑如、虺也、豹也，而皆以名其子。今考莊叔之子，一僑如，一豹，而無虺，何也？

答：永樂大典中尚載有春秋世系、世譜諸書，世間所無。愚嘗考之，蓋叔仲昭伯乃虺也。據杜氏，則昭伯名帶。左傳帶之名見於策，或者本名虺，而後改爲帶。歷考左氏、史記、世本，其有二名者亦多。叔仲氏出惠伯，惠伯即莊叔之庶兄也，死於子惡之難，其帑奔蔡，已而復之。虺即惠伯之子，莊叔以其猶子而名之，未可知也。世系以虺爲惠伯之子，世譜則以爲孫，如左傳所云，當是子也。

問：屠岸賈事之誣，孔穎達於左傳疏已辨之，容齋、東萊、深寧又辨之，可以無庸置詞，獨西河謂史記年表所書，原盡與左氏合。而世家則必采異聞，是必年表成於談，而世家成於遷，故有互異。今考之年表，並無所謂合於左傳者，豈西河曾見舊本，而今所見多脱落乎？

答：年表之易有脱落，固也。愚考之晉世家，景公三年下宫之禍，徐廣曰：『按年表，朔將下軍救鄭及誅滅，皆在是年。』則舊本年表固有之，而今本脱落。但正與世家合，不與左氏合。西河好作僞，每自捏造以欺人，如此蓋不可勝數也。

問：春秋之時皆世卿，故以庶姓而起者甚少。管子之後不見於齊，孫叔僅得寢丘之封，孔子則不終於位，蓋世卿之勢重也。然世卿亦未嘗無益於國，何道而持其平？

答：春秋之時，兵枋皆在世卿，故高子之鼓，國子之鼓，與君分將，而管仲亦終不得豫也。邲之戰，孫叔亦不得主兵事，斯庶姓所以終不能抗也。陽處父爲太傅，其力足以易置中軍，而賈季殺之甚易，亦以無兵也。孔子墮都，亦終是三家主兵，則世卿之勢自難動。然而世卿終是有益於國，故卒不能廢。要之果有賢主，則世卿自無從竊柄，而庶姓亦無難於參用。苟無賢主，則皆不足恃。特以其極言之，晉亡於三家，齊亡於田氏；而魯、衛之任用宗室，不過爲其所專擅，未聞有他，則世卿差勝矣。

問：秦誓皆以爲敗殽歸後所作。史記則以爲王官之役，封尸歸後所作。誰是？

答：似當以史記爲是。蓋穆公敗殽悔過，則不復興彭衙之役矣，何至於三出。及王官之役，亦無大捷，不過晉人以其憤兵，不復與校，而穆公藉此自文，以爲稍挺，及其封尸發喪，不覺有媿於中而爲此誓。然次年又伐戎，則終未嘗踐此誓也。

問：晉文公初入國，受王命，設桑主。韋昭曰：『禮：既葬而虞。虞而作主，虞主用桑。天子於是爵命世子即位受服，文公不欲繼惠、懷，自以子繼父位，故行踰年之禮。』是否？

答：是乃大非禮。文公以惠公之欲殺之也，又以懷公之脅其從亡之臣也，舅犯又以狐突之死，恨之深，故如明代革除之禮，而趙衰、司空季子、賈它之徒，亦非能真識典禮者，所以有此。夫惠公之立非草竊，蓋亦天子所嘗命之者，而惠公亦頗有伐戎救周之勛，雖其後敗韓，聲望頓喪，然王命不可滅也。命惠公者亦襄王，命文公者亦襄王，革除惠公是即革除王命矣，而可乎？然則當如何。曰：文公自不肯繼惠公，然正不必設桑主也。是所謂欲行典禮，而適以成不學無術之謬者。内史興猶從而極譽之，所謂以成敗論人者。先儒嘗稱司空季子之論姓，以爲知古，予謂如季子者，適以掌故成其佞。蓋其論姓，乃以勸納辰嬴也。辰嬴無論曾配懷公，即其未配，乃穆公之女，便是文公之甥，而可納乎？又何咎乎楚成王也。

問：富辰言密須之亡由伯姞，韋昭疑文王滅密，不由女。愚以爲或别有一事，是否？

答：是也。蓋指恭王所滅之密，其事即見外傳。恭王游涇上，密康公從，有三女從之，伯姞殆即三女中之一也。富辰所指鄢、鄶、聃、息、鄧、盧，皆周時所亡之國，則非文王所伐之密。

問：申生之死，謚爲共君。韋昭曰：『謚法：既過能改曰「恭」。公以此謚，竊恐獻公未必肯加申生以謚，故昭以中謚當之。』檀弓孔疏，則謚法敬順事上曰『恭』，是佳謚矣，誰加之？

答：當是惠公改葬時加之，非獻公也。獻公坐申生以不孝，豈復加謚，亦豈以其一死而謂之改過。是韋之謬，孔説是也。

問：友之詩，見於外傳，亦武王克商所作，疑亦大武諸章之一，而今周頌無之，豈孔子所删耶？

答：友之爲名頗與賚、桓、武諸章相似。然周初頌樂，如樊、遏、渠諸名目，皆別用一字。成王之樂又曰酌，不可曉也。據外傳言，則友是飫歌，乃樂之少章曲者，則不在大武諸篇之内矣。今周頌無之，亦難强爲之詞也。

問：晉文公之入國，十一族掌近官。胥即司空季子也；籍即籍父之先也；狐則咎犯兄弟；箕即箕鄭也；欒、郤、先、韓，即後之世卿也；羊舌則職也；董即因也；而柏無所考，敬質之。

答：『柏』與『伯』通，蓋伯宗之先也。

問：韋昭注外傳：晉賈它，狐偃之子，太師賈季也。公族，姬姓，食邑於賈，字季。按内傳，則賈它似又是一人。

答：韋氏誤也。晉故有賈氏，七輿大夫之中，右行賈華是也。蓋故是晉之公族，賈它在從亡諸臣之列。公孫固曰：『晉公子父事狐偃，師事趙衰，長事賈它，則與咎犯等夷，非父子矣。狐氏雖亦姬姓，然戎種，非公族也。至咎犯之子，始稱賈季，而其氏仍以狐，是猶之士會稱隨會也。襄公之世，趙盾將中軍，賈季佐之，而陽處父爲太傅，賈它爲太師，二賈同列，計其時，它爲老臣，而季新出，安得合而爲一也。』

問：杜氏注左傳，謂陸渾之戎即姜戎，姜戎即陰戎，又即九州之戎，不知是否？

答：以左傳諦考之，姜戎即陰戎，陰戎即九州之戎，而似非陸渾之戎。蓋以戎子駒支之言參之，昭九年詹桓伯之言，則姜戎即陰戎無可疑矣。而九州之戎在晉陰地，見于哀四年，則九州之戎即陰戎無可疑矣。杜氏曰『陰地自上洛以東至陸渾』。則似乎即陸渾之戎，而實非也。姜戎世爲晉役，不他屬，而陸渾則頗兼屬乎楚，故昭十七年，爲晉所滅，至哀四年，陸渾之滅已久，而九州之戎仍見於傳，則其非陸渾可知。蓋陸渾左近之戎，而非一種，觀左氏所云揚、拒、泉、皋、伊、洛之戎，在陸渾未遷之先，則其地本多戎、蠻。大抵姜戎最近晉，陸渾之戎則近楚。唯近晉，故殽之役，晉得於倉卒中徵師。唯近楚，故荀吴之滅之取道於周，託言有事於洛與三塗。唯近晉，故蠻氏之亡，蠻子奔晉。唯近楚，故陸渾之戎之亡，陸渾子奔楚。雖地本相接，而各有所屬，揚、拒、泉、皋，伊、洛之戎最先，次之則陸渾之戎，秦、晉所共遷，姜戎則晉所獨遷。晉霸之盛，諸戎皆嘗受命。成六年，晉人侵宋，有伊、洛之戎，有陸渾，有蠻氏，三部俱與於役。其後陸渾始屬楚。

春秋外傳：『宣王敗績於姜氏之戎』，即姜戎也。戰於千畝，則是時之姜戎深入，近鎬京矣。而内傳昭九年，言姜戎本居瓜州，又言秦人逐之居瓜州。大抵周之盛時，姜戎本安置瓜州，宣王之時則已内遷，及秦人有岐西，又逐之還其故土，而晉惠公招致之，使居晉之南境也。

晉之南境爲姜戎，晉之東境爲草中之戎與鄽戎；晉之北境爲無終諸戎，而姜戎自南境接於西境，故得要秦師也。以狄而言，晉之北境爲白狄，其東境爲赤狄，而鄽戎亦稱鄽土之狄。大略晉四面皆戎、狄，而亦用之以爲强，故襄公用姜戎，悼公用無終之戎，成公剪赤狄，景公同白狄以伐秦，平公用陰戎，獻公剪鄽土之狄。而惟白狄最久，至春秋之末爲鮮虞，至七國爲中山。

問：葵丘有三，其一在齊，即管至父所〔戊〕〔戍〕地。其一在陳留之外黄，即桓公所盟。其一在晉，見于水經注。然宰孔論桓公之盟，以爲西略，則似非陳留之外黄也。

答：杜預以爲外黄，亦有以爲汾陰之葵丘者，而杜非之，以爲若是汾陰，則晉乃地主，夏會秋盟，豈有不豫之理。杜言亦近是。然愚則竊以爲宰孔明言西略，而以爲陳留，是仍東略也，則宜在汾陰。蓋當時之不服桓公者楚，而晉實次之，周惠王之言可驗也。故桓公特爲會于晉地以致之，亦霸者之用心也。至於晉侯已經赴會，以宰孔之言而還，而是歲獻公亦卒，桓公爲之討亂置君，則宰孔以爲不復西略者，其言虚矣。左氏成敗論人，而不顧其言之無徵，一至於此。然則葵丘爲汾陰之葵丘，方合。

葵丘之會，叛者九國，是公羊之妄語。是役也，在會者尚無九國之多，誰爲叛者？故徐彦以厲等九國當之，是妄語。公羊之言，蓋亦因晉侯之中道而返而附會之。

問：春秋之世，陳、宋二王後，故有太宰。吴、楚僭王，故有太宰。魯亦有太宰，而鄭亦具六卿。然竊有疑焉，趙武以冢宰稱子皮，是執政也，而蕭魚之役石㚟以太宰爲伯有之介，則又卑矣。是何也？

答：是時侯國雖置太宰，然執政終以司徒，如宋之六卿，其聽政者司城也，鄭亦然。故子孔以司徒當國，況是時鄭之六卿，皆七穆也。石㚟非但不在七穆，且疑是庶姓，則其卑宜矣。趙武以冢宰稱子皮者，是泛舉上卿之官以稱之，不足泥也。蓋司徒以下三卿是王官，故雖有太宰而終處其下，即楚之令尹、司馬，亦在太宰之上。故春秋侯國之太宰，非執政也。

問：鄭之三卿亦可疑。子駟當國，子國爲司馬，子耳爲司空，子孔爲司徒，則司徒在二卿之下矣，是何也？

答：非也。是因子駟、子國、子耳同死而牽連序之，非其官之序也。試觀戲之盟則其序，首子駟，次子國，次子孔，而次子耳矣。蓋子孔是公子，子耳是公孫故也，是又以其行輩序之。及子駟死，則子孔以司徒當國矣。

問：宋儒以子程子爲稱，本於公羊傳，亭林不以爲非，而西河力詆之。孰是？

答：是在明莊烈帝已嘗詰之，謂以子程子爲尊稱，何以不稱子孔子，何以不稱子孟子？不始自毛氏也。然毛氏所難亦未悉。考之宋人，如張横浦自稱子張子，王厚齋自稱子王子，則固不盡以爲尊稱矣。唐人劉夢得亦自稱子劉子，又先乎此。是即公羊傳中自稱子公羊子之例也。更遠考之，荀卿稱宋鈃爲子宋子，王孫駱稱范蠡爲子范子，是皆平輩相推重之詞，不以師弟也。顧氏據公羊所言，特其一節耳。

問：許田之許，厚齋引劉氏以爲魯境内地，以『居嘗與許』證之，嘗亦魯近地也，是否？

答：此則厚齋之誤之了然者。當時鄭與魯易地，各從其便。泰山之祊近魯，而許田近鄭，故互割以相屬。若許田亦近魯，則鄭何畏於魯，而以之相媚乎？魯頌之言，特祝禱之詞，不以遠近校也。此求異於前人而失之者。

問：左傳宣十一年楚封陳，鄉取一人以歸，謂之夏州。徐廣曰：『楚考烈王元年，秦取夏州。』裴駰曰：『左傳不言夏州所在。』酈元于水經竟系宛丘，則是仍在陳都，非以歸楚者也，其謬明矣。厚齋引車胤所撰桓温集序，曰：『夏口城上數里有洲，名夏州。』正義曰：『大江中洲也，夏水口，在荆州江陵縣東南二十五里。』厚齋之證似佳。

答：未可信也。夏汭再見左傳，即夏口也。夏汭蓋以夏水得名，而夏州則以夏南得名。各有緣起，不可牽合者一也。考烈時，楚已弱，由江陵而東遷矣。江陵已入秦，夏州猶待兵取，必另是一地，不可牽合者二也。杜元凱官荆州，其所闕如，必其所不可考者，不可曲爲牽合三也。故曰酈元自謬，厚齋亦非。

問：泠州鳩對大武之樂，其第四終曰嬴內。韋昭無注。世本有饒內，是舜所居，一作姚墟。帝王世紀作嬀墟。杜岐公曰『即周語之嬴內，音嬀墟也』。是否？

答：此説可疑。謂饒内即姚汭可也，音相近，形相通也。謂姚墟即嬀墟可也，姚、嬀本一姓也。若謂姚即音嬴，于古無見。且嬴内即果是嬀汭，據尚書，或以爲二水名，或以爲一水名，俱未可定，如何即以爲大武樂中一終之名？岐公非妄言者，況王厚齋又述之，必别有據，惜其語焉而不詳，今亦無從得博物者而正之，以雍州無嬴水之名也。

經史問答卷五

三禮問目答全藻 七條

問：方侍郎望谿云：『古人言三公者多矣，未有言四輔者；言師、保者多矣，未有言疑、承者。王莽置四輔以配三公，又爲其子置師、疑、傅、承，阿輔保拂之官，拂即弼。而劉歆竄入文王世子，以見其爲二帝三王之舊制。胡他書更無及此者？』然否？

答：以三代之前，並無四輔之官，其説是也。若以爲劉歆所竄入，則未然。蓋侍郎不讀雜書，頗類程子，即如史、漢，侍郎但愛觀其文章，而於考據，則弗及也。四輔之名，見於尚書之洛誥，而益稷篇之四鄰，史記作四輔。尚書大傳：『古者天子必有四鄰：前曰疑，後曰承，左曰輔，右曰弼。天子有問而無對，責之疑；可志而不志，責之承；可正而不正，責之輔；可揚而不揚，責之弼。』是言四輔之官之始也。賈太傅新書引明堂位曰：『篤仁而好學，多聞而道順，天子疑則問，應而不窮者謂之道，道天子以道者也，常立於前，是周公也。潔廉而切直，匡過而諫邪者，謂之弼。弼者，拂天子之過者也，常立於右，是召公也。誠立而惇斷，輔善而相義者，謂之輔。輔者，輔天子之意者也，常立於左，是太公也。博聞而强記，捷給而善對者，謂之承。承者，承天子之遺忘者也，常立於後，是史佚也。』按其文，稍與大傳不符，而大略則同。漢書谷永公車之對曰：『四輔既備，成王靡有過事。』杜業傳謂王音曰：『周、召分陝，並爲弼、疑。』是皆本賈傅之言也。孔叢子曰：『疑、承、輔、弼，謂之四近。』是豈皆劉歆之所竄與？故不可以王莽所常用者，而竟以之罪歆也。然而秦、漢以上，則固無此官也。若謂周、召、望、佚常爲之，則何以不見於尚書之周官。草廬因不得已而爲之辭，以爲三公是周制，四輔是唐、虞以來之制，則又何以不見於二典？乃援四鄰之文，即指爲四輔，以爲古制，誰其信之。又援周官師、保之名，合之疑、承而芟去輔、弼，以爲周制，又誰其信之。故侍郎以爲絶無此官者是也。特不可以爲劉歆竄入也。愚嘗謂爲此説者，蓋在周、秦之間，文獻譌失，好事者所造作，故伏勝、賈誼皆記之。再考甘石星經有云：『天極星旁三星爲三公，後句四星爲四輔。』斯則出於伏、賈之前者。然則其爲七國時人之説，固無疑也。至於漢、唐經師又原不盡同星經之説，是以洛誥四輔，孔安國以爲四維之輔，而正義以爲周公事無不統，以一人爲四輔。唯安國孝經注：『天子争臣七人』，以三公、四輔當之。而邢氏正義已非之。然則文王世子之不足信，古人已早言之，特侍郎竟以他書更無及此，則反失之矣。

問：禮記大傳曰：『四世而緦，服之窮也。五世袒免，殺同姓也。六世，親屬竭矣。其庶姓別於上而戚單於下。』康成曰：『始祖爲正姓，高祖爲庶姓。』釋之者曰：『正姓如姬、姜，庶姓如三桓七穆。』是否？

答：異哉，康成之言也。周禮秋官司儀曰：『土揖庶姓，時揖異姓，天揖同姓。』康成曰：『同姓，兄弟之國。異姓，婚姻甥舅之國。庶姓，無親而勳賢者。』故王昭禹曰：『異姓親於庶姓，同姓又親於異姓，而三揖之禮，由此等焉。』然考左傳隱公十一年，滕、薛來朝，爭長。滕曰：『我周之卜正也，薛，庶姓也。』魯自周公以至武公，皆娶於薛，不可謂非婚姻甥舅之國，而滕猶以庶姓目之。蓋成周異姓之封，如嬀，如姒，如子，則三恪；如姜，則元臣；皆族類之貴者。薛雖太皡之裔，而先代所封，又加以弱小，故降居庶姓之列。然則異姓因有貴姓而始有庶姓，亦不僅以親疏言也。若同姓，則安得有所謂庶姓？甚矣，康成之謬也，何以解大傳。蓋嘗考之，故之所謂姓氏原有別，三桓、七穆，是氏也，非姓也。受氏之禮，多以王父字爲氏，而亦或有以父字賜氏者，國、僑之類是也。或有及身賜氏者，仲、遂之類是也。不必高祖始有也，而要之皆不可以言姓。太史公承秦、項喪亂之餘，姓學已紊，故混書曰姓某氏，儒者譏之。若如康成所云，則氏固可以言姓，太史公又何譏乎！況姓一定而不易，氏遞出而不窮，以三桓言之，仲孫氏之後，又分而爲南宮氏、子服氏。叔孫氏之後，又分而爲叔仲氏。季孫氏之後，又分而爲公鉏氏、公甫氏。諸侯不敢祖天子，大夫不敢祖諸侯，則仲慶父、叔牙、季友，實三桓之始祖也。始祖爲正姓，將無以三公子所受之氏爲正姓耶？則正姓即庶姓矣。倘仍以姬爲姓耶？則正姓并不出於始祖也。若敬叔諸家所受之氏，是又庶姓之小支也。姓固如是之不一而足耶？此康成之言之必不可通者也。至于大傳所云別姓，竊疑非即下文繫姓之姓。姓者，生也，庶姓，即衆生，蓋謂支屬別於上，婚姻窮於下，故疑若可以通嫁娶而無害。至下文繫姓弗別，始指所受之姓而言。康成合而一之，遂謂繫姓之外，又別有所別之姓，而所繫者出始祖，所別者出高祖，舛矣。歸安沈編脩榮仁，亦以予言爲然。

問：文昌第四星曰『司命』，周禮亦有『司命』之祭。而祭法列之七祀。然則今之祀文昌者，未爲無據。先生力言其謬，何也？

答：星宿之名，多出於甘石以後，而緯書又從而溷之，皆不足信。是以康成亦自支離分別：謂大宗伯之『司命』，則文昌第四星之神也；祭法『司命』，是督察三命之小神也，其神各別。唯是三命之説見於孝經緯援神契，固誣罔，而文昌之名亦不古。然且無問其是否同異，要之大夫而下，無祭天神者，故愚不敢脩敬也。今世文昌之祭何所始，蓋始於元之袁清容，乃吾鄉前輩也，事見袁尚寶符臺集。而五百年以來，遂盛行，於是讆言四起，謂其爲梓潼人，而又有十七世輪迴之説：在周爲張仲，在漢爲張良，在六國爲姚萇，又最後而其姓名爲張亞子，又或曰即張仙也。則以文昌之神，督察三命之神，而忽而入於仙佛之説，是狂且所言也。乃愚者惑於『司命』之目，曰是乃科舉功名之所升降者，爭起而禮之，而其祠乃闌入於學宫。然國家學校祀典,終未之及也,則亦可以知其爲淫祀矣。故愚自少至長,未嘗禮也。

問:方侍郎望谿謂春秋之世,罷政極多,獨淫祀則罕聞。而先生以爲十二諸侯之淫祀,具見於内、外二傳,願得一一數之,以正侍郎之疏。

答:侍郎不長於稽古,故有此言。嘗考周之衰也,三禮放失,故天神、地示、人鬼之義不明,而妄惑於鬼神之説,此淫祀之所由起。又其甚者,干名犯分,謂之逆祀,其説不可以更僕罄也。但鬼神之説,始於墨子,故漢志數墨子之宗旨凡數條,而右鬼其一也。左氏蓋亦惑於墨子,内傳載之,不一而足。外傳不知果出左氏與否,而鬼神之説,則相爲表裏:如杜伯射宣王事,紀之自墨子,而外傳首載之。夫宣王以非罪殺杜伯,固過矣,然杜伯遂爲厲以射宣王,則是君臣之義但在於人而不在於鬼。爲此説者,欲以明杜伯之枉,而不知適以成其罪。内傳因祖其説,以晉人非罪殺趙同兄弟,而其祖父爲厲,則皆誣謬之甚者。乃或謂以戒人君之妄殺,故公子彭生、渾良夫等事,不厭其怪,則曲説也。以祭祀而言,神降於莘,虢人祭之以求土,非淫祀乎?内傳所紀稍簡,外傳則詳述内史過之言,謂昭王娶房后,爽德,協於丹朱而生穆王。夫丹朱生於房,乃以魅鬼淫其千年以後之女孫而生穆王,則是穆王已非姬氏之種,其誕不必深詰。國之興也,則以契爲玄鳥所生,稷爲巨人跡所生;其季也,則以穆王爲丹朱所生。爲此言者，當有天刑。而謂周之内史敢以此告於嗣王，以誣其先世，有是理乎？又謂其勸王使太宰帥貍姓之傅氏以祭之，非淫祀乎？外傳但知虢公之祀爲淫祀，而不知内史之所陳，乃淫之大者。他如子産以博物稱，而其勸晉人之禳黄能，亦是淫祀。前此子産謂晉人當修實沈、臺駘之祀可也，若夏郊，則豈晉侯之所得祭，而忽勸祭之，左氏之無識也。於衛甯武子之諫祀夏相以爲杞、鄫何事。然則崇伯失祭，其於晉人何與？甯武子而非也則可，不然子産之説荒矣。故韋昭亦疑其非，謂晉爲周祭之。夫子産原謂晉實繼周，信斯言也，是乃淫祀之兼以逆祀者乎？若臧孫祭爰居，則尚屬過之小者，而柳下已動色力争，使其聞丹朱、崇伯之祭，不知錯愕更何似也。故左氏所載，唯楚昭王不祭河，是卓然有見者。此外則甯武子之諫祭相，二百四十年之中，不惑於淫祀者，二人而已。乃有不惑於淫祀，而反爲左氏所誚者，則子玉也。城濮之役，河神以孟諸之麋，索子玉之瓊弁玉纓，此是妖夢。謂子玉當恐懼脩身以敬共兵事則可，謂其當媚河神以徼福則不可。夫子玉安得有事於河，若謂師行所過，原有祭其山川之禮，則安得示夢以索幣？故子玉之不與，猶滅明之不以璧與蛟也。而謂其慢神以取敗，是皆淫祀之説誤之也。故子産立伯有、子孔之後，皆以鬼神立説，而亦未甚當。伯有乃子良之孫，其先有大功，則立後固宜。子孔召純門之師，乃是國賊，何可立後。若但以取精用宏爲説，崔、慶、欒、郤、孫、甯諸亂臣，孰非取精用宏者，何以不能爲厲也。故予嘗謂漢人讖緯巫鬼之説，實皆始於春秋之世。當時雖子産不免，於是墨子之徒揚其波，而至今莫之能正，悲夫！

問：古傳謂周公祭天，太公爲尸；周公祭泰山，召公爲尸。天神地示之祭，如何立尸？其説難曉。

答：此是漢人傳聞之語，原未可信。但天神地示必有配，則尸即以配者之子孫爲之。外傳晉平公祭夏郊，董伯爲尸。韋昭曰：『董伯，蓋姒姓也。』然則周公攝祭天於郊，當以后稷之後爲尸；攝祭天於明堂，當以文王之後爲尸。其謂太公爲尸者，妄也。泰山不知誰爲配，周公未嘗至魯國，固無祭泰山之事。若禽父以後祭泰山，便當以周公爲配。齊人祭泰山，便當以太公爲配。而各以其後人爲尸，推之九鎮四瀆皆然。此雖其禮不見於經，而可以義推而得之者。若漢人祭江以伍胥配，則非先王之禮。先王之禮，唯諸侯於封内山川，或以始封之君配，而天子祭之，則必取其有功於是山川者。然則三代而後求合於禮，如蜀人祭江，當以李冰配；楚人祭漢當以孫叔敖配；孫叔敖引雲夢之藪入漢。梁人祭漳，當以西門豹、史起配；曹、濮之間祭河，當以王延世、王景等配；此其有功者也。是乃合於祭法。伍胥非有功於江者也，若謂其素車白馬而主潮汐，遂以配江，是其説荒忽難信。即果有之，亦當别祭之，不可即以配江。世苟有講明典禮之君子，必以吾言爲然。至於春官神示諸祭，各有配，即各有尸，不知其詳何若。然大抵有功者即爲配，主其事者即爲尸。故墓祭則冢人爲尸。其餘亦皆可以推而知之。

問：夔子不祀祝融與鬻熊，而楚滅之。先儒謂祝、鬻二祭，原衹應楚國大宗行之，夔不應祀也。楚人特借其名以遂其并小之私。其説似有據，然則凡、蔣、邢、茅、遂，皆不祭周公乎？

答：是説也，愚初亦主之，近而稍疑其不盡然也。諸侯不敢祖天子者，同姓之諸侯也。若異姓之諸侯，則二王之後，直用天子之禮樂以祭，固得祖天子矣。即三皇、五帝之後，特不用天子之禮樂，而未嘗不祖天子。蓋三皇、五帝，雖當代之天子必有祭，而其子孫不可以恝然而已。是亦情也。情之所在，即禮也。故所謂諸侯不敢祖天子者，不敢列之五廟以爲太祖，而别立廟以祀之。太祖則固以始封之君爲之，是其義固並行而不悖也。曰：然則禮何以無徵也？曰：有。左傳不嘗云乎：『任、宿、須、句，風姓也，實修太皞之祀。』夫太皞，天子也。而任、宿諸國以附庸之小侯，各主其祀。然則祝、鬻二祭，但謂楚當主之，而夔無庸者，非矣。而吾於是推而通之同姓之諸侯，未嘗不然。夫同姓之諸侯，其五廟之太祖，固以始封之君，而未嘗不别有天子之廟。故魯有周廟，祖文王；鄭亦有周廟，祖厲王，非僭也。顧亭林曰：『諸侯若竟不敢祖天子，則始封之君將何祭？天下未有無祖考之人，而況於有土者也。』毛西河亦主此説。愚謂周禮散亡，此必有大宗伯之明文，許令諸侯各立所出先王之廟，而特不以之入五廟，蓋周禮之别廟，以義考之，自屬多有。假如周公之會於東都，則别有祊在鄭國。而況天子巡狩，屬車所過，身後自皆有廟，則各令同姓諸侯司之，不然，反不如周公矣。漢人郡國皆得立高皇廟，其遺意也。曰：如是，則不已近於禘乎？曰：是又非也。天子於始祖之所自出，固未嘗有廟也。五年一祭，則祭於始祖之廟，而以始祖配之，以其遠，固無廟也。若諸侯之於先王，則反有廟，以其近也。然而祭則未嘗敢以始封之君配之，是乃所謂諸侯不敢祖天子者也。故毛西河謂諸侯當有出王之廟則是，若因此而謂魯可禘，則又非也。顧亭林亦有此語。是固二千年來之疑案，而今始得和齊斟酌而定其説者。曰：是則然矣。然先儒謂楚當祭，夔不當祭，本於禮宗子祭、支子不祭之説也。今以左傳任、宿諸國均主皞祀之文考之，則於禮經不合。曰：禮所云，是爲大夫言之也。諸侯之與大夫，地不同，則禮有異。夫古之大夫共仕於一國之中，則宗子祭，支子不祭，是宗法也。大夫以世而分族，故桓族有季、孟、叔三家，則季氏以嫡爲大宗，孟、叔以庶皆合祭於季氏，以季氏之祭，合孟、叔二氏之祖在焉，故可不祭也。諸侯則各居一國，其勢不能相就，如周公八子，其爲外諸侯，則魯也，邢也，蔣也，内諸侯，則宰周公也，凡也，祭也，胙也，茅也，如謂以大夫之禮繩之，則惟魯得祭，而外諸侯如邢、蔣，内諸侯如自宰周公而下，皆不得祭周公，於禮可乎？故魯固以周公爲始封之君，宰周公亦以周公爲始封之君，各爲太祖之廟。蓋周公身爲太宰，而子孫世守其采邑，其有廟無疑也。凡邢而下，不敢以周公爲太祖入五廟，而亦未嘗不别立周公之廟，是以義推之而必然者也。其不敢以周公入五廟者，以支子也；其必别立周公之廟者，溯所自出也。是固不可以大夫之宗法裁之也。即以大夫之宗法言之，試以曾子問觀之，亦多有變通之禮，而奈何竟以施之諸侯也。然則夔子不祀，亦自有罪，特楚人滅之，未必不借此以兼弱耳。

問：亭林先生謂七七之奠，本於易『七日來復』，是以喪期五五，齋期七七，皆易數也。其説近於附會，然否？

答：亭林儒者，非先王之法言不言，至此條則失之。然此乃其未定之説，在初刻日知録八卷。及晚年重定，則芟之矣，蓋自知其失也。七七之説，見於北史，再見於北齊書孫靈暉傳。萬季野曰：『究不知始於何王之世。』三見於李文公所作楊垂去佛齋説，及皇甫持正所作韓公神道碑銘，則儒者斥之之言也。亭林何所見，援皋復之禮，以爲緣起。夫皋復之禮，始死升屋而號，豈有行之四十九日之久者乎？亭林於是乎失言。

鸛浦鄭氏，居喪無七七之齋，可謂知末俗之誤者矣。然其每浹旬一奠，亦非也。考之禮，大夫則朔望二奠。若非大夫，則但行朔奠一次，謂之殷奠。然則五品以下者，奠三次。五品以上者，朔望日各一次，凡十次。是禮也。

經史問答卷六

論語問目答范鵬 二十五條

問：一貫宗旨，聖學之樞紐也。諸儒舊説，牽率甚多。先生一舉而空之，願聞其詳。

答：一貫之説，不須注疏，但讀中庸，便是注疏。一者，誠也。天地一誠而已矣，其爲物不貳，則其生物不測。維天之命，於穆不已，天地之一以貫之者也。誠者，非自成己而已也，所以成物也。成己，仁也。成物，知也。性之德也，合外内之道也。故時措之宜也，聖人之一以貫之者也。忠恕違道不遠，施諸己而不願，亦勿施於人，學者之一以貫之者也。其謂聖人不輕以此告弟子，故唯曾子得聞之，次之則子貢。而畢竟曾子深信，子貢尚不能無疑。蓋曾子從行入，子貢從知入。子貢而下，遂無一得豫者，則頗不然。子貢之遜於曾子，固矣。然哀公，下劣之主也，子之告之，則曰：『天下之達道五，達德三，所以行之者一也。』又曰：『凡爲天下國家有九經，所以行之者一也。』一以行之，即一以貫之也。哀公尚得聞此奥旨，曾謂七十子不如哀公乎？其謂子貢自知入，不如曾子自行入，則以多學而識之問，原主乎知。然此亦未可以概子貢之生平而遽貶之，觀其問一言而可以終身行，則非但從事於知者矣。聖人告之以恕，則忠在其中矣，亦豈但子貢哉。仲弓問仁，子之告之，不出乎此。『出門如見大賓，使民如承大祭』，敬也，即忠也；不欲勿施，恕也。曾謂七十子更無聞此者乎？故萬物一太極，一物一太極，一本萬殊，一實萬分，諸儒之説，支附葉連，其文繁而其理轉晦，而不知在中庸已大揭其義也。蓋聖人於是，未嘗不盡人教之，而能知而蹈之者則希。惟曾子則大醇，而授之子思，卒闡其旨，以成中庸，是三世授受之淵源也。誰謂聖人秘其説者，是故仲孫何忌問於顏子，一言而有益於知，顏子答曰：『莫如豫。』一言而有益於仁，顏子曰：『莫如恕。』然則不特孔子以告哀公也，曾謂七十子不如仲孫乎？

問：臧文仲居蔡之説，古注與朱注異，近人多是古注，然朱注豈無所見，究當安從？

答：據漢人之説，則居蔡是僭諸侯之禮；山節藻梲是僭天子宗廟之禮以飾其居。如此，則已是二不知，不應概以作虚器罪之，曰一不知也。但臧孫居蔡，非私置也，蓋世爲魯國守蔡之大夫。家語不云乎，文仲一年而爲一兆，武仲一年而爲二兆，孺子一年而爲三兆。是世官也，然則臧孫居蔡，何僭之有？昔武王以封父之繁弱封伯禽。繁弱者，弓也，而或以爲即蔡之别名，其説見於陸農師之注明堂位。則是蔡一名僂句，又一名繁弱，其所由來者遠矣。故武仲奔防，納蔡求後，以其爲國寶也，則以大夫不藏龜之罪加臧孫，恐其笑人不讀左傳與家語也。乃若山節藻棁，實係天子之廟飾，管仲僭用以飾其居，雜記諸篇載之不一而足，而臧孫未必然者，蓋臺門反坫，朱紘鏤簋，出自夷吾之奢汰，不足爲怪。而臧孫則儉人也，天下豈有以天子之廟飾自居，而使妾織蒲於其中者，蓋亦不相稱之甚矣，吾故知其必無此也。然則山節藻棁將何施？曰施之於居蔡也，所謂媚神以邀福也。是固橫渠先生之説，而朱子采之者，今世之自以爲熟於漢學，沾沾焉騰其喙者弗思耳矣。錢塘王大令志伊，經師之良也，雅以愚説爲然。

問：禮器『甘受和，白受采』，是一説。考工『繪畫之師〔校〕『師』當作『事』。後素功』，又是一説。古注於論語『繪事後素』，引考工，不引禮器。其解考工，亦引論語。至楊文靖公解論語，始引禮器。而朱子合而引之，即以考工之説，爲禮器之説，近人多非之。未知作何折衷？

答：論語之説，正與禮器相合。蓋論語之素，乃素地，非素功也，謂有其質而後可文也。何以知之？即孔子借以解詩而知之。夫巧笑美目，是素地也，有此而後可加粉黛簪珥衣裳之飾，是猶之繪事也，所謂絢也，故曰繪事後於素也。而因之以悟禮，則忠信其素地也，節文度數之飾，是猶之繪事也，所謂絢也，豈不了了。若考工所云，則素功，非素地也，謂繪事五采，而素功乃其中之一，蓋施粉之采也，粉易於污，故必俟諸采既施而加之，是之謂後，然則與論語絶不相蒙。夫巧笑美目，豈亦粉黛諸飾中之一乎？抑亦巧笑美目出於人工乎？且巧笑美目，反出於粉黛諸飾之後乎？此其説必不可通者也。而欲參其説於禮，則忠信亦節文中之一乎？忠信亦出於人爲乎？且忠信反出節文之後乎？五尺童子，啞然笑矣。龜山知其非也，故別引禮器以釋之，此乃真注疏也。朱子既是龜山之説，而仍兼引考工之文，則誤矣。然朱子誤解考工，卻不誤解論語，芟此一句，便可釋然。若如古注，則誤解論語矣。朱子之誤，亦有所本，蓋出於鄭宗顔之解考工。宗顔又本之荆公，蓋不知論語與禮器之爲一説，考工之又別爲一説也。若至毛西河喜攻朱子，嘵嘵强詞，是則不足深詰也。

問：商正建丑，三統曆之明文也。史記曆書索隱則曰『商建子』，是異聞也，古人更無言及此者。然其實一大疑案，願決之。

答：索隱曰：『古曆者，謂黄帝調曆以前，有上元、太初等，皆以建寅爲正，謂之孟春。及顓頊、夏禹，亦以建寅爲正。惟黄帝、殷、周、魯，並建子爲正，而秦人建亥，漢初因之，至元封七年，始仍用周正。』索隱此言，本之晉書董巴曆議。巴曰：『湯作殷曆，弗復以正月朔旦立春爲節，更用十一月朔旦冬至爲元首，下至周、魯及漢皆從其節。』按巴所言乃曆初，非歲首也，而索隱則誤解巴語，以爲殷亦建子。蓋古人於歲首，則有建子、建丑、建寅之別，謂之『三統』，而曆初，則非子即寅，故或即用歲首爲曆初，如黄帝及周之用子，顓頊及夏之用寅是也。或曆初不同於歲首，如殷是也。唐書一行日度議曰：『顓帝曆，上元正月，辰初，合朔，皆直艮維之首。殷曆更以十一月冬至爲上元。』此治曆也。三統並用，此明時也。是則曆初、歲首，分而言之，了然可曉者。曹魏明帝時，欲改地正。楊偉議曰：『漢太初曆以寅月爲歲首，以子月爲曆初。今改正朔，宜以丑月爲歲首，子月爲曆初。』是又董巴之言所自出也。蓋『三統』之中可用丑者，以其爲分辰之所紐，所謂斗振天而進，則律始於黃鐘；日違天而退，則度始於星紀。斯丑之所以成統也。若定曆，則必以奇數爲始，以一陽則用子，以四時之首則用寅，而丑則無所憑以爲部也。是亦義之易曉者也。索隱乃以曆初即爲歲首，則失矣。漢初承秦用顓頊曆，則用寅；或曰用殷曆，則是用子。今索隱曰『秦建亥而漢因之』，則又謬矣。秦以亥爲歲首，不能以亥爲曆初也。

問：顏淵少孔子三十歲，及三十二歲卒，則是孔子之六十二歲，而哀公之六年也。是年孔子厄於陳、蔡之間，顏淵尚有問答。或者即以是年死，然孔子尚在陳，或曰已反於衛，要之不在魯可知矣。然則謂顏淵道死，則孔子殮之，其父何由請車爲槨。如謂先歸於魯而死，則顏路何由越國而請之子，且門人厚葬，又何由請之子。孔子以哀公十一年返魯，顏路何由越國而饋祥肉。皆可疑也。而更有異者，伯魚以孔子十九歲生，其卒也年五十，則是孔子之六十八歲，返魯之歲，而哀公之十一年也。顏淵死於五年之前，而曰『鯉也死』，何與？王肅謂史記所紀弟子之年，世遠難信，是已。而又以『鯉也死』爲虛設之詞，得無謬乎？是不可解也。先生旁搜遠覽，必有以釋後人之疑。

答：孔門弟子之年，史記、家語，互有不同，則王肅以爲世遠難信者是也。如梁鱣在史記少孔子二十九歲，家語則曰三十九歲；季羔在史記少三十歲，家語則曰四十歲；言游在史記少四十五歲，家語則曰三十五歲；樊須在史記少三十六歲，家語則曰四十六歲；子賤在史記少三十九歲，家語則曰四十九歲，今本家語無『九』字。大抵『二』、『三』、『四』之間多誤，蓋古人『四』字，亦用重畫，故與『二』、『三』易混。家語後出，或疑其非古本，多依史記，然終亦難定其孰是也。故愚疑顔子少孔子四十歲，則於『鯉也死』之言合。孔子七十三歲而卒，或云七十四，或云七十二，然則顔淵之死，亦與兩楹之夢不遠。至王肅以爲虛設之詞，則其謬了然易見也。

問：向意顔淵之死，後於伯魚，而先於子路。故子貢曰：『昔者夫子於顔淵，如喪子而無服，喪子路亦然。』今如先生之言，則似又後於子路也。顔淵死，孔子及食其祥肉，則似非即夫子卒之年。

答：子路卒於孔子七十一歲，若以顔子少孔子四十歲計之，誠後一年。公羊傳於獲麟之年，牽連書喪予、祝予之慟，亦先顔而後仲。此不過偶然參錯，然要之二子之死，相去不遠。至孔子以四月己丑卒，即謂七十二，亦何必不及見顔淵之祥祭也，况安知其非七十三也。

問：甯武子爲莊子嗣，莊子之卒在成公時，則武子未嘗仕於文公之世，而朱子爲邦有道屬文公。

閻伯詩、陸稼書引左傳，謂其時列國父子，並時在朝者甚多：如欒武子將中軍，而黶如魯乞師，鍼爲車右；范文子佐中軍，而匄爲公族大夫；韓獻子將下軍，而無忌爲公族大夫；季武子爲司徒，而公鉏爲左宰。則必武子當文公之世，已爲大夫。乃毛西河又詆之，必欲以朱子爲非。幸決之。

答：朱子謂武子之仕，當文公、成公之間，原非謂武子之爲卿在文公時。春秋世卿之子，當其父在而有見者，不止于百詩所引也。城濮之役，先軫將中軍，而且居有功；陳文子當崔杼時，其子無宇已使楚；孟獻子當國，速已帥師禦齊；魏獻子滅羊舌氏，用其子戊；宋華氏南里之亂，正以父子兄弟同朝不睦，孟懿子晚年，洩將右師。凡如此者，不可以更僕數也。唯是武子之事文公，其於左氏無所見，則或謂有道，亦祗就成公之世，無事之時，優游朝宁，未嘗不可。要之此等無關大義，西河志在攻朱子，必從而爲之辭，以騰頰舌，此又可以不必詰也。

問：史記世家，謂孔子自大司空爲大司寇，攝行相事。考之周制，司寇乃司空之兼官，而司徒即相也。故符子曰：『孔子爲司徒。』但魯司空爲孟孫，司徒爲季孫，孔子何由而代之。故或云孔子不過爲小司寇耳，不過爲夾谷之相耳，原未嘗爲卿，原未嘗攝相事。史公據傳聞而誤紀之。有諸？

答：史公紀事之失固多，獨此一節，未可遽非。言孔子但當以小司寇仕魯者，始於崔靈恩。至以夾谷之相，當是攝相，則係近人毛奇齡之言。然皆未詳於春秋之事也。春秋諸侯之國，並不止三卿，宋之六卿，尚可曰二王之後也；晉之六卿，尚可曰三軍各有副也；至於鄭之細，亦備六卿；雖魯亦然。是故羽父請殺桓公，將以求太宰，雖以後不見於傳，然要之非三卿可定矣。且季氏世爲上卿，而武子之嗣爲上卿，在孟獻子既卒之後。武子之請作三軍，叔孫穆子曰『政將及子』，以其時獻子已老也。然則季文子卒，獻子實爲上卿。獻子卒，而武子始代之也。武子既卒，平子嗣卿，而叔孫昭子以三命爲政。昭二年，平子惡其居己上，是昭子實爲上卿。昭子卒而平子始代之也。然則三桓序次，亦非一定而不移者。且魯公族之與三桓共爲卿者，前有臧氏，東門氏，凡五卿。自仲嬰齊卒，而東門氏失卿。武仲出奔，而臧氏失卿。然而又有叔氏爲卿，則四卿。唯是力能分公室者，則衹三桓，是其中之差別耳。蓋卿不止於三，而軍止於三，三桓掌而有之，故力分公室。如謂魯以三卿止，而三桓之外無卿，則誤矣。若春秋之相，亦復何嘗之有。齊有天子之守國、高，而管仲以仲父當國。晉之枋國者乃中軍，而陽處父以太傅易諸帥。宋則以左右二師長六官，楚則令尹之外有莫敖，是亦幾幾乎如後世三省二府之制，不以一人限之者。故即以魯言，歷相四君者季文子，而僖公時則臧文仲，文公時則東門襄仲，宣公時則臧宣叔，成公時則孟獻子，皆與文子同掌國政。然則他國之別立官制者固不必言，而魯亦非專以司徒一人行相事也。至於夾谷之相，則正孔子爲卿之證。春秋時，所重者莫如相。凡得相其君而行者，非卿不出，是以十二公之中，自僖而下，其相君者皆三家。文公三年如晉，則叔孫莊叔相；十三年如晉，則季文子相；成公四年如晉，亦季文子相；九年會於蒲，亦季文子相；十年朝王，則孟獻子相；襄公四年朝晉，亦孟獻子相；十年會伐鄭，則季武子相；二十八年如楚，則叔孫穆子相；昭公七年如楚，則孟僖子相；哀十七年會於蒙，則孟武伯相；皆卿也。魯之卿，非公室不得任，而是時以陽虎諸人之亂，孔子遂由庶姓當國。夾谷之會，三家方拱手以聽，孔子儼然得充其選。當時齊方欲使魯以甲車三百乘從其征行，若魯以微者爲相，其有不招責言者乎？是破格而用之者也。且使孔子不得當國，而乃隳三都，張公室，是乃小臣而妄豫大事，有乖於『不在其位、不謀其政』之訓，又必非聖人之所出也。蓋必拘牽成説而不博考夫遺文，則大司空與相，固當爲三家之所據，而司寇又當爲臧氏之世掌者，孔子將無一官可居，不亦昧與？

問：侯國三卿，司徒爲上，司馬次之，司空爲下。朱子以解季、孟之間。然則齊景公將以叔孫氏待孔子也，又何必曰『季、孟之間』？先生謂春秋列卿次序，亦有不拘成格者，請明示之。

答：是本孔注之説。但考春秋之世，三卿次第亦無常，故如季文子爲上卿，而孟獻子受三命，則同爲上卿。及文子卒，武子列於獻子之下，叔孫昭子受三命，則亦以上卿先於季平子，是以命數論也。如王命同，則司徒爲上，而司空班在第三，是以官論也。其當國執政，則又不盡然。如齊有命卿國、高，管仲乃下卿而相，是以賢也。叔孫昭子雖三命，而終不能抑季氏，是以權也。故齊景所云『季、孟之間』，非以三卿之序言。三桓之大宗在季氏，而友有再定閔、僖之功，行父又歷相宣、成，故最强。孟氏於三桓本庶長，而慶父、叔牙皆負罪，故孟、叔二氏，其禮之遜於季者不一而足。及敖之與茲，則茲無過，而敖以荒淫幾斬其世，若非穀與難二賢子，孟氏幾不可支。故是時孟氏遜於叔氏。及獻子以大賢振起，遂與文子共當國，而僑如爲亂，叔氏之勢始替。自是以後，孟氏之權，亞於季而駕於叔。蓋其始本以重德，及其後，遂成世卿甲乙一定之序。故劉康公曰：『叔孫之位，不若季、孟。』而僑如亦自曰：『魯之有季、孟，猶晉之有欒、范。』試觀四分公室，舍中軍，則季氏將左師，孟氏將右師，而叔孫氏自爲軍，是三桓之勢，季一孟二，不可墨守下卿之説而輕之也。是則『季、孟之間』之説也。

問： 然則淳于髡謂孟子居三卿之中，蔡氏即以司徒三卿解之，是耶，否耶？七國時，似無此三卿也。

答： 豈特七國時無三卿，十二諸侯時亦多改易，如宋以二王後有六卿，而別置左師、右師等官參之。晉則六軍置帥與佐，即以爲卿。楚則令尹、莫敖、司馬，而太宰反屬散寮。鄭、衛亦不用周制。以齊言之，國、高之官無明文，及崔、慶則以右相、左相當國。何況孟子之世，七國官制尤草草。國策中，唯魏曾有司徒之官一見，亦不足信。大抵三卿者，指上卿、亞卿、下卿而言，但未嘗有司徒等名。樂毅初入燕，乃亞卿，是其證也。或曰一卿是相，一卿是將，其一爲客卿，而上下本無定員，亦通。若蔡氏之言非也。

問：孔子不答問陳，明日遂行，在陳絶糧，而史記系之哀公六年。計自去衛之後即如陳，已而如蔡，已而如葉，已而自葉反蔡，復在陳，始有是厄，則與論語不合。信史記，固不如信論語也。然以陳、蔡追隨之弟子考之，游、夏之年皆尚未踰十五，則以爲遂在去衛之年，亦難從矣。先生何以定之？

答：是在前輩宿儒皆不能定也。推排諸子之年，似當在哀公六年。或者本别爲一章，而其章首有脱文，失去子字，亦未可必，所當闕之。

問：陳、蔡以兵圍子，朱子疑以陳、蔡方服於楚，豈有昭王欲用之，而陳、蔡敢出此者，故定以爲哀公二年去衛之時。仁山則以爲蔡已兩屬於吴、陳，亦非竟臣楚者。或有之，或曰絶糧在先，以兵圍之又一事也。其言誰是？

答：朱子是而仁山非也。當時楚正與陳睦，而蔡則已全屬吴，遷於州來，與陳遠，是所謂如蔡者，非新遷之蔡，乃故蔡，孔子欲如楚，故入其地也。蔡已非國，安得有大夫乎？且陳事楚，蔡事吴，則仇國矣，安得二國之大夫合謀乎？且哀公六年，吴志在滅陳，故楚大興師以救之，卜戰不吉，卜退不吉，楚昭至誓死以救之。陳之仗楚何如，感楚何如，而敢圍其所用之人乎？即如所云陳、蔡大夫圍之，使子貢如楚以兵迎，始得免。是時楚昭在陳，何必使子貢如楚。而楚果迎孔子，信宿可至，孔子何以終不得一見楚昭。而其所迎之兵，中道而聞子西之沮，又竟棄孔子而去，則皆情理之必無者。古史謂孔子曾見楚昭，亦無據。且楚昭旋卒於陳，則孔子又嘗入楚乎？故朱子之疑之是也。唯是朱子以爲在哀公二年，則於游、夏之年皆不合，故其事似當在六年。孔安國注以爲陳人被兵絶糧，則於情爲近。乃知陳、蔡大夫兵圍之説，蓋史記之妄也。然安國被兵絶糧之説則是，而以爲自宋適陳即遭此厄，則先於哀公二年，是又誤矣。蓋哀元年，吴亦伐陳，故安國因之而誤也。總之當厄應在六年，史記之時之可信者也。絶糧則以陳之被兵，孔注之事之可信者也。參伍求之，而其所不可信者置之可矣。若謂絶糧是一次，以兵圍又一次，則尤屬謬語不足詰。

問：齊桓、晉文正譎之案，已經夫子論定矣。而先生謂桓、文事，亦宜有各爲剖析者，乞示之。

答：聖人去春秋時近，所見聞必詳，不僅如今日所據止區區三傳也。若但以區區三傳，則齊桓極有可貶，不當以聖人之言，遂謂高于晉文，此亦論世者所不可不知也。王子頹之亂，衛人助逆，王室大擾，桓公已圖霸，前後一十二年，讓鄭厲公之討賊納王，坐視而不之問。又八年，天子特賜桓公命，請以伐衛，桓公乃不得已以兵伐之。衛人敢於抗師，而桓公不校，竟受賂而還。曾是一匡天下之方伯而出此，以視晉文之甫經得國，即討太叔，豈不有光於齊十倍。故嘗謂齊桓攘楚之功，自純門救鄭始；親魯之功，自落姑始。而于是存三亡國；首止定世子；甯母之拒鄭子華；葵丘之會謝賜胙則守禮，讀載書則束牲，浸浸乎賢方伯矣。聖人之許之，或自其中葉以後，否則別有所據，要之其初年未可恕也。若晉文之才，高於齊桓，特以暮年返國，心迫桑榆，又適當楚勢鴟張，中原崩潰之日，齊桓一死，而其子已疊遭楚侮，非急有以攘之不可，故多方設機械以創之。以爲譎，誠所難辭，而又不久而薨，不若齊桓之長年，其志未申，若使多享遐算，其從容糾合，示大信於諸侯，亦必有可觀者。至于請隧、召王，固是兩大過，然正見霸者本色。要之晉文之功在討賊，齊桓之功在九合不以兵車，皆其最大節目。至於正譎之間，則不過彼善於此。

問：『固天縱之』，吾丈句讀甚新，但果何出？幸詳示其所自。

答：此本漢應仲遠風俗通。亡友史雪汀最賞其説。蓋多能本不足言聖，亦有聖而不多能者。大宰不足以知聖，故有此言。子貢則本末並到，故曰『固天縱之』，兼該一切，將聖而又多能也，則將字又字俱圓融，此突過前人者。

問：竹垞據漢隸，分門人、弟子而爲二。近日李穆堂侍郎本之，而吾丈不以爲然，願聞其説。

答：東漢泰山都尉孔伷碑陰，既有弟子，復有門生。歐陽兖公以爲受業於弟子者，爲門生也。考後漢書賈逵傳：『顯宗拜逵所選弟子及門生爲千乘王國郎。』鄭玄傳：諸門生相與譔所答弟子問，作鄭志。則門生之於弟子，確然不同。但據楊士勛穀梁疏曰：『門生，同門後生』，則是一堂之中不過年數輩行，略有區別。所稱弟子云者，如後世三舍之有齋長，而非如兖公所云也。至經傳所云門人，則禮記鄭注以爲即弟子，而竹垞誤引兖公之語，欲以爲門生之受業于弟子者。愚質之檀弓、家語以及史記、漢書，更無一合。即以論、孟言之，已多傅會。鼓瑟之不敬，疾病之爲臣，安見其爲子路弟子也。厚葬之請，安見其爲顏子弟子也。一貫之問，安見其爲曾子弟子也。治任之入揖，安見其爲子貢弟子也。以上數條，注疏中亦間有如此者，不足信。祇問交之門人，可言子夏弟子，但果爾，則門人正弟子也。何也？是章非對孔子而言也。家語七十弟子中有懸亶，祀典疑爲鄡單之訛而闕之，今乃據唐廣韻注，以爲是門人也，置之私淑之列，不亦妄乎？蓋惟兖公之説，本難盡信，故劉孝標世説注：『服虔欲治春秋，聞崔烈方集門生講傳，乃匿姓名，爲烈門人賃作食。』臧榮緒晉史：『王褒門人爲縣所役，褒謂令曰：「爲門生來送別。」』是門人可與門生互稱之證也。門人即弟子，則門生亦非私淑，可以了然。而穀梁疏之言信矣。竹垞一時之失，未可宗也。

問：坫制，在賈公彥儀禮疏中，不甚了了。邢叔明爾雅疏差爲得之，而終未能剖晰詳審，願質之函丈。

答：坫本有三：爾雅垝謂之坫，古文作襘，是乃以堂隅言，郭景純所謂端也。至許叔重以爲屏牆，則又是一坫。其累土以庋物者，又是一坫。而累土庋物之坫又有三：有兩楹之間之坫，即明堂位所云『反坫出尊』，及論語之『反坫』也；蓋兩君之好，用之庋爵者。鄉飲酒禮，尊在房户間；燕禮，尊在東楹之西。至兩君爲好，則必於兩楹之間，而特置坫以反之。有堂下之坫，乃明堂所云『崇坫』也，蓋用之庋圭者。何以知庋圭之坫在堂下？覲禮，侯氏入門奠圭，則在堂下矣。惟在堂下，故稍崇之。有房中之坫，即内則閣食之制也。士於坫，康成謂士卑，不得作閣，但於房中爲坫，以庋食也。然則同一累土之坫，而庋爵、庋圭，尊者用之；庋食，則卑者用之。方密之曰：『凡累土庋物者，皆得曰坫。』是也。堂隅之坫亦有二：士虞禮，苴茅之制僎於西坫。士冠禮，執冠者待於西坫南。蓋近於奥者，故謂之西坫。既夕記設棜於東堂下，南順，齊于坫。是近於窔者，則東坫也。至屏牆之坫，亦曰『反坫』，而其義又不同，郊特牲所云『臺門旅樹反坫』是也。是乃以外向爲反。黄東發曰：『如今世院司，臺門内立牆之例』，是正所謂屏牆也。蓋反坫與出尊相連是反爵，反坫與臺門旅樹相連，是屏牆之反向於外者。郊特牲所云，乃大夫宫室之僭。論語所云，乃燕會之僭。而東發疑論語之反坫，與上塞門相連，恐皆是宫室之事，不當以坫之反爲爵之反，則又不然。蓋反坫出尊，正與兩君之好相合，禮各有當，不必以郊特牲之反坫，强并於論語之反坫也。賈氏不知坫有三者之分，又不知累土之坫，亦有三者，而漫以爲累土之坫爲專在廟中，則既謬矣。又誤以豐爲坫，不知豐用木，坫用土；豐形如豆，故字從豆，坫以土，故字從土，不可合而爲一也。至周書『既立五宮，咸有四阿反坫』，注以四阿爲外向之室，則反坫者，亦屏牆也。

再考廣韻，則葬埋之禮不備而攢塗權厝，亦謂之坫。是又在諸經之外者，蓋亦取於累土之意。

問：令尹子文、陳文子事，皆不見左傳，故先生以爲傳聞之詞。但子文之仕與已，畢竟當有可考。又謂子文自可以言忠，而文子并不可以言清。此其中必有至理，非僅考據而已，願聞其說。

答：三仕三已，當時又多以爲孫叔敖事，一見於史記孫叔敖傳，再見於鄒陽傳，而子文事亦見國語。故知其爲傳聞之難信者。然孫叔實一爲令尹而已，而子文亦未嘗三爲令尹。子文於莊公三十年爲令尹，至僖公二十三年讓於子玉，凡在位二十八年。子玉死，蔿呂臣繼之，子上又繼之，大孫伯又繼之，成嘉又繼之。是後，楚之令尹不見於左傳。文公十二年子越之亂，追紀曰：『令尹子文卒，鬭般爲令尹。』則意者成嘉之後，子文嘗再起爲令尹。而仁山先生以爲子上之後者，誤也。子上死，即有商臣之變，使子文是時在位，豈尚可以言忠。然則子文爲令尹者再，其初以讓人，其後卒於位，原無所謂罷黜也。乃必欲求合於三仕之説，因謂子玉、蔿呂臣、子上之間，子文或曾以太宰執政而代其缺。不知楚之執政，令尹而下唯司馬，又有莫敖，其下則左尹、右尹，左、右司馬，而太宰尚亞之，非執政。子文並未罷黜，不至降爲太宰，仁山何所據而定之？且春秋之世，國老致政，仍得與聞大事，如知罃之稟韓厥，子産之奉子皮，葉公之退居於葉亦然。然則子文不爲令尹，其班資更在令尹之上，故圍宋之役，子文先治兵，而後子玉再治兵，其證也。仁山在宋儒中，考古最精，而於此事則失之。要之子文治楚，其功最大，楚之功臣，莫能先之。惟誤用子玉，是一失着。及再起時，左傳雖不載其事，然時值晉霸之衰，楚勢甚盛，蓋亦多出其力，特不知大義，故不可以爲仁。而於楚則自是宗臣也。至若陳文子之本末，則大不可問。崔杼弑君，文子實早知之，見於左傳。是時崔、慶雖强，然文子亦甚爲莊公所用，父子皆被任使。而文子陰陽其間，與聞弑逆之謀，絶無一言，坐待禍作。無論其出奔之事，不知果否，即有之，而不久遽返，仍比肩崔、慶之間，覬其亡而竊政，可謂清者乎？其後此父子相商，得慶氏之木百車，而戒以慎守，何清之有？是又絶不可與蘧伯玉之出近關者同語也。蓋陳之大也，成於桓子，而肇基者文子。熟看左氏，蹤跡自見。誅其心，直不可謂之清，而聖人第就子張所問而論之，不及其他，忠厚論人之法也。若論世者，又不可以爲其所欺也。

問：中牟之地，見於左傳，見於論語，見於史記、漢志、水經，而卒無定在，乞示之。

答：中牟有二：其一爲晉之中牟，三卿未分晉時已屬趙；其一爲鄭之中牟，三卿既分晉後，鄭附於韓，當屬韓，臣瓚以爲屬魏者，非也。左傳所云中牟，晉之中牟也，即史記趙氏所都也。漢志所云中牟，則鄭之中牟也。而班氏誤以趙都當之，故臣瓚詰其非，以爲趙都當在漯水之上，杜預亦以滎陽之中牟回遠，非趙都。其説本了然，道元强護班志，謂魏徙大梁，趙之南界，至於浮水，無妨兼有鄭之中牟。不知終七國之世，趙地不至滎陽，而獻子定都時，魏人未徙大梁，則其説之妄，不待深究。且鄭之中牟，並不與浮水接，其謬甚矣。惟是臣瓚以爲趙之中牟，當在漯水之上，則孔穎達亦闕之，以爲不知何所。案據小司馬，但言當在河北，而終不能明指其地。張守節則以湯陰之牟山當之。按左傳趙鞅伐衛，遂圍中牟，是正佛肸據邑以叛之時，則晉之中牟與衛接，其地當在夷儀、五鹿左右。顧祖禹曰：『湯陰縣西五十里有中牟城，所謂河北之中牟也。』按湯陰縣有中牟山，三卿所居皆重地，韓氏之平陽，魏氏之安邑是也。趙氏之所重在晉陽，而都在中牟，則其險亦可知。不知何以自是而後，中牟之名，絶不見于史傳。鄭之中牟，至漢始得名。其前乎此，絶不聞有中牟之名，班志不審而誤綴之，酈注亦强主之。僕校水經渠水篇，始略爲疏證而得之。

趙氏分國，其險固自在晉陽，而富盛則數邯鄲。至於控扼河北，則中牟亦一都會，蓋有漳水之固，與鄴相連。河北之險莫如鄴，次之即中牟，是要地也。須知古人定都之所，必非草草也。

管子：『五鹿、中牟、鄴，皆桓公所築以衛諸夏。』嘗考此三邑者，皆狄人所以窺中夏之路。是時狄患方殷，故桓公築此三邑以爲扞城。晉、衛二國，皆以此禦狄也。

三卿分晉，魏得鄴，全有漳水之險，故其後趙以中牟予魏，易其浮水之地，取其地界相連也。國策：『樓緩以中牟反入梁』，史記：『趙悼襄王元年，魏欲通平邑中牟之道不成』，則又嘗歸趙。及末年，魏人以鄴予趙，中牟之復歸于趙，不待言矣。

問：謝文節公疊山謂：『武王之立禄父，仍使之爲殷王，盡有商畿内之地，與周並立，而命三叔以監之，其位號如故也。斯興滅繼絶之心，故伯夷雖采薇西山，見周之能悔過遷善，雖死無怨。而孔子曰「求仁而得仁又何怨」。武庚既死，始降王而爲公，以封微子。故書序曰「成王既黜殷命」。』疊山自言此説得之韓澗泉之論語解，其説甚新，未知如何？

答：是説也，穆堂閣學最賞之，以爲足徵千古之謬。然愚未敢以爲然。澗泉之書今不傳，若疊山之取之，則固有爲言之，不必深校其事之果然與否也。民無二王，使武王果不欲絶殷命，何不立微子，而已仍以西伯事之乎？向亦嘗以是言正之閣學，以爲此等皆新説，不可解經也。

問：鄭東谷謂孔子教孟孫以『無違』，謂無違僖子之命而學禮也。斯近世毛西河之説所自出，疑亦可從。

答：朱子之説，自屬是時凡爲大夫者之明戒，其義該備。東谷之説亦可從，但校狹耳。

問：鄭東谷曰：『塞門反坫』，必桓公以管仲有大功，而賜以邦君之禮。舉國之人，皆以爲仲所當得，而仲亦晏然受之，所以特名其器之小。不然，仲方以禮信正桓公，豈自爲是乎？

答：東谷之言甚工，然亦未必。伯者君臣，大抵守禮於外，犯禮於内。桓公受胙，不以王止其拜而必下拜，禮也；庭燎之事，則居然行之矣。管仲辭王上卿之燕，禮也；塞門等事則居然行之矣。果守禮，則雖君强賜之，亦不受也。

問：『水火吾見蹈而死，未見蹈仁而死。』東谷以爲畏仁甚於畏水火，如何？

答：集注之説，自『民非水火不生活』來；東谷之説，自『避水火』來。東谷似直捷，然集注不欲薄待斯民，則勝矣。蓋古注馬融之説，集注所本；王弼之説，東谷所本。

問：『微子去之』，東谷以爲去而之其國也。是否？

答：微子先抱祭器歸周之説自妄，東谷説是也。其後武王克殷，微子來見，復其位，亦即復其所封微國之位。及武庚誅，始移而封之宋。徐闇公不知復位之即爲復其微國，故疑以爲微子若與武庚同在故都，安得武庚反時，絶無異同之迹，而因以爲未嘗有來歸復位之事，則又非也。微在東平之壽張，春秋時屬魯，所謂郿也。水經載有微子之冢，微子兄弟，終身不稱宋公，而微子反葬於其先王所封之地，其忠盛矣。

問：冉子爲子華之母請粟，或以爲伯牛，蓋以尸子數孔門『六侍』，曰『節小物，伯牛侍』，此其證也。

然否？

答：是屈翁山之言也。所引尸子雖佳，然檀弓伯高之喪，孔氏使者未至，冉求束帛乘馬而將之，亦足以爲是事之證，則無以定其爲伯牛也。論語稱『子』者，自曾、閔、有三子外，惟冉求，則以稱『子』之例校之，終未必是伯牛也。

問：王厚齋云：『史記仲尼弟子：顔高，字子驕。定八年傳：「公侵齊，門於陽州，士皆坐列，曰：顔高之弓六鈞。皆取而傳觀之。陽州人出，顔高奪人弱弓，籍丘子鉏擊之，與一人俱斃。」豈即斯人與？家語作顔刻。孔子世家：「過匡，顔刻爲僕。古者文武同方，冉有用矛，樊遲爲右，有若與微虎之宵攻，則顔高以挽强名，無足怪也。」』先生昨數七十二弟子卒於夫子之前者，何以不及顔高，是必有説。

答：厚齋先生考古最覈，獨是條稍不審。按孔門之顔高，少孔子五十歲，見於家語。然則生於定公之八年。陽州之役，蓋別是一顔高也。獨是史記、家語之年，亦多不可信者，亞聖與伯魚之死，其年至今莫能定，況其餘乎？若以少孔子五十歲計之，過匡之歲，定公之十四年也，顔高亦止七歲耳。凡此皆無從審正矣。惟是不問其生之年，但以其死，定八年斃陽州，而何以十四年尚能御孔子以過匡，是則厚齋之疏也已。

經史問答卷七

大學中庸孟子問目答盧鎬 三十二條 附爾雅八條

問：『其次致曲』，謂善端發見之偏者。先儒謂至誠所發，亦只是曲，但無待於致耳。其說然否？

答：此朱子之説也，而寔未合。至誠未嘗無所致，但所致者非曲。蓋至誠得天最厚，未發則渾然天命之中，中豈可以謂之曲？已發則油然率性之和，和豈可以謂之曲？故至誠雖未嘗廢人事，而致中也，非致曲也；致和也，非致曲也。其次，未能合乎中和之全量，則必用功於所發以溯其所存。故其中之所存既有偏，而其和之所發亦有偏，則謂之曲。若至誠之所發，可以謂之端，不可以謂之曲。朱子遂以曲字當端字，是未定之説也。觀其章句曰『善端發見之偏』，則亦不竟以端目之矣。故愚謂致曲者，即其次之所以致和也。蓋致中之功，難以遽施，則必先致和，然必先致曲而後能致和，致和而漸進於致中，斯其次復性之功，所謂自明而誠者也。

問：七十二家格物之説，令末學窮老絶氣不能盡舉其異同。至於以『物』即『物有本末』之『物』，此説最明了，蓋物有本末，先其本，則不逐其末；後其末，則亦不遺其末；可謂盡善之説。而陸清獻公非之，何也？

答：以其爲王心齋之説也。心齋非朱學，故言朱學者詆之。心齋是説，乃其自得之言，蓋心齋不甚考古也。而不知元儒黎立武早言之。黎之學，私淑於謝艮齋，謝與朱子同時，而其學出於郭兼山，則是亦程門之緒言也。朱子或問，雖未嘗直指爲物有本末之物，然其曰以其至切而近者言之，則心之爲物，實主於身；次而及於身之所具，則有口鼻、耳目、四肢之用；又次而及於身之所接，則有君臣、父子、夫婦、長幼、朋友之常。外而至於人，遠而至於物，極其大，則天地古今之變；盡於小，則一塵一息。是即所謂身以内之物曰心、曰意、曰知，身以外之物曰家、曰國、曰天下也。蓋語物而返身，至於心、意、知，即身而推，至於家、國、天下，更何一物之遺者。而況先格其本，後格其末，則自無馳心荒遠，與夫一切玩物喪志之病。程子所謂不必盡窮天下之物者，其義已交相發，而但以一物不知爲恥者，適成其爲陶宏景之説也。故心齋論學，未必皆醇，而其言格物，則最不可易。蕺山先生亦主之。清獻之不以爲然，特門户之見耳。總之格物之學，論語皆詳之。即以讀詩言之：『詩三百，一言以蔽之，曰思無邪』，格物之學在身心者；『誦詩三百，授之以政』，格物之學及於家國天下者；事父、事君，格物之大者；多識於鳥獸草木，格物之小者。夫程子謂一草一木，亦所當格，後儒議之，而陽明以格竹子七日致病矣，然不知多識亦聖人之教也。蓋聖人又嘗曰『多聞闕疑，多見闕殆』矣。又曰『不知爲不知』矣。程子亦嘗有曰『不必盡窮天下之物』矣。參而觀之，則草木鳥獸之留心，正非屑屑於無物之不知而如陽明所云也。是則格物之説，可互觀而不碍也。

問： 禮云『昭穆以序長幼』，則是序昭穆時，已序齒矣。蓋昭與昭齒，未有不序及羣昭之長幼而溷列之者；穆與穆齒，未有不序及羣穆之長幼而溷列之者。然則又何以更待燕毛也。蔡文成謂序昭穆時，必亦序爵。其説雖於禮無所徵，然容有之。蓋序昭穆而又序爵，則又不能盡序齒者，故直至燕毛而後得序之。然否？

答： 善哉問也。序昭穆，則即序齒。而其中義例尚多，故不能純乎序齒。文成於三禮之學未深，故語焉而不詳。蓋序昭穆，非漫取昭穆而序之，必先序宗法。假如伯禽以周公之後稱大宗，蔡、衛以下俱屬焉。諸國之子孫，雖有長於魯者，弗敢先也，其何以序齒？又必序族屬之遠近。假如太王之昭再傳，其與文王之昭，兄弟也。文王之昭再傳，其與成王之昭，兄弟也。然而各有一族，則各爲一列，近者先，遠者後，祭統所謂『親疏之殺』是也，其何以序齒？兼以王人雖微，列於諸侯之上，則畿内之公卿大夫士，序於五服公侯伯子男之上，是宰周公雖係周公之支屬，而反序於魯君之上，其何以序齒？是皆文成所未及也。然則序昭穆之中，其條目極多，故必别有序齒之法，向來無人理會及此。

問：西河謂燕毛亦兼異姓，殊爲異聞。然否？

答：是妄言也。蓋誤讀祭統而爲此説。祭統：『尸飲五而後君以瑶爵獻卿，〔校〕祭統原文作『以玉爵獻卿』。尸飲七而後君以玉爵獻大夫，〔校〕祭統原文作『以瑶爵獻大夫』。尸飲九而後君以散爵獻士及羣有司，皆以齒。』是乃九獻時賜爵之禮。注疏家謂本主序爵，爵同則序齒，是固兼有異姓，然所及止於内諸侯，而外諸侯不與焉。由是加爵既畢，則行旅酬，外諸侯亦豫矣。然而皆兼有異姓，則總之非燕私之禮也。直至既徹，而後異姓之賓退，則歸之俎，同姓則燕。其説明見楚茨之詩。

問：朱子謂序齒之中，擇一人爲上座，不與衆齒。然否？

答：朱子之學極博，其説必有所出。今考之不得，是必齒最長而德與爵又最尊者，前惟召公、畢公，後惟衛之武公，足以當之。不然，恐亦不過依齒爲序而已。

問：『天下國家可均』，謝石林觀察之説甚佳。然則朱子竟以『平治』二字詁之，得無過與？

答：『均』字，亦只得詁爲『平治』。要之『平治』自有分際。管仲之分四鄉，頒軍令，是用强國。子産之正封洫，定廬井，是用弱國。俱説不到時雍於變地位，故但曰『可均』。朱子亦未嘗説到『平治』極處。

問：『身有所忿懥』諸語，吴季子、薛敬軒之説，先生皆以爲未盡，願詳示一通，以入講録。

答：是章乃誠意以後觀心之功，而諸儒言之皆淺，謂有所忿懥，則必有不當怒而怒者；有所恐懼，則必有不必畏而畏者。薛敬軒亦云然。夫不遷怒，亦是難事，然進而上之，則雖所當怒，而疾之已甚；雖所當畏，而過有戒心；便是不得其正。必須補此一層，於義始完。吴季子之説更粗，其謂好樂不得其正，如好貨、好色、樂驕、樂樂、佚游；憂患不得其正，如憂貧、患得、患失。此豈是誠意以後節目。蓋本屬可好、可樂之事，而嗜之過專，則溺；本屬當憂當懼之事，而慮之太深，則困。如此，方是官街上錯路也。

問：大學『楚書』，本無專指，故康成注，引春秋外傳楚語王孫圉事，復引新序昭奚恤事，以並證之。朱子但指楚語，必有意；而方朴山以爲非。未知誰是？

答：朱子之去取是也。新序、説苑，並出劉向之手，然最譌謬，大抵道聽塗説，移東就西。其於時代、人地，俱所不考。嘗謂古今稱善校書者莫如向，然其實粗疏，不足依據。即如此條，明是蹈襲王孫圉之事，而稍改其面目，然又舛錯四出。夫昭奚恤乃春秋以後人，以國策、史記考之，大抵當楚宣王時。而是條所指葉公子高，令尹子西，則昭王時人，若司馬子反，則共王時人，至大宗子敖，則其人從無所見。乃昭奚恤皆與之同班列，其妄甚矣。況昭氏出於昭王，今乃得與昭王之祖，共王之臣比肩，是則真妄人所造也。又參之章懷後漢李膺傳注所引，大宗作太宰，子敖作子方，而太宰子方，在春秋之世亦無其人。及觀李固傳所上疏曰『秦欲謀楚，王孫圉設壇西門，陳列名臣，秦使懼然爲之罷兵。』則又笑曰：『劉向以王孫圉之事移之昭奚恤，而此又以昭奚恤之事還之王孫圉，真所謂展轉傳譌者。試令攻朱子之徒，博考而平心以質之，將何説以處此？』新序、説苑之誤，不可勝詰，其顯然者，晉文公與欒武子同時，晉平公與舅犯同時，晉靈公與荀息同時，介之推與孔子同時，楚共王與申侯同時，楚屈建與石乞同時，而欒王鮒亦與葉公同時；又甚者以城濮之師屬之楚平王。乃攻朱子者，欲奉此以爲異聞，疏矣。

問：楚語：『惠王以梁與魯陽文子。』韋注：『文子，司馬子期之子。』而不見於内傳，不知即淮南所云魯陽文子否？所謂梁者，何地？

答：是時有三梁：曰少梁，曰大梁，皆非楚地；曰南梁，則惠王之所與也。内傳所謂『襲梁及霍』，即其地也。酈道元曰：『春秋周小邑也，於戰國爲南梁。』蓋周之南，楚之北也。其地尚有魯公陂、魯公水，又謂之陽人聚，秦遷東周君之地。然則本周地，是時已入楚。但淮南所稱魯陽文子與韓戰，麾戈挽曰，是時安得有韓？諸子故多誕妄，不足信也。子期之子，見于內傳者二：曰寬，曰平。

問：『其爲氣也，配義與道，無是餒也。』朱子謂義無氣則餒，行有不慊於心則餒。朱子謂氣無義則餒，呂忠公大愚不然其說，而朱子力闢之。然考之程子，則無是餒也，便是氣無義以爲配則餒，故必有事於集義，是即忠公之說也，何以朱子不從也？如程、呂，則上下文本一氣；如朱子，則是兩扇。義無氣則餒，是別有養氣之功。氣無義則餒，是雖善養而仍須集義，得無失之支乎？願求明教。

答：程、呂之言是也。自有生之初而言，氣本義之所融結而成，渾然一物，並無事於言配也。有生之後，不能無害，則義漸與氣漓而爲二，故必有事於義，使之與氣相配，是以人合天之說也。配義，則直養而無害矣，苟無是義，便無是氣，安能免於餒？然配義之功在集義。集者，聚於心，以待其氣之生也。曰生，則知所謂配者，非合而有助之謂也，蓋氤氳而化之謂也。不能集而生之，而以襲而取之，則是外之也。襲則偶有合，仍有不合，而不慊於心，氣與義不相配，仍不免於餒矣。本自了然。不知朱子何以別爲一說，以爲必別有養氣之功，而後能配義，不然則義餒。又必有集義之功而後能養氣，不然則氣餒。是萬不可通者也。故三原王端毅公石渠意見非之，梨洲先生亦非之。

問：孔子之拜陽虎，孟子援『大夫有賜於士』之文釋之。朱子謂陽虎於魯爲大夫，孔子爲士，先儒疑焉。或謂陽虎當時柹政，雖陪臣而儼以大夫自居，聖人亦遜以應之。夫歌雍反坫，臺門旅樹，在當時之僭妄，固不足怪。况陽虎當逆節未萌時，已欲以璵璠葬季孫，不顧改玉之嫌，則其柹國，亦又何所忌憚。但陽虎即以此來，要之，聖人必無詘身避禍，如陳仲弓之於張讓者。非天子無所稽首，孟武伯且知之，豈孔子而反有愧焉。或以周禮除上大夫即正卿外，尚有小司徒、小司馬諸大夫，而左氏有邑大夫、家大夫、屬大夫，論語有臣大夫。西河毛氏之説，以曲解陽虎之可稱大夫。然小宰以下諸官，乃副貳而非家臣，又皆以公族居之，如臧孫氏、施氏、子服氏之流。若家大夫、邑大夫輩，則雖冒大夫之名，而實則士，故必冠之曰家曰邑，又安得援大夫之例以臨士，而士亦竟俛首以大夫之禮答之者？敢問所安？

答：前説本漳浦蔡氏，後説本蕭山毛氏，皆非也。嘗考小戴禮玉藻篇有云：『大夫親賜於士，士拜受，又拜於其室。』敵者不在，拜於其室，則是大夫有賜，無問在與不在，皆當往拜。若不得受而往拜者，是乃敵體之降禮。陽虎若以大夫之禮來，尚何事瞰亡，正惟以敵者之故，不得不出此苦心曲意。而乃謂其所行者爲大夫之故事，則不惟誣孔子，亦并冤陽虎也。或曰：然則孟子非與？曰：孟子七篇，所引尚書、論語及諸禮文，互異者十之八九。古人援引文字，不必屑屑章句，而孟子爲甚，乃至汝、漢、淮、泗之水道，亦誤舉之。則此節禮文，或隨舉而偶遺，所以有失。要之，孔子所行者是玉藻，非如孟子所云也。若孟子下文，謂『陽貨先，焉得不見』，亦未能發明孔子之意。蓋使陽貨以大夫之禮來，雖先不見也。孟子才高，於此等不無疏略耳。曾記明徐伯魯禮記集注中，微及此意而未盡，愚故爲之暢其説。

問：周公，弟也；管叔，兄也。邠卿謂周公以管叔爲弟，管叔以周公爲兄，而朱子更之。如邠卿，則似於孟子之文不順。但先生曰周公自是文王第四子，請言其詳。

答：太史公以周公爲行在第四，是管叔之弟。賈逵以爲行在第七，則并是蔡、霍二叔之弟。邠卿以爲行在第三，則是管叔之兄。賈逵所據，蓋左傳富辰所次文昭之序。但富辰之言，似是錯舉，非有先後。如謂實有先後，則畢公在十亂之中，毛叔亦奉牧野明水之役，而均少於康叔聃季，萬不可信。況如富辰之序，是蔡、郕、霍，皆周公兄。皋鼬之盟，魯、衛均在，但聞蔡争長於衛，何以不聞争長於魯？是又了然者也。然則賈逵之説，不問而知其非。若史公之與邠卿，諒必各有所據。然史公與孟子合，朱子所以從之，而荀子亦以管叔爲兄，則邠卿恐非矣。

問：漢書古今人表，以顔濁鄒爲顔涿聚，而孫疏以顔讐由爲顔濁鄒。其説誰是？

答：濁鄒，子路妻兄，見史記孔子世家。索隱疑其與孟子不合。其實無所爲不合也。孔叢子言讐由善事親，其後有非罪之執，子路哀金以贖之，或疑其私于所昵，而孔子白其不然，則於妻兄有證。是讐由即濁鄒，孫疏之言是也。孔子在衛，主伯玉，亦主讐由，則讐由之賢，亞於伯玉，因東道之誼而列於門墻，固其宜也。至涿聚，則齊人也。吕覽言其少爲梁父大盜，而卒受業於孔子，得爲名士，亦見莊子。

然則於衛之讐由無豫矣。涿聚死事於齊，見左傳犁丘之役。然則顔涿聚者，顔庚也，非濁鄒也。張守節附會以字音，更不足信。

問：梨洲黄氏謂夷羿簒逆之罪滔天，何暇屑屑校其師弟之罪，況有窮死於寒浞，非逢蒙也。蓋古司射之官多名羿，逢蒙所殺，別是一人，非夷羿。然否？

答：孟子不過就所傳聞論之，不必及其簒弑也。古司射之官多名羿，誠有此説。然謂有窮死於寒浞，以是知其非逢蒙，則又不然。王逸注楚辭曰：『羿田將歸，寒促使逢蒙射殺之。』非明證與？左傳曰『寒浞使家衆』，蓋亦指逢蒙也。況後世如王莽、司馬昭、劉裕之徒，豈必手自操刃者？此等皆所謂無關大義，不足深考者。黄氏之學極博，是言蓋本之吴斗南，然亦有好爲立異之失，不可不知也。

問：孟子弟子，宋政和中以程振之請，贈爵一十八人，皆本趙注、孫疏，乃滕更明有在門之文，即趙注亦曰『學於孟子』，而祀典遺之。朱子僅取一十三人，又去其五。願聞其説。

答：樂正子、萬章、公孫丑、孟仲子、陳臻、充虞、徐辟、陳代、彭更、公都子、咸丘蒙、屋廬子、桃應，趙注、孫疏、朱注所同也。季孫、子叔、高子、趙注、孫疏所同，而朱注不以爲然。浩生不害、盆成括，本不見於趙注，但見於孫疏，而朱注亦不以爲然。朱注之去取是也。季孫、子叔，本非是時人，以爲季孫聞孟子之辭萬鍾而異之，子叔亦從而疑之，趙注之謬，未有甚於此者也。故相傳明世中曾經罷祀，而今孟廟仍列之，殆沿而未正與？以高子爲弟子，蓋以『山徑茅塞』之語，似乎師戒其弟，故以爲學他術而不終。然小弁之言，孟子稱之爲叟，則非弟子矣。經典序録有高行子，乃子夏之弟子，厚齋王氏謂即高子，則亦恐非弟子矣。告子名不害，趙注以爲嘗學於孟子者，若浩生不害，則趙注本曰齊人，未嘗以爲告子。孫疏疑以爲告子，而浩生其字，不害其名。夫浩生不害，固非告子，即告子，亦恐非孟氏弟子，孫疏特漫言之，不知祀典何以竟合爲一，是則謬之尤者。至盆成括，則在孫疏，亦但言其欲學於孟子，非質言其爲及門也。元吴萊作孟氏弟子列傳一十九人，則似仍政和祀典之目，而增之以滕更。其增之可也，仍列此五人者，則泥古之過也。今孟廟且以子叔爲子叔疑，則是據朱注而增趙注，又謬中之謬也。

問：然則先生以告子爲公孫龍子之師者，何據？

答：是東萊先生之説，而厚齋引入漢書藝文志疏證者也。蓋以其白羽、白雪、白玉、白人、白馬之問答也，孟子殆以其矛刺其盾也。

問：告子名不害，見趙注，厚齋又曰告子名勝。誰是？

答：告子名不害，亦見國策注。而文選引墨子，則又曰告子勝。或有二名，否則其一爲字也。

問：事親從兄之道，孟子以括仁、義、知、禮、樂五德。朱子於禮，則曰『節之密』；於樂，則曰『樂之深』；似原未嘗以制作之禮樂言之。故蔡文成公謂足蹈手舞，不必泥在樂字説，只是手足輕健之意。先生以爲不然，何也？

答：蔡氏之説，蓋求合乎朱子，不知其不合於孟子。古來聖人言語中，極言孝弟之量者，始於孔子。其論大舜，推原其大德受命之由，本於大孝；其論武周，推極於郊社禘嘗之禮樂，以爲達孝。曾子申之，以上老老，民興孝；上長長，民興弟，爲平天下之大道。有子申之，以孝弟則犯亂不作，爲仁之本。其言之廣狹，各有所當，而義則一。而最發明之者爲孟子，曰：『人人親其親，長其長，而天下平』，曰『達之天下』，曰『堯、舜之道，孝弟而已』，而尤暢其説於是章，綜羅五德，至於制禮作樂之實，不外乎此。河間獻王采樂記，亦引孔子之言，以爲宗祀明堂，所以教孝；享三老五更於太學，冕而總干，執醬執爵，所以教弟；皆是章之疏證也。如此解節文，解手舞足蹈，方有實地。文成以爲舞蹈只是手足輕健之意，則是不過布衣野人之孝弟耳。孟子意中卻不然，豈必究其極而言之，而後見孝弟之無所不包。若夫雖有其德，苟無其位，則一身一家之中，手舞足蹈之樂亦自在，而究未可以言禮樂之全量，是愚説足以包文成之説也，文成之説未足以包愚説也。況朱子亦未嘗謂禮樂衹就虚説也。

問：先生之説，令人豁然，乃知孝弟之至，通於神明。然非聖人在天子之位者，其於禮樂之實，總未能盡。故事親如曾子，孟子亦衹曰「可也」。然否？

答：孝弟之量，原未易造其極，故古今以來，所稱孝弟，不過至「知而弗去」一層，其於禮樂二層皆未到。便到得「知而弗去」一層，已是大難。假如尹伯奇履霜之操，尹伯封「彼黍」之詩，天然兄弟，兄則事親，弟則從兄，皆是賢者。然吉甫非竟頑父也，不能化而順之，終是本領不到。其餘如申生、急子、壽子、司馬牛、匡章，皆值父兄之變，甚者以身爲殉，不然者棄家蕉萃以終其身，其志節可哀。而使聖人處之，其節文之處，自有中道。諸君恐尚多未盡善處，是其於禮之實，尚待擬議，況樂乎？彼其繁冤悲怨，足以感動天地，然不足以語樂而生，生而至於舞蹈也，是非大舜不能也。故孟子下章即及舜之事親而天下化，蓋以類及之也。其安常履順而極其盛，則武、周矣。周公於管、蔡之難，非不值其變也。然其成文、武之德者大，破斧、缺斨之恫，不足以玷其「麟趾」、「騶虞」之仁也。是則禮樂之極隆者也。然則曾子固尚未造乎此。

問：然則無位者之孝弟，至於曾、閔，尚未足盡禮樂之實耶？則三代以下，竟無足語此者矣。

答：曾、閔亦自是造得九分矣。曾子以皙爲之父，處其常，閔子乃處其變。然閔子竟能化其父母，大是不易，到此便是足蹈手舞地位。曾子之養志，便是惡可已，但校之聖人，或尚少差耳。

問：『遂有南陽』，按晉之南陽易曉，而齊之南陽，僅一見於公羊傳所云『高子將南陽之甲以城魯』，一見於國策所云『楚攻南陽』。閻百詩以爲泰山之陽，本是魯地，特久爲齊奪者，似得之。而先生以爲南陽即汶陽，其説果何所據？

答：此以漢地志及水經合之左傳，便自了然。蓋山南曰陽，是南陽所以得名也；水北曰陽，是汶陽所以得名也。春秋之世，齊、魯所爭，莫如南陽。隱、桓之世，以許田易泰山之祊，是南陽尚屬魯。及莊公之末，則已似失之，故高子將南陽之甲以城魯。然僖公猶以汶陽之田賜季友，則尚未盡失，而魯頌之祝之以居嘗與許，嘗亦有南陽之境，蓋大半入齊矣。自成公以後，則盡失之。蓋汶水出泰山郡之萊蕪縣，西南過嬴縣，桓三年公會齊侯於嬴者也。又西南過牟縣，牟，故魯之附庸也。又東南流逕泰山，又東南流逕龜陰之田，即左氏定十年齊所歸也。又東南流逕明堂，又西南流逕徂來山，又南流逕陽關，即左氏襄十七年逆臧孫之地。又南逕博縣，即左氏哀十一年會吳伐博者也。又南逕龍鄉，即左氏成二年齊侯圍龍者也。又南逕梁父縣之菟裘城，左氏隱十一年所營也。又西南過剛縣，漢之剛，乃春秋之闡，其西南則汶陽之田。又西南則棘，左氏成三年所圍也。又西南爲遂，左氏莊十三年齊所滅也。又西南爲下讙，左氏桓三年齊侯送姜氏之地。又西南爲郈，則叔孫氏邑。又西南爲平陸，按左氏，鄆、讙、龜陰、陽關，皆齊、魯接境地。通而言之，皆汶陽之田，而皆在泰山之西南，汶水之北，則汶陽非即南陽乎？故慎子欲争南陽，亦志在復故土。孟子則責其不教民而用之耳。

問：『爲諸侯憂』，朱子以爲附庸之君，縣邑之長。古注以爲列國諸侯。梨洲黄氏主古注，若據本文，原不屬天子言，則與上節之『爲諸侯度』不同，似當以朱子爲是。

答：古注之説校勝。試觀僖公四年，桓公欲循海而歸，轅宣仲謂申侯曰：『師出於陳、鄭之間，供其資糧屝屨，國必甚病。』哀公時，吴爲黄池之會，過宋，欲殺其丈夫，囚其婦人。霸者之世，役小役弱，不可勝道，豈但徵百牢、索三百乘而已。朱子以附庸之君言之，則亦是列國諸侯之小者，其義可互備也。況春秋之晚，雖魯亦困於征輸，願降而與邾、滕爲伍，而杞至自貶爲子，則其與附庸之君，相去不遠。愚故謂古注亦不甚異於朱子也。

問：社稷變置之説，邠卿但云『毁社稷而更置之』，則非更其神也。故朱子謂『毁其壇壝而更置之』，則與國君之變置不同。孫疏曰：『更立社稷之有功於民者。』其説異于本注，梨洲黄氏主之，當何所從？

答：當以孫疏爲是。蓋古人之加罰于社稷有三等，年不順成，八蜡不通，乃暫停其祭，是罰之輕者；又甚，則遷其壇壝之地，罰稍重矣；又甚，則更其配食之神，罰最重。然亦未嘗輕舉此禮。蓋變置至神示，所關重大，故自湯而後，罕有行者。嘗謂國家之于水旱，原恃乎我之所以格天者，而未嘗以人聽於神。陰陽不和，五行失序，于是有恒雨恒暘之咎，原不應於社稷之神是咎。且亦安知社稷之神，不將大有所懲創于國君而震動之，使有以知命之不常，天之難諶。而吾乃茫然於其警戒之所在，反以其跋扈之氣，責報于天，文過于己，是取滅亡之道也。乃若聖王則有之。聖王之於天地，其德相參，其道相配，而其自反者，已極盡而無憾，故湯之易稷是也。夫天人一氣也，在我非尸位，則在神爲溺職，雖黜之非過矣。然其所黜者，乃配食之神，而非其正神也。其正神，則無從易也，蓋先王所以設爲配食之禮，非但爲報始已也，正以天神地示，飛揚飄蕩，昭格爲難，必藉人鬼之素有功于此者，通其志氣。是故大之則爲五方之有五帝，而其下莫不有之。社以勾龍，稷以柱與棄是也。故梨洲謂郊祀配天，固是尊其祖父，而亦因其祖父之功德之大，足以與天相通，藉以達其感乎昭格之忱，此實有至理精意焉。然則社稷不能止水旱，又何咎之辭，但是可爲賢主道，而不可爲慢神之主道也。魯穆公暴巫焚尫，縣子尚以爲不可，況其進于此者。故孫疏變置之說是也，而未可輕言之也。北夢瑣言載潭州馬希聲以旱閉南嶽廟事，可爲慢神之戒。

問：厚齋援唐人李陽冰之說以證朱注，則似變置反以報社稷者，似非孟子所謂變置也。其說如何？

答：厚齋所引陽冰之事，得其半，失其半。按陽冰令縉雲，大旱，告于城隍之神，五日不雨，焚其廟，此乃行古禮也。及期，雨合霑足，陽冰乃與耆老吏民，自西谷遷廟于山巔，以答神休。此蓋因前此焚廟之禱，嫌其得罪于神而更新之，不爲罰而爲報，是亦變通古禮而得之者。厚齋于其未雨以前之事不序，則不足以證更置之罰矣。陳後山曰：『句容有盜，遷社稷而盜止。』是則足以證朱注者。

問：漢人以禹易社之配，宋人以契易稷之配，豈亦因水旱而有更置耶？其説安在。

答：是則妄作也，以禹配社猶可，以契則謬矣。商先公之有功水土者有冥，然可以配社，不可以配稷。

問：左氏昭十有七〔校〕『七』字當作『六』。年，鄭大旱，使屠擊等有事于桑山，斬其木，不雨。子産曰：『有事于山，蓺山林也，而斬其木，其罪大矣。』奪之官邑。夫斬木，蓋亦變置之意也，而子産以爲非是。其説與孟子異，先生以爲若何？

答：斬木其實是古禮，即變置之意也。子産以爲非者，即愚所謂未可輕言之意。須知古人于此，自有斟酌，雲漢之詩曰『靡神不舉』，正與八蜡不通之説並行不悖，未有毅然以蔑絶明祀自任者。

問：陳仲子之生平，孟子極口詆之，國策中趙后亦詆之，厚齋王氏則又稱之。其説誰是？

答：厚齋先生之言是也。仲子若生春秋之世，便是長沮、桀溺、荷蕢、荷蓧、楚狂、晨門一流，然諸人遇孔子，則孔子欲化之。仲子遇孟子，則孟子力詆之，便是聖賢分際不同。須知仲子辭三公而灌園，豈是易事。孟子是用世者，乃伊尹之任一路上人，故七篇之中，不甚及隱士逸民，較之孔子之惓惓沮溺一輩，稍遜之矣。平情論之，若如孟子之譏仲子，以母不食，以兄不食，直是不孝不弟。然仲子豈真不食於母，不過不食於兄，其兄之葢禄萬鍾，雖未知其爲何如人，然諒亦未必盡得於義，故仲子孑然長往。但觀其他日之歸，則於寢門之敬，亦未嘗竟絶，孟子責之過深矣。故厚齋謂其清風遠韻，視末世狗利苟得之徒如腐鼠，乃公允之論。若趙后何足以知此，彼第生於七國之時，所謂天子不臣、諸侯不友之士，不特目未之見，抑亦耳未之聞，而以爲帥民出於無用，亦豈知隱士逸民之有補于末俗，正在無用中得之也。愚非敢學先儒之疑孟，亦因都講之問，欲持其論之平耳。

問：宰我不死於舒州之難，先正辨之已悉。野處洪文敏公據『賢於堯、舜』之語，以爲當在孔子身後。閻潛丘極稱之，而吾丈以爲不然，何也？

答：謂宰我死於舒州之難，亦不害其爲賢者。蓋考吕覽、説苑，則是宰我爲簡公死，非爲陳恒死，不過才未足以定亂耳。其死，較子路似反過之。史記誤以爲陳恒之黨，故曰孔子恥之。而索隱又以爲闞止之訛，則春秋同時同名之人，往往有之，晉有二士匄，魯有二顏高，齊有二賈舉，并同姓矣。何必舒州之難，死者不可有二宰我乎？蓋但當知宰我之所以死不必恥，則不必諱，若以『賢於堯、舜』之語，爲弟子稱頌其師，必當在身後，是則野人之言也。孔子之卒，高弟蓋多不在，如閔子、仲弓、漆雕開，皆絶不見，疑其已卒。而三年治任，入揖子貢，則是子貢之年最長。其長于子貢而尚在者，惟高柴，以哀十七年尚見於蒙之會。又冉有亦尚仕季氏。蓋皆以居官不在廬墓之列。宰我於史記、家語不載其年，雖未知其長於子貢與否，然此後並無宰我出處蹤跡，則先死又何疑。要之，此等事去古遠，無足深考。潛丘之言，多見其迂。

問：孟子在宋，或以爲辟公時。吴禮部據孟子稱之爲王，以爲康王偃也。康王之暴，孟子何以肯見之，故亦有以爲辟公者。然恐以禮部之言爲是。

答：潛丘謂孟子去齊適宋，當周慎靚王之三十年，正康王改元之歲，宋始稱王是也。孟子不見諸侯，故問答止於梁、齊，小國則滕而已。雖曾游宋，而於康王無問答，則不足以定其見與否也。然所以游宋，則亦有故，蓋康王初年，亦嘗講行仁義之政，其臣如盈之，如不勝，議行什一，議去關市之征，進居州以輔王，斯孟子所以往而受七十鎰之餽也。謂孟子在辟公時游宋，蓋是鮑彪，其考古最疏略。

問：章子之事，見於國策，姚氏引春秋後語證之，所紀略同。吴禮部曰：『孟子以爲子父責善而不相遇，恐即此事。』然如國策所云，何以言責善？況在威王時，頗疑與孟子不相接。

答：章子見於國策，最早當威王時。據國策，威王使章子將而拒秦，威王念其母爲父所殺，埋于馬棧之下，謂曰：『全軍而還，必更葬將軍之母。』章子對曰：『臣非不能更葬母，臣之母，得罪臣之父，未教而死。臣葬母，是欲死父也，故不敢。』軍行，有言章子以兵降秦者三，威王不信。有司請之，王曰：『不欺死父，豈欺生君？』章子大勝秦而返。國策所述如此。然則所云責善，蓋必勸其父以弗爲已甚，而父不聽，遂不得近，此自是人倫大變，章子之黜妻屏子，非過也。然而孟子以爲賊恩，則何也？蓋章子自勝秦以前，所以處此事者，本不可以言過。然其勝秦而還，則王必葬其母矣。而章子之黜妻屏子，終身如故。是在章子，亦以恫母之至，不僅以一奉君命，得葬了事，未嘗非孝，而不知是則似於揚其父生前之過，自君子言之，以爲非中庸矣。故孟子亦未嘗竟許之，而究之矜其遇，諒其心。蓋章子自是至性孤行之士，晚近所不可得，雖所行未必盡合，而直不失爲孝子。如宋儒楊文靖公、張宣公言，則其貶章子有太過者。但章子之事，未必在威王之世，則誠如賢者所疑。威王未嘗與秦交兵，前此當秦之獻公，正所謂六國以戎狄擯秦之時，其後則孝公方有事于攻魏。故威王三十六年之中無秦師，齊、秦之鬭，在宣王時，而伐燕之役，將兵者正是章子，則恐其爲誤編于威王策中者。即不然，亦是威王末年。

問：京山先生解孟子，謂陳侯，『周』非其名。按之史記，誠然。顧謂『周』者，忠也；司城，蓋因陳亡而殉者，陳之忠臣也。梨洲先生取其説，是否？

答：據史記，則陳侯固不名『周』。但左傳、史記、世本諸家所載諸侯之名，異同亦多。如左傳鄭子儀，在史記則曰子嬰；左傳鄭僖公髡頑，史記則曰惲，而小司馬又曰髡原；史記鄭武公掘突，譙周曰突滑；左傳宋景公欒，史記則曰頭曼，漢書古今人表曰兜欒；史記宋王偃，荀子作獻。漢書律曆志魯諸公名尤多殊，班氏以小字附于下，蓋多出世本，如此之類，不可悉舉。則安在陳侯名周，不又各有所本，可不必深考也。至京山訓『周』爲『忠』，歷證之商書太甲篇、國風都人士篇、小雅皇華篇、左傳、穀梁傳、國語，皆有之，則以『周』爲『忠』，正與下文觀所爲主相合，未嘗不可。但謂司城是殉陳而死者，不知何所見而言之，愚不敢信也。

問：陶山陸氏埤雅，亦新經宗派之一也。聞其尚有爾雅新義，又有禮象，大抵當與埤雅出入否？

答：爾雅新義僕曾見之，惜未抄，今旁求不可得矣。禮象則未之見，竹垞以爲即是埤雅草稿。陶山在荆公門下，講經稍純。然如埤雅卷首，即謂荆公得龍睛，曾魯公得龍脊，則大是妄語，不知陶山何以有此也。

問：爾雅釋言，律、遹，述也。郭注以爲敘述之辭。而邢疏曰『律管所以述氣』，則與郭注各是一説。

答：張南漪曰：『郭注是也。』律本是聿，誤作律。堯典『曰若』之『曰』，注：『曰，古與粤、越通』；詩『遹駿有聲』，注以爲與聿同，然則曰、粤、越、聿、遹，五字皆發語詞。郭注以爲敘述者是已。邢疏謬。詩『曰嬪于京』，郭注引之，亦作聿。

問：爾雅水自河出爲灉，漢爲潛，江爲沱，汝爲濆，淮爲滸，見於尚書與詩。而濟爲濋，汶爲瀾，洛爲波，渦爲洵，潁爲沙，更無所見，不知是何水？邢疏漏略不詳。

答：諸條皆見於水經，不知邢疏何以不及。但水經亦有不可盡信者，即諸書所言，亦多不合。河之爲灉，當在雷夏，而酈注兼以之解關中之雍，則謬也。若説文以灉爲汳水，亦非也。江之爲沱，水經兼載孟州之沱、荆州之沱。顧宛谿曰：『孟州之沱乃湔江。而湔爲蜀相開明所鑿，酈注明言之，非禹貢之沱矣。或又欲以成都内、外江當之，則二水爲秦守李冰所導，益非禹貢之沱矣。唯師古所指湖廣枝江之水，支分而後入大江者，可以當禹貢之沱。』宛谿之説甚覈，然則益州之沱，未有考也。漢爲潛，即水經之涔水篇，然亦尚有疑者，詳見愚所説水經中。淮爲滸，則『滸』者實水厓之通稱，不知何以專歸之淮，酈注以爲游水。汝爲濆，即瀵水，非河水篇之瀵水也。一名汾水，毛傳誤以曲防解之。然則雖其見于尚書與詩者，亦正未易了了也，而況其疏漏不詳者乎？乃若濟之爲溠，則道元以爲定陶氾水。汶之爲灡，道元以爲岡縣闡亭之洸水，是亦以灡之合于闡而言之。洛之爲波，道元以爲門水。潁之爲沙，道元以爲濦水。唯渦之爲洵，但引呂忱之詁，而無其地。氾水、洸水、門水，不知果否是爾雅所指與否。若沙水則明是莨蕩渠水之一支，讀作蔡水，非濦水也。

問：沙之讀蔡，不但郭氏無注，邢氏無疏，而陸氏亦無音，先生果何所出乎？

答：見許氏說文，而水經注引之，即鴻溝也。左傳所謂沙汭也。北魏書有蔡水，即沙水，胡梅磵引水經注，亦通作蔡，郭氏偶失之耳。

問：『大山宮小山霍』，本連解作一句，宋晁補之作二句竟對解之。自是晁氏之謬否？

答：古人似原有二種讀法。水經注第三十二卷泚水篇引開山圖：『灊山圍繞小山曰霍』，而第四十卷霍山下亦引爾雅曰：『大山宮小山曰霍』，斯郭氏之說也。然第三十九卷廬江水篇，又引爾雅『大山曰宮』，則晁氏之說矣，亦非無據也。

問：論語『蕭墻之內』，羅存齋爾雅翼以爲『取蕭祭脂』之蕭，其說甚怪，不知是否？

答：存齋爾雅翼極精，然是説則恐未然。蓋蕭墻是屏墻，舊人如鄭康成、劉熙皆指朝之屏，故以肅字解蕭字，亦有合于六書之旨。若存齋則指爲廟之屏，故以『取蕭』爲證，謂援神怒以怵季孫，則其説誕矣。

問：爾雅釋草『鈎芺』，據説文則是重名，據正義則是二名。不知誰是？

答：説文『鈎芺』，一名『苦芺』，則是重名，邢疏誤也。

問：陶山、存齋，其於爾雅爲巨子，近世浮山堂通雅，以視二先生，不知何如？

答：藥地不能審别僞書，故所引多無稽，且其通雅門例，亦非接二家之派者。

經史問答卷八

諸史問目答郭景兆　三十三條

問：姜湛園論文，謂先秦以上，莫衰於左傳，而重振於國策。其説前人未及，豈國策反能出左傳之上。

答：是湛園好奇之言也。左傳所志多實事，二百四十年典章在焉。國策所志多浮言，大抵一從一横，皆有蹊逕，前後因襲。若就中實有義理可按，卓然關於世教，如輔果、絺疵之先見，豫讓之報知伯，匡章之不欺死父，信陵君之諫伐韓，魯連之卻秦，王孫賈之母，君王后之父，即墨大夫之告王建，李牧之枉死，吴起之對魏武，莫敖子華之對楚威，魯共公范臺之對魏惠，莊辛之對楚頃襄，不過十餘篇。而樂毅父子去國之詞，荀子之謝春申，亦庶乎可取。此外則虞卿、陳軫，尚略有可采，以其言雖不純，而一爲趙，一爲楚，較異於儀、秦之徒也。其餘令人一望生厭，何可與左傳比也。顔蠋、王斗二篇，亦或可節録，然已涉於夸矣。

問：齊宣王伐燕事，孟子所親見也，荀子亦親見，而以爲齊湣王。國策，在燕則宣王，在齊則湣王。史記以爲湣王，通鑑以爲宣王。吴禮部校國策，亦力主孟子，究竟誰是？

答：當以孟子爲是，但如此，則必須依通鑑增宣王之年十年，減湣王之年十年，然後可合。東萊大事記亦如此。蓋孟子所述，確是滅燕之役。東萊先生欲爲調停，謂宣王伐燕，乃指前此十城之役。夫所取十城，安得云倍地，又安得云置君，不可通也。唯是史記年表固不足信，而通鑑亦是以意定之，非有所出，終屬疑案，非二千年後人所能懸決。

問：司馬穰苴，國策以爲湣王相，與史記異。

答：吴禮部曰："大事記引蘇氏謂史稱齊景公時，晉伐阿、甄，燕侵河上，晏子薦穰苴，殺莊賈，因以成功。春秋左氏無此事。意穰苴嘗爲閔王卻燕、晉，而國策妄以爲景公時。按史稱齊威王論次古兵法，附入穰苴，而策以爲湣王相，故禮部主之。"蓋景公時齊甚弱，欲奪晉霸而不能，欲禦吴侮而不克，則穰苴之傳謬矣。

問：漢志引六國春秋，或曰即國策，是否？

答：恐非也。六國春秋，當别是編年之書，而今不傳。國策之例，恐近外傳。蓋自哀公二十七年後，當有六國春秋一書，而後楚漢春秋繼之，然七略已不載是書，其亡久矣。太史公采國策，止九十三事，則其餘所采，或有在六國春秋中者，亦未可定也。

問：李牧之死，國策則極冤，史記則言其不受命，捕得斬之。二説迥異，通鑑主史記，東萊大事記主國策，誰從？

答：趙策中，此篇最足感動人，令讀者流涕。史記不知何以不用。吴禮部曰：『蓋因廉頗不受代事，而誤加之牧』是也。須知牧既不受代，當時趙將誰復能捕之者，其妄明矣。第趙策中，前後污以司空馬之謬語，令雄文反減色。愚特芟去其前後，另爲一篇，其文曰：『韓倉惡武安君於趙王，王令人代武安君，至，使韓倉數之曰：「將軍戰勝，王觴將軍，將軍爲壽於前而捍匕首，當死。」武安君曰：「繓病鉤，身大臂短，不能及地，起居不敬，故使工人爲木材以接手。上若不信，繓請出示。」出之袖中，狀如振梱，纏之以布。韓倉曰：「受命於王，賜將軍死，不赦。臣不敢言。」武安君北面再拜賜死，縮劍將自誅，曰：「人臣不得自殺宫中。」過司馬門，趣甚疾，出門舉劍，臂短不能及，銜劍徵之於柱以自刺。武安君死五月，趙亡。』吴禮部曰：『譖李牧者，諸書皆言郭開，策文下篇亦然。但郭開即譖廉頗者，其與韓倉，必亦有差誤。』予謂或自郭開與韓倉比共陷牧，亦未可定也。要之忠貞恭順如牧，而以爲拒不受代而誅，則枉甚矣。

問：吴禮部校國策，亦有譏之者，其究若何？

答：禮部於是書甚勤密，遠過縉雲鮑氏本，其譏之者，明學究張一鯤之言也。惟是禮部婺學，故有尊信大事記過甚者，要之，其考據則得十之九，一鯤何足以知之。

問：田單晚年不見於史，吴禮部校國策，以爲避讒於趙。

答：是乃禮部發前人所未發，大略當不錯。不然，以安平之材，何以自攻狄之後，一無所見於齊，及其相趙，所立功亦甚少，而是後遂亦不見於趙，則安平之見幾保身，又不欲負其宗國，以爲人用，蓋遠出於時人之上。六國大臣，雖信陵君不能及矣。惟是襄王之悖不足論，君王后既聽政，任宗臣之野死而不返，亦何待乎王建而始亡也。

問：聊城之事，吴禮部主國策，非史記，不知誰是？

答：禮部所考定最審。

問：國策之事多難信，東萊呂氏固嘗言之。然如六國獻地於秦，自是實事，所以通鑑亦載焉。昨聞先生謂其中亦多漫語，何也？

答：秦所取六國之地，韓、魏最先，次之者楚，其後及趙，然所取者，必其爲秦之界上而後得有之。今策言張儀一出，趙以河間爲獻，燕以常山之尾五城爲獻，齊以魚鹽地三百里爲獻，非不識地理之言乎？河間、常山，秦亦何從得而有之，況齊人海右魚鹽之地乎？以秦之察，豈受此愚。又累言文信侯欲取趙河間以廣其封，文信封河南，當在韓、周之交，何從得通道於河間。吾不知作策者，何以東西南北之不諳，而爲此謬語也。

問：徐廣謂中山立於威烈王時，西周桓公之子，而先生以爲謬，願聞其説。

答：中山即是鮮虞，其種乃白狄，至春秋之末，已有中山之名，入七國，滅於魏而復興，卒并於趙。當春秋之末，晉尚無若中山何，而謂周能滅之而封宗室於其地，無是理也。然自徐廣、酈道元皆爲此言，莫有能正之者。要之，鮮虞未嘗爲晉滅，則西周桓公之子，安能封於其地，此易曉也。若國策謂中山君嘗爲楚伐而亡，則又屬野人之言。中山於楚，真風馬牛，楚雖强，不能越魏踰趙過代，而集矢於中山。故吴禮部但謂司馬子期非楚公子，以斥鮑氏之謬，而不知策文之本妄，中山必不受兵于楚也。如策文所云『羊羹』，蓋襲華元之事；所云『壺飧』，蓋襲趙盾之事，本附會也。中山亡於魏，魏使太子擊守之，其後不知何以復立，蓋中山去魏遠，魏終不能有之，是以失守。而策述趙桓子之謀，以爲中山復立之故，亦非也。魏世家惠王二十八年，中山君相魏，小司馬以爲是即中山之復立者，恐非也。是時中山蓋尚屬魏，故其君入爲相，如孟嘗君之相齊耳。若謂是復立之中山，則不應舍其國而相魏也。要之，中山復立之年，當在魏王二十八年之後。

問：平原君料白起、廉頗之長，其文極可喜，今但見於漢嚴尤三將序、春秋後語二書，亦屬後世所無，而諸傳記引之者，先生以爲國策有之。何所據？

答：見章懷後漢書列傳第八卷注中。

問：河渠書歷序春秋以後諸侯變更水道之詳，班氏溝洫志亦引之，乃古今川瀆大掌故。而小顏、小司馬，俱未及詳箋，願縷晰之。其曰禹疏九川，『自是之後，滎陽下引河東南爲鴻溝，以通宋、鄭、陳、蔡、曹、衛，與濟、汝、淮、泗會』，是跨豫、徐、荆三州之界，源流若何？

答：鴻溝，即地理志所云狼湯渠，水經注作莨蕩渠，通典作浪宕渠，一也。志曰：『河南郡滎陽有狼湯渠，首受濟水，東南至陳入潁。』即水經注之渠水篇也，是鴻溝之經流。志曰：『陳留郡陳留縣魯渠水，首受狼湯渠水，東至陽夏入渦渠。』即水經注渠水篇中附見之魯溝也，是鴻溝之又一支。志曰：『淮陽國扶溝縣渦水，首受狼湯渠水，東至向入淮。』即水經注之陰溝水篇也，是鴻溝之又一支。志曰：『梁國蒙縣獲水，首受菑獲渠水，東北至彭城入泗。』按陰溝水之支爲汳水，次爲獲水，即水經注之汳水、獲水二篇也，是鴻溝之又一支。志曰：『陳留郡浚儀縣睢水，並受狼湯渠水，東至取慮入泗』，即水經注之睢水篇也，是鴻溝之又一支。蓋志所載狼湯渠之源流，五合之則爲鴻溝。今以水經注質之，狼湯渠至尉氏，始有鴻溝之名。鴻溝又曰沙水，自新陽入潁以入淮，而支流自義城合渦水以入淮，狼湯渠之東出爲官渡水，秦人引之爲梁溝，即陰溝水也。又東爲汳水，爲獲水，入泗以入淮，而沙水之至浚儀者，又合汳水爲睢水，以入泗，其所周流正值鄭、衛、曹、宋、陳、蔡六國之境。

鴻溝不知誰所爲。閻潛丘曰：『蘇秦説魏王云「大王之地，南有鴻溝」，則戰國以前有之。晉、楚戰於邲，邲即汳水，則春秋以前有之。』予謂所證不止於此，國策『景舍伐魏，取睢、濊之間』，是睢水亦見於戰國。水自渦出爲洵，是渦水見於爾雅。水自潁出爲沙，是沙水亦見爾雅。而沙汭並見於左傳，其未遠矣。乃酈道元則竟曰『大禹塞滎澤以通淮、泗』，又曰『昔禹於滎陽下引河』，以致東坡之徒，遂謂鴻溝是禹跡，則大謬也。夫職方豫州之川滎、洛，誰謂禹曾塞滎者，奈何并河渠書不諦視也。宋儒唯黄文叔言此不謬。

予既斥道元滎澤之非，復取水經注反覆求之，乃知鴻溝之跡，實始於徐偃王。道元引古徐州志，言偃王導溝陳、蔡之間，以水道按之，正沙水之地界也。蓋偃王首開鴻溝，其後如魯溝，則吴人所增開，即國語所謂商魯之溝者，故一名宋溝，而梁溝則秦人所增開，陸續穿鑿，遂爲鴻溝支流諸水，而經流則實偃王始之。故予謂通淮、濟者，始於徐，繼於吴，皆是霸者，而卒於秦政。二千年以來未經考出，今始得之。

問：其曰『於楚，西方則通渠漢水雲夢之野』，何也？此事在諸書，直無可考。

答：地志曰：『南郡華容縣，雲夢澤在南，夏水首受江入沔。』水經注有夏水篇，然不及通渠事。唯皇覽曰：『孫叔敖激沮水，作雲夢大澤之地。』蓋指此。但雲夢已見於禹貢，固非孫叔所作，但引沮水以入之，所謂通渠者也。漢水一名沮水，斯事足補水經之遺。

問：其曰『東方，則通鴻溝、江、淮之間』，何也？是乃吴事不知何以屬之楚？

答：厚齋先生曰：『吴之通水有二：左傳哀九年，吴城邗溝，通江、淮，此自江入淮之道。吴語：夫差起師北征，闕爲溝於商、魯之間，北屬之沂，西屬之濟，在哀十三年。此自淮入汴之道，是江、淮之通固屬吴。馬、班於此似有誤。』然愚細考水經注，則楚亦似有通江、淮之事。水經注㶏水篇，㶏水合泚水；潕水篇，潕水亦合泚水；而泚水篇，泚水合澧水以入淮：是皆淮之屬也。乃泚水篇：泚水又合堵水，又合溳水、潕水以入淯水，堵、淯二水則皆漢之屬也。蓋南陽之地，淮、漢並行，其水已有互相出入者，皆在新野、義陽一帶，江、淮未會而淮、漢已通，吳之力所不及也，是非楚人通之，而誰通之？夫淮通漢，則即已通江矣，是吳之通淮於江者在下流，而楚之通淮於漢以通江者，在上流也。史記之言，亦別自有據也。左傳楚人伐隨，師於漢、淮之間，蓋其證也。

蓋川瀆之亂河，先與汝通，則鴻溝是也。通汝者，通淮之漸也。已而淮先與漢通，則泚水之合於堵水、淯水是也。通漢者，通江之漸也。及邗溝開，而江遂竟通於淮。商、魯之溝開，而淮遂竟通於河。

問：其曰『於吳，則通渠三江、五湖』，願聞其說。

答：地志曰：『中江自陽羨入海，北江自毗陵入海，南江自吳入海，此三江之道也。五湖，則即震澤。禹貢時之大江，本不與五湖通。相傳吳人伐楚，用伍胥計開渠運糧，而江湖之道無阻。今其地有伍牙山，有胥谿，可證。』其說見於高淳漢圖經。按左傳哀公十五年，楚子西伐吳，及桐汭，此舟師入湖之道也。而或曰襄公三年，楚子重伐吳，克鳩茲，至於衡山，則似已有入湖之道，事在伍胥之先。則或壽夢以來，已有此渠，而伍胥特脩治之乎？世遠不可得而詳矣。要之，史公所云，其指此事無疑。若非史公此語，則又將指爲三代以前故道矣。

問：其曰：『於齊，則通淄、濟之間』，何也？

答：地志曰：『泰山郡萊蕪縣原山，淄水所出，東至博昌入濟，即齊所通也。』但淄水經流入海，其支流則齊人導之，由肜水以入濟。地志亦微有失。

問：其曰『於蜀，則蜀守李冰鑿離崖，避沬水之害，穿二江成都中。』即華陽國志所載否？

答：是也。三代以後，變更水道者皆有乖地脈，不合川瀆之性，惟李冰所經營有大功。顧史公不列之循吏傳，但略一見於此。向非華陽國志至今存，則李冰之詳不可得聞。

問：三代後之變更，止於斯耶，抑或有遺？

答：大略亦祇此。淮與濟通，江與淮通，淮與漢通，漢與雲夢通，江又與震澤通，濟與淄通，禹貢之水道，無完瀆矣。其餘惟齊桓公塞九河，見於緯書，鄭康成采之。又趙惠文王徙漳河。世家：惠文王十八年，漳水大出；二十一年，徙漳水武平之西；二十七年，又徙漳水武平之南。八年之中，再徙巨浸，而其詳不可得聞。水經注漳水篇亦不及。而春秋時，楚之孫叔敖開芍陂，則有功於淮南者，爲正史之所略。

問：六國世家，其紀事莫如趙之誣謬者，不特屠岸賈一事也。如宣孟之夢，簡子鈞天之夢，原過三神之令，主父大陵之夢，孝成王之夢，何其言之龐而怪與？謂非緯候之先驅不可矣。

答：是盡當芟除者也。其中紀事之失，尚有昔人所未及糾正者。惠文王十五年，即燕昭王之二十八年也，以師與燕伐齊，大捷，燕人遂深入，取臨淄。是時齊襄王保莒，田單保即墨，而餘地皆入燕。乃曰：『惠文王十六年，秦復與趙數擊齊，齊人患之，（燕）〔蘇〕厲【校】據史記趙世家及戰國策校改。爲齊遺趙書游説，趙乃不擊齊。』夫當時之齊，區區二城耳，秦何所利而擊之。即擊之，又何所畏而必與趙共擊之，其謬一也。乃下又曰：『是年廉頗攻齊昔陽，取之。』夫昔陽是鼓地，春秋末已屬晉，至是原屬趙，非齊地。且齊是時所有祇二城，安得尚有餘邑爲趙所取，其謬二也。乃下又曰：『十七年樂毅將趙師攻魏伯陽。』按樂毅留狥齊地，及二城不下，遂守之，并未嘗歸燕，何從將趙師而攻魏，其謬三也。乃下又云：『十九年，趙奢將，攻齊麥丘，取之。』是時齊亦尚止二城，麥丘屬燕，其謬四也。乃下又云：『二十年，廉頗將，攻齊。』按是年樂毅尚在齊，次年田單始敗燕軍，復有七十餘城，當前一年，齊無可攻，其謬五也。蓋惠文王此五年中，無一事可信，不知史公何所據而志之，而廉頗本傳，惠文王十六年伐齊，取陽晉，不作昔陽，然亦非也。

問：韓世家：昭侯八年，申不害相韓。十年，韓姬弑其君悼公。十一年，昭侯如秦。既有昭侯，焉得又有悼公？

答：小司馬曰「姬，亦作玘」，則即李斯所云「韓玘爲韓安相」者也。斯與韓安同時，其謂玘爲之相，必不錯。則玘乃亡韓之相，但玘相安而安亡，非弒安也。世家此句是誤文，當芟去。韓先稱侯，後稱王，無所謂公，亦無謚「悼」者。小司馬曰：「或是鄭之嗣君。」按韓自哀侯已滅鄭，昭侯時無鄭矣。六國世家韓最略。由李斯之言推之，玘是王安之時專權者，故以之比趙高。若昭侯時，申子爲相，安得容小人如玘者乎？

問：燕世家不載昭王好方士之事，而封禪書中微及之。昭王賢者，不應有此。

答：齊威、宣二王，燕昭王，晚皆惑於方士。雖世所傳王母謂「燕昭無靈氣」之語不足信，然燕、齊方士之所聚，恐或有之。唐憲宗、武宗皆英主，何嘗不以方士損其業乎？

問：虞卿傳，古無言其錯者，昨始聞之，願詳示。

答：據范雎傳，則魏齊之亡，在秦昭王四十二年，其時虞卿已相趙，棄印與俱亡，而困於大梁。虞卿傳謂其自此不得意，乃著書以消窮愁，則是棄印之後，虞卿遂不復出也。乃長平之役，在昭王四十七年，史公所謂虞卿料事揣情爲趙畫策者，反在棄印五年之後，則是虞卿嘗再相趙矣，何嘗窮愁以老。而史公序長平之策於前，序大梁之困於後，顛倒其事，竟忘年數之參錯，豈非一大怪事也。

問：荀卿傳：葬蘭陵，而國策謂其歸趙，且録其絶春申之書。誰是？

答：恐是國策爲是。荀子書中有與臨武君論兵於孝成王前一事。荀子久於齊，事在孝成王之前，由齊如楚，即爲蘭陵令，則何由見孝成乎？故知其爲自楚歸趙也。史記言春申死而荀子廢。今觀國策拒春申之書，其辭醇古，非荀子不能爲也。則或者荀子辭春申而去，及春申死，荀子以甘棠之舊，復游蘭陵而卒焉，亦未可定。要之，其曾歸趙，固無疑者。

問：范雎傳：廢太后，逐穰侯。國策同。而朱子曰：『皇極經世只言秦奪太后權，未嘗廢也。』或曰經世不足信。

答：宣太后以憂死是實，但未必顯有黜退之舉，蓋觀於穰侯尚得之國於陶，無甚大譴，其所謂逐者如此，則所謂廢者，亦只是奪其權也。是時昭王年長，而宣太后尚事事親裁之，此便是不善處嫌疑之際。一旦昭王置之高閣，安得不憂死，故人以爲廢。

問：吕不韋傳：『孔子之所謂聞者，其吕子乎？』何許文信侯之過也。

答：太史公不知道，於此見之。不特不知所謂達，亦不知所謂聞，孔子所謂聞者，只是『論篤色莊』一流；其在有位，便是『五伯假之』一流。不韋乃是亂民，豈可語聞？太史公見其呂氏春秋一書而以爲聞，陋矣。

問：潛丘謂白圭仕魏，當文侯時，一見史記貨殖傳，再見鄒陽傳。其爲文侯拔中山，下逮孟子游梁之歲，七十餘年。邠卿誤以爲即孟子之白圭，而林氏又增益其說，不知爲又一白圭也。

答：宋人鮑彪已嘗言之。但魏人別有一白圭，當昭王時，是孟子之後輩，見國策。不知潛丘何以不一引及。鮑彪謂當是孟子所稱者。

問：史記衛世家，頃侯厚賂夷王，夷王命衛爲侯，是頃侯以前乃伯也。顧寧人曰：『索隱以爲方伯之伯，雖有詩序旄丘「責衛伯」之文可據，然非太史公意。且古無以方伯之伯而繫謚者』。索隱之說本鄭箋。

答：康叔明以孟侯稱，非伯也。衛初封即是侯爵，故祝鮀曰『曹爲伯甸』，是其證也。其後稱伯者，或昭王以下之所降黜，至頃侯而復之。

問：蚩尤，據管子，則是造五兵者，黄帝之臣也。而古多言蚩尤與黄帝戰於阪泉，則是諸侯之不終者。三朝記則又曰：『蚩尤，庶人之貪者』，許慎據之，以爲造兵非蚩尤，乃黄帝也。賈公彦調劑其説，以爲蚩尤與黄帝戰，亦是造兵之首，故漢高祭蚩尤於沛廷。夫黄帝使蚩尤造兵，則蚩尤是黄帝賢臣；如竊黄帝之兵而與戰，則不止於庶人之貪者，豈可祭也。吴斗南曰：『漢高所祭，是蚩尤之星。』殆亦不得已而爲之辭。而杭堇浦力詆之，謂高祖立蚩尤祠於長安，宣帝則祠於壽良。後漢詔馬嚴過武庫，祭蚩尤，不以爲貪鬼。且壽良，乃蚩尤之冢所在，豈是星乎？藝文志兵家有蚩尤二篇，則許、吴之説，俱不足信。是否？

答：蚩尤爲黄帝造兵，自是作者之聖，豈有倡亂之理，而阪泉之戰，則古來傳記俱有之。愚疑造兵之蚩尤是一人，阪泉倡亂之蚩尤又是一人。蓋黄帝在位久，故其後有聞蚩尤之名，而即以爲名者，以之弄兵惑衆。如古來作射之人名羿，而有窮之君亦以爲名，此其證也。後世所祭，則造兵之蚩尤，非阪泉倡亂之蚩尤也。且造兵之蚩尤，冢在壽張，見於皇覽；而阪泉倡亂之蚩尤，死於涿鹿，誰爲遠道葬之壽張者乎？是亦可以見蚩尤之有二也。至於蚩尤造兵，故即以司兵之星名蚩尤，高祖所祭，自未必是星也。

問：『章邯從陳別將司馬夷。』如淳曰：章邯之司馬也，然則『別將』二字是贅文。

答：愚意以爲司馬其姓，夷其名，故冠之以別將。

問：高祖至南陽，襄侯王陵降。晉灼、小司馬以爲即安國侯王陵也。師古以爲非。義門曰：『王陵起於南陽，則安國侯即襄侯，蓋其初所稱封爵也。』不知是否？韋昭謂襄當爲穰，蓋字省。而臣瓚、小司馬以爲穰是韓成所封，陵當封於江夏之襄。是否？

答：高祖本紀：迎大公、吕后時，『因王陵兵於南陽』。功臣表：『陵聚衆定南陽。』陵本傳亦有之。張蒼傳：『陵救蒼之死於南陽。』是安國侯即襄侯矣。義門之言是也。襄當作穰，蓋即南陽之地，江夏則不相接矣。韓成之封以元年，是時陵何妨自稱穰侯也。

問：亞父范增，如淳援管仲以爲例。而貢父曰：『仲父自是管仲之字，亞父亦增字，如淳妄説。』

答：然則吕不韋之稱『仲父』何也？貢父亦偶未之思耳。

問：項王自據梁、楚地九郡，是何九郡也？

答：九郡從無數之者，其中須大有考正。據班志，數秦置三十六郡之目，秦於楚地置十郡，則項王所得楚地凡六郡：曰漢中，以封高祖；曰九江，以封英布；曰南郡，以封共敖；曰長沙，以爲義帝都；而項王所得，曰東海，曰泗水，曰薛，曰會稽，曰南陽，曰黔中，是也。秦於梁地置三郡，則項王所得梁地，凡二郡：曰河東，以封魏豹；而項王所得曰東郡，曰碭是也。然則僅得郡八，不得九矣。及考史記，秦初滅楚，置楚郡，次年置會稽郡。而班志於楚郡不書，乃知其有漏也。蓋秦之先得楚地，而置郡者曰漢中，曰黔中，曰南郡，曰南陽，在未滅時。及滅楚，但置楚郡，所統甚大。次年乃盡定百越，而置會稽，然楚郡所統過廣，故分而爲九江，爲長沙，爲東海，爲泗水，爲薛。而楚郡但統淮、陽一帶。班志失之，則九郡之數不足，今以楚郡益之，適得九郡之目。胡梅磵曰：『秦置楚郡，班志不見，蓋分爲九江、鄣、會稽三郡。』其實大謬。會稽不在楚郡之內，史記甚明。而鄣郡並非秦置。秦之所分，凡得郡五，而楚郡亦未嘗廢。蓋三十六郡之數，京師爲内史，本不在其內。班志誤以内史亦當三十六郡之一，故失去楚郡而不知也。

問：因九郡而并知班志三十六郡之漏，乃信考古之難。

答：不特此也。史記於三十六郡，不詳其目。前志於三十六郡，有東海而無黔中；續志於三十六郡，有黔中而無東海；既各失其一，而又皆失去楚郡，則實止三十四郡矣。故亦自知其不足，則以内史充其一；又不足，則以晚出之鄣郡充其一；而三十六郡始完。裴駰注史記，但據續志而不參前志，於是晉志因之。厚齋通鑑地理通釋亦因之。梅磵注通鑑亦因之，以爲續志必同於前志，而不知其亦不合也。蓋嘗反覆考定而後得之，詳見愚所著漢書地理志考證，文繁不能悉舉也。

經史問答卷九

諸史問目答盧鎬 四十六條

問：彭城之役，檄曰：『悉發三河兵南浮江、漢以下。』史記注皆不得其說，而師古略之。梅磵先生以爲一軍由三河以攻其北，一軍浮江、漢以攻其南，是矣。然本紀不載南下之軍，何也。

答：史、漢之文，多於本篇不見，乃互備於年表與列傳，而此事則竟失之。然韓信用兵，大都如此，如伐魏豹，則大軍由夏陽，而別遣棘丘侯由上郡攻其背，是也。水經注曰：『高祖二年，置長沙郡，又置黔中郡。』是蓋南下之軍，自漢中出，先定二郡而有之。長沙乃義帝之都，而黔中則項王南境，乘虚取之，所謂南浮江、漢也。江、漢之地，過此三郡，共敖守南郡，漢兵尚未得至其境，是足以補遺。

問：『五諸侯兵。』應劭曰：『雍、翟、塞、殷、韓也。』如淳曰：『塞、翟、魏、殷、河南也。』韋昭曰：

『塞、翟、韓、殷、魏也。』師古曰：『常山、河南、韓、魏、殷也。』劉歆曰：『河南、韓、魏、殷、趙也。』吴仁傑曰：『塞、翟、魏、韓、趙也。』其説誰是？

答：雍方被圍，自不與五諸侯之列。塞、翟早已亡國，河南、殷亦亡。而常山間關入漢，無兵。則諸家所數，秖韓、魏、趙爲可信。乃吴氏謂塞、翟二王雖降，尚如魏豹之得君其國，以兵從行。吴氏所以爲此説者，以史記雖云『元年八月降二王，置二郡』，而漢書則曰『二年六月，雍亡之後，始置河上、渭南、中地、隴西、上郡』，則前此塞、翟必如未亡，以是爲史記之誤。塞、翟未亡，則足以充五諸侯之列矣。而不知又不然，史記於元年八月書置二郡者，高祖既滅二國，定其疆也。漢書於二年六月書置五郡者，高祖盡定三秦，通正其地界也。故漢書異姓王表，亦云元年八月置二郡，未嘗不與史記同。吴氏知其一不知其二，而謂塞、翟尚如魏豹之得君其國，不知功臣表又有曰棘丘侯襄，以上郡守擊西魏，事在二年三月，則翟之不得有其國可見矣。敬市侯閻澤赤以河上守遷殷相，擊項籍，事在二年四月，則塞之不得有其國可見矣。安得謂二郡至二年八月始置乎？且塞、翟，項王之屬也，使是時尚以兵從，必全軍入楚，不肯隻身亡去矣。曰：然則五諸侯之二竟爲誰？曰：魏王之從軍，見於其傳；韓王之從軍，見於異姓王表；趙相陳餘以兵從，亦見於其傳；而合齊擊楚，則見於淮陰之傳，蓋齊人亦以兵從也。是五諸侯之四也。其一則殷。曰：子方謂塞、翟不在有國之列，而忽以殷當之，是自背其説也，夫是時漢之置河内郡明矣。曰：高紀誤也。有證乎？曰：有。功臣表：『閻澤赤由河上守遷殷相，擊項籍。』夫殷尚有相，則邛尚有國。不然當曰『河內守』矣。蓋殷已降漢，故漢爲之命相，而以兵來從。及彭城之敗，邛死，始置郡耳，是又五諸侯之一也。乃知是時所滅爲塞，爲翟，爲河南，而魏與殷不與焉。塞、翟已滅，而反以爲未滅。殷未亡，而反以爲已亡。甚矣其舛也。且諸公亦自參考史、漢不甚密耳。史記、陳平傳曰『漢王還定三秦而東，殷王反楚』，是即司馬卬降漢事也。曰『項王使平擊降殷王』，是明言殷降漢而未亡，故復降楚也。曰『居無何，漢王攻下殷王』，是即漢王擊卬之兵以入彭城事也。漢書亦同。然則殷之未亡，明矣。蓋史、漢二本紀及表並誤，幸陳平傳及功臣表可以正之，而五諸侯之數完。

問：『彭越、田横居梁地，往來苦楚兵，絶其糧食。』先生謂田横二字，當是衍文，何也？

答：是蓋因上文『田横兵敗奔彭越』，故牽連誤書之，其宜芟去無疑。田横義士也，雖於項王亦有田榮之怨，然是時，則項王以横故，喪其大將并二十萬人於齊。横仇漢不仇楚矣，而謂爲漢苦楚，是與狼子野心之英布等矣。横之奔楚，正以越是時中立，且爲漢，且爲楚，故姑依之，則彭越或受漢餌而絶楚食，田横不肯爲也。向使横果爲漢苦楚，則垓下之師，漢必亦召之以壯聲援，而事定不必亡入島中矣。

問：『鴻溝之約，因項王兵少食盡，韓信又進兵擊之。』項羽之兵少，由龍且二十萬衆之敗；而食盡則以彭越：皆有可考。韓信進兵，獨不詳其始末，不知他有所見否？

答：是不見於淮陰本傳，見於灌嬰傳。蓋項王但與漢争於滎陽、敖倉之間，雖兵少食盡，尚可支吾，而韓信已王齊，故自淮北擣其國都。觀灌嬰傳，則其兵攻彭城，又越彭城而南，直渡廣陵，縱横蹂躪，項王腹心中不可保矣，安得不議和乎？故世但知垓下之戰，非信不捷，而不知其大功在用灌嬰。當此之時，項王良將已盡，無能與嬰抗者，即不約中分天下，亦内潰矣。此從未有爲淮陰表彰其事者。唯是史、漢皆言灌嬰已攻降彭城，則恐未必。彭城乃楚都，若已降，項王且安歸，蓋是圍彭城而破其軍也。

問：史記秦楚之間月表，謂淮陰王楚，以齊還漢。梅磵於通鑑，則曰『兼王齊』，不知其何所據？按曹參傳：初相齊；及改王楚，參歸相印。則似史記爲是。

答：恐當以梅磵爲是。蓋使淮陰以齊還漢，則漢必早立齊王，不待信禽之後也。漢畏信，見其不肯還齊，信之禍所以亟也。觀田肯之賀，不言得楚，而言得齊。又曰：『非親子弟，莫可王齊。』則信未嘗還齊也。夫以信王楚，固非漢之所能忘情，而況加以齊。甚矣其愚也。

問：貢父曰：『古人居則貴左，用兵則貴右，但貴右者，似戰國時俗也。』吴斗南曰：『乘車貴左，兵車貴右。戰國時習見兵車之禮，故貴右。』然信陵虚左迎侯生，則亦有時而尚左。貫高至漢，漢臣無能出其右者，則漢亦尚右。

答：左右之禮亦難考。仲虺爲湯左相，是伊尹以右相先之。慶封爲齊左相，是崔杼以右相先之。不必軍禮也。軍禮止楚人尚左，故王在左廣中。而魯舍中軍，季氏將左師，則似魯又上左。此皆難以强爲之説，大抵位次之間，尚右者多。

問：『漢别將擊布軍洮水。』蘇林、如淳，皆不能言洮水所在。徐廣曰『在江、淮間』，而不能實指其水。胡梅磵曰：『乃零陵之洮水也，布欲由長沙入粵，故走洮水。』按江南唯零陵有洮水，則梅磵之言是也。而吾丈不以爲然，願指其地。

答：梅磵最精於地學，然其通鑑所言，亦往往多誤者。蓋地學至難。即如九江左右，本無洮水，而布之走，死於番陽。布之封也，兼有壽春、江夏、豫章，而都壽春。豫章在壽春之南，番陽又豫章之南，長沙又番陽之南，零陵又長沙之南，非可猝來猝返。而長沙與布婚，雖欲依之，然長沙則正當嫌疑之際，使布竟得長驅直入其國，與漢兵鬬於洮水，則長沙直與之同反矣。既不與之同反，則便當逆拒之，布安得走洮水乎？且布既至洮水而敗矣，何以不竟走粵，乃返轡而東，又出長沙之境，重入於淮南國中之番陽，而長沙始遣人誘而殺之。不殺之於其國，而縱賊之出而徐殺之，何其愚也。夫布與長沙婚，則必約長沙同反，長沙不答，所以能世其國，而容布入其國而横行乎？且布欲入粵，不必走長沙，布國中之豫章與粵接，可以入粵之徑甚多。而布欲走長沙者，特望其同反也，長沙不荅，所以逆之於境，而誘而殺之番陽，是布尚未出其國也。然則洮水者，何水乎？曰：是誤文也。蓋九江之沘水也，沘與洮相似而訛。蓋布敗於蘄，反走其國，又敗於沘，乃思投長沙，未至而死於番陽。如是則其地得矣。沘水見水經。顧宛溪欲以震澤之洮湖當之，則在吴王濞國内矣，益謬。

問：南武侯織，亦粵之世立以爲南海王，文穎謂尉它正據南海，前以封吴芮，尚是遥奪，兹復遥奪以予織，未得竟王之也。但讀詔文，則織當是無諸之族，蓋亦必以功而封，豈竟無寸土而虚命之者。

答：王隱晉書地道記以爲封於交阯之羸𨻻，亦恐未是。交阯在桂林以南，尉它所屬役也。高祖時，其道不通，無諸之族安得越尉它而王之。要之，無諸之族，則必其種落東與閩越相接，西與尉它相接；而其所據南武之地，蓋在南海境中，有犬牙交錯者，故以南海爲國而王之。文穎以爲虚封，不知文帝時，明有南海王反，見於淮南王安傳。傳曰：『前此南海王反，先臣使將軍間忌擊之，以其軍降，處之上淦，後復反。』是非虚封可知矣。淮南王長傳，亦有曰：『南海王織，以璧帛獻皇帝。』是未滅時。又曰：『南海民處廬江界中反。』則既遷之後也。蓋其地在今汀、潮、贛之間，以其爲無諸之族，則知其近於今之汀；以其所封爲南海，則知其近於今之潮；以其遷於廬江之上淦，則知其近於贛。文穎讀史、漢不審，而以爲虚封。王隱則妄指其地。

問：漢書高后紀所書孝惠後宫子五，而恩澤侯表則六，壺關侯武之下，尚有平昌侯大，不書何也？

答：史記高后紀詳於漢書，但於五侯之封，亦不及平昌。至六年，始書立皇子平昌侯大爲吕王，更名梁曰吕，吕曰濟川，故其後書濟川王大。吕氏既平，徙濟川王封於梁，未幾皆誅。按大嗣封吕王，則明是吕氏之子，故漢書亦見之異姓王表，而其封侯之年，據恩澤侯表在五侯之後，故史、漢本紀並失之。

問：尉它自稱南武帝，泰泉先生謂它改南海爲南武，非如師古等所云生謚也，引南武侯織以證之。是否？

答：據史記，尉它未受漢封時，自稱南粵武王，及僭號，自稱南粵武帝，則『武』自是生謚。漢書它稱南粵武王，與史記同。而其後乃稱南武帝，此是脱文，漏去『粵』字。泰泉謂它改南海爲南武，其説無據。蓋南海境中，有地名南武，當在今潮州、汀州之交，故織以閩粵之族侯於其地，而並非尉它之臣也。非尉它之臣，豈肯取尉它所改地名以署其國？而是時織已與它並爲王，則它欲爲帝，又不肯取織封侯之小縣以自名也，審矣。蓋南海之有南武，猶東海之有東武，並非它改南海之名而名之也。試觀東粵王之反，亦自稱爲武帝，則泰泉之言非也。

問：厚齋謂古人受刑袒右，引儀禮疏以證之，然則爲呂氏右袒，以示將有刑也。盧六以曰：『王孫賈之誅淖齒，則曰「欲與我者袒右」，是不過以卜衆心之從違，非如受刑之説。』義門曰：『木强老革倉卒間，未必學叔孫太傅也。』然則厚齋之言非與？

答：陳涉之起亦袒右，則厚齋之説未足信。

問：景帝詔三輔舉不如法令者。貢父曰：『此時未有三輔，武帝之時始改主爵中尉爲右扶風，此時祇左右内史耳，詔文誤也。』但此係詔書，何以有謬？

答：是時或已分右内史之地以屬中尉，與左右内史並治京師，亦未可定。觀武帝營上林，其時亦尚未定三輔，而詔中尉、左右内史表屬縣草田以償鄠、杜之民，則中尉已與左右内史並治京師，隱然分三輔矣。特其後始改定京兆、馮翊、扶風之名耳。

問：『救決河，起龍淵宫。』孟康、顔師古以爲西平之龍淵宫。酈道元以爲瓠子之龍淵宫。劉攽以爲黄圖茂陵之龍淵宫。三者誰是？

答：『救決河』與『起』當連書，則道元之説是也。茂陵之宫，亦是武帝夸其導河歸北之勛而爲之。西平之宫，則别是一古跡。堇浦亦以愚説爲然。

問：漢武帝置五屬國。王厚齋曰：『考地志，屬國都尉：安定治三水，上郡治龜兹，天水治勇士，五原治蒲澤，張掖治日勒。』按志則張掖之治日勒者，但言都尉，不言屬國都尉。

答：張掖二都尉，其治日勒者，郡都尉；其治居延者，乃屬國都尉。但前志亦無明文，見續志。

問：文穎曰：『盛唐不知何地，當在廬江左右。』韋昭曰：『在南郡。』師古以韋説爲是，而先生主文説，乞詳其地。

答：盛唐在樅楊，故下文帝作樅楊盛唐之歌。樅楊，今之桐城。太平寰宇記於桐城縣，引水經注曰：『大雷水，東南流逕盛唐戍。』今本水經注，失去江水第四篇，故無其文。不應小顔生唐初，亦不見也。然則文穎之説是矣。

問：西京十三州刺史，沈約、劉昭皆以爲傳車周流，無常治也。而師古引漢舊儀則有治，世多疑其非。齊侍郎次風尤力主沈、劉之説。如何？

答：漢志書太守、都尉之治，而刺史無有，故皆以沈、劉之説爲是。但刺史行部，必待秋分，則秋分以前，當居何所，豈羣萃於京師乎？則師古之説，未可非也。西京初置刺史官，止六百石，故志略其治，況漢舊儀未必竟誣妄也。

問：昭帝五年罷象郡。按漢無象郡，所罷何也？

答：漢之日南郡，秦之象郡也。此是誤文，當云罷日南郡耳。然日南似未嘗罷，或者暫罷而旋復之，則史有闕文。

問：平帝罷安定呼沱苑以爲安民縣。道元以爲安定郡之苑也。師古曰是中山之安定。誰是？

答：曰呼沱，則是中山，非關中也。況平帝由中山王爲天子，故首加恩於潛藩。但中山之安民縣，前志、續志皆無有，殆亦不久并省。

問：史、漢諸侯王表言高、文之時，天子自有三河、東郡、潁川、南陽，自江陵以西至巴、蜀，北自雲中至隴西，與京師内史，凡十五郡。而先生以爲不止十五，願聞其數。

答：是時天子所有：河東、河南、河内、魏郡、東郡、潁川、南陽、江陵、武陵、巴郡、蜀郡、漢中、廣漢、雲中、上郡、北地、隴西，則爲郡十七，又益以内史，則十八。

問：史、漢皆言景帝之時，趙分爲六。徐廣曰：『趙、河間、常山、中山、廣川、清河也。』顔師古曰：『趙、平干、真定、中山、廣川、河間也。』孰是？

答：景帝時，尚未有真定、平干，二王乃武帝所封。徐廣是。

問：管共王罷軍，齊王子也，所封當在齊地。管則鄭地，何也？

答：『管』乃『菅』字之訛，濟南郡之菅縣也，道元注水經可證。于思容齊乘中已及之，索隱以爲滎陽者謬。然即其謬，可以知唐本史、漢二書皆以沿襲誤字，而莫取水經注以正之，可怪也。

問：史表齊悼惠王子楊虚恭侯將廬漢表作楊丘恭侯安，而别有楊虚侯將閭相舛錯。

答：楊丘，地志作陽丘，在濟南。楊虚，倉公傳亦作楊虚。道元曰『在高唐』，引地志證之。然今之地志無此文。齊次風因以爲即平原之樓虚。但功臣表，元帝時别有樓虚侯，則次風之言亦未的。要之道元以商河出於楊虚，則自在高唐、平原之間，特不可以樓虚當之耳。是楊丘、楊虚之地爲二也，不可溷也。將閭後嗣爲齊王，謚孝，則安得爲侯之時先謚恭。是恭、孝之謚爲二也，不可溷也。史表誤，而漢表是也。

問：白石侯雄渠，索隱以爲白石在金城，正義以爲安德。誰是？

答：漢人封國，從未有在河西者，而是時則河西尚未開也，豈封之匈奴境内乎？安德在平原，正齊所分地。大抵諸同姓列侯表所封地最難考，從未有疏證之者。愚別有稽疑二卷，已成書，可得其十之八，足下試取觀之。

問：中水、赤、泉、杜、衍五侯，史表皆作莊侯，漢表皆作嚴侯蓋避諱也。而徐廣注史記曰『五侯手殺項王，故皆謚壯。』然則非『莊』也。非『莊』，而漢表何以俱改曰『嚴』？

答：此恐是班氏所見史記誤本，以『壯』爲『莊』，因改爲『嚴』。徐氏雖生班後，然所見反是善本。蓋五侯當謚壯，不當謚莊也。凡古文籍，亦甚有善本而反後出者。

問：槀侯應作稾侯，地志山陽郡之稾縣也。臣瓚音拓，而師古於功臣侯表，竟音槁，似謬。

答：師古不甚精於六書，故其考字最疏。如澧水出酈縣，後世流俗本訛作酈，而師古即音屋，蓋不勘正於水經也。汶侯吕産，後世流俗本訛作汶侯，而師古即音問，蓋不勘正於史表也。洑水見於説文，地志訛轉爲澓水，則竟無其字，而師古即音哉。皆與稾、槀一例。三劉、吴氏，亦未能正。

問：齊哀王之舉兵，幾壞於召平，而成於魏勃，乃文帝反封召平之子爲黎侯，而魏勃大受灌嬰之責，何也？

答：是漢之君臣有爲爲之也。蓋討諸吕者，權也；不肯發兵者，經也。罪魏勃，所以預防伍被之徒也。封召平之子，所以養成後來張尚、王悍、韓義諸人之節也，斯其慮遠矣。又按文帝因大臣先有立齊之議，故不忘情焉。薄朱虚、東牟之賞，而齊王之薨，僅謚曰哀，又託以推恩悼惠諸子，分其國而六之。故召氏封，魏氏不封，皆有成心。

問：成安鄄侯郭長，師古曰『鄄音杲』，是何謚也？

答：謚法無鄄字，不可解。而鄄亦不音杲。丁度集韻：『鄄，想止切，音璽是也。』然集韻以爲國名，則亦謬。

問：高帝功臣之克世者惟平陽，恩澤之克世者惟富平，而歸德侯先賢撣，直至東京之永平，何也？

答：歸德以降人封，故義門曰：『想其封國，雖在汝南之歸德，而仍居屬國之地，所以得久。』愚考下摩侯冠支，亦以降人封在猗氏，而詔居弋居山，則義門之説是也。

問：王氏五侯之後，平阿侯譚之孫述，在東京尚襲爵，何也？

答：五侯中不得爲大司馬者二：紅陽及身不得其死，平阿之子仁不得其死，皆以忤莽也，而亦正以是受福。紅陽之子丹，首降世祖有功，其子泓因得封，而仁之子亦嗣爵。二侯幸矣，加於王涉、王尋、王邑輩遠矣。

問：漢之給事中、侍中，最爲要近，然無定員，而野處以爲宋時閤門宣贊、祇候之流。但漢多用士人爲之。其信然與？給事中、侍中，似非閤門諸吏比。

答：野處之言非也。漢初侍中亦雜，故賈誼至與鄧通同侍中，而爲通所譖。其後則大屬清流，得參天子密勿，不由尚書省白事。故弱翁以此剪霍氏，更生以此忤石奄，是豈宋之閤門官所比。然其中亦有差等，如劉歆之爲常侍，則不過校正文史耳。

問：百官表景帝五年，安丘侯張毆爲太常，疑是張孰。

答：所糾是也。漢之太常，必以諸侯爲之，見野處容齋隨筆中。毆在漢書中有傳，是安丘侯説之子，然不嗣爵，官廷尉，不官太常。嗣爵者奴，而孰是奴子。

問：用脩峕古今人表后、夔一人，而夔在上中，后夔出於下上；豕韋與韋一人，而豕韋在上下，韋在下上；范武子與士會兩見；計然，即范蠡所著之書，而兩見，何其謬一至此？

答：是表之誤，不僅於此。而用脩所舉，唯范武子一條果是錯。若其分夔與后夔，蓋以九官之夔，非左傳取黸妻之后夔，古人原有此說，故分之。而豕韋乃五伯中之豕韋，若韋則三蘖之韋也，分之甚是。計然或曰計倪，亦非即范蠡也。

問：漢高帝之八年，楚元王之三年也，律曆志中，何以不書漢年而反書楚年？志中楚元之年，凡三見。

答：是必劉歆之文也。蓋周曆之後有魯曆，以魯紀年。劉氏爲楚元之後，故援其例，而以楚紀年。是雖以意度之，然觀志云：『魯緡公二十二年，距楚元七十六歲』，則是以楚曆接魯曆矣。

問：律曆志曰：『漢高即位，歲在大棣之東井二十六度，鶉首之六度。』故漢志曰：『歲在大棣，名曰敦牂，太歲在午。』不知大棣是何分野？

答：大棣之名，不見於十二分野。鄭、郭、杜、賈、孔、邢言分野，無及之者。但以漢高即位之年在午，考之史記天官書有云：『敦牂歲，歲陰在午，星在酉。』歲陰者，太歲也，即所謂鶉首之六度也。其云星者，歲星也，殆所謂大棣之東井二十六度也。然則大棣即壽星之垣，而不知古人何以皆缺之。蓋十二分野間，多别名，如元枵，一名顓頊之虚；大火，一名閼伯之虚；娵訾，一名孟陬；則壽星或亦一名大棣，但祇見於此，更無可考。

問：漢十九章之樂歌，先生謂其篇次有錯。是在三劉、吴氏俱未之及，願詳示之。

答：據言十九章中，匡衡所更定二篇，俱大可疑。其曰匡衡奏罷『鸞輅龍鱗』，更定天地之篇爲第八。按『鸞路龍鱗』乃第七篇惟泰元詩中語，匡氏奏罷之而更定之，則天地之篇，仍是第七也。今列舊詩爲第七，以更定者爲第八，何也？又曰匡衡奏罷『黼芾周張』，更定日出入之篇爲第九。按『黼芾周張』，即匡氏第八篇天地詩中語，匡氏自更定之，而又奏罷之，而又更定之，益可怪。且果如此，則日出入之詩，亦仍是第七也，今以爲第九。是三詩實指一詩，不滿十九章之數矣，是必有脱落訛謬之失，而今不可考。

問：郊祀志曰：『武帝移南嶽於霍山。』邢叔明爾雅疏所本也。吴斗南力攻之。然則孟堅於當代掌故，豈亦有誤乎？

答：班氏此言，本之史記，然未覈。霍山本一名衡山，安得謂長沙之所移乎？夫吴芮之王於江夏，而國曰衡山，蓋江夏本九江之所分，故以天柱爲望，而名其國。及三淮南之分封，則得廬江、豫章者，國曰廬江；得江夏者，亦曰衡山。是二衡山王者，皆不在長沙，而以九江之分地得名，則霍山之一名衡山，由來舊矣。斗南欲攻班氏，何不引二王之國以證之乎？至於三代南嶽之祀，或曰在天柱，或曰在長沙，若以大小較之，似當以長沙之衡山爲是。特不可以天柱、衡山之名爲長沙所移者，蓋漢家南嶽，其在元封五年以前，似原在天柱，不在長沙。何以知之？志曰：『元鼎三年濟北王獻泰山，而常山爲郡，然後五嶽皆在天子之邦。』唯南嶽是九江之衡山，故可云『在天子之邦』，若在長沙，則尚屬王國，不得曰天子之邦也。而以爲元封五年所移，可乎？是皆班氏所未及檢，吴氏亦所未及詳也。

問：地理志上黨郡壺關縣。師古引應劭曰：『黎侯國也，東郡黎縣。』師古又引孟康曰：『詩黎侯國也。』齊次風因以壺關之黎，爲商時之黎；而東郡之黎，爲周時失國寓衛之黎。是否？

答：商、周之黎，皆在壺關，無二地。黎爲狄滅，遂寓於衛。水經注，瓠河東有黎侯城。是寓城，非國也。晉成公滅狄，復立黎侯，是明在潞國之旁無疑矣。師古不能糾孟康之誤，而次風從而和之，非也。

問：泰山郡之乘丘，師古以爲公敗宋師之地。濟陰之乘氏，又引應劭以爲公敗宋師之地。果孰是也？

答：是在杜氏左傳注了然。蓋其曰魯地，則明是泰山郡之乘丘。若濟陰之乘氏，則宋地矣。道元於水經亦狐疑，不止師古也。

問：鄲侯周緤，蓋沛郡之鄲縣也。史、漢注皆音「多」，而沈繹旃曰讀如字。何也？

答：繹旃之考正史、漢，皆見之於水經注中，甚有佳者。如鄲字之音，足發二千年之謬。漢書周緤本傳引蘇林注，「鄲」音多寒翻，則固讀如字也。史記周緤本傳，亦引林注，但云音「多」，則斷脱去下二字，而史、漢二侯表所引亦然，漢志引孟康之言亦然，水經注所引亦然，則竟讀作「多」字矣。然古小學書中無此音，自丁氏集韻出，添一條曰：「鄲音當何反」，則更無有疑之者矣。繹旃抉其謬而發之。

問：蘭陵有二：有東海郡之蘭陵，有臨淮郡之蘭陵。荀子所仕，厚齋以爲東海。不知是否？

答：晉書地道記，東海之蘭陵，是魯次室邑，是時魯尚未亡，則荀子所仕，當是臨淮。

問：上谷郡潘縣，前志、續志、晉志、魏志，並作潘。顏師古音普半翻，吾丈引梅磵先生曰：「據水經注，潘當作灢。」大是異聞。然考之今本水經，亦作潘，願吾丈審定。

答：師古所見諸史是唐本，梅磵所見水經是宋本，似未可以與師古争。然道元注水經，則是六朝本，又在師古之前矣。今本水經灅水篇，潘縣、潘水，皆潘字，雖吴下所稱宋本亦然。乃於河水篇，「河水過蒲阪」下，引帝王世紀曰：「舜都蒲阪，或言都平陽及瀵」，乃恍然曰：「是灅水篇之瀵也。」古人言舜都廣甯，廣甯在上谷，乃知世紀之瀵，正諸史所誤爲潘者，師古未之審也。水經今亦無善本，盡改瀵爲潘，而賴河水篇中尚存其一字，然非梅磵之言，亦何從蹤跡之。斯真所云一字足千金者也。

問：王氏漢藝文志疏證引唐氏曰：「春申君死，當齊王建二十八年，距宣王八十七年。劉向言卿以宣王時游學，即以宣王末年至，年已百三十七矣。宣王伐燕，孟子在齊，不得如向言後孟子百餘歲。」按此何以解之。

答：太史公謂孟、荀同時，固未必然。中壘以爲後百餘歲，亦未必然。蓋同時而又同居於齊，不應一無問答，而使其後百餘歲，則已入秦人一統之世矣。大抵孟子游齊當宣王，荀子游齊當湣王。據經典序録，子夏之詩三傳爲孟仲子，仲子再傳爲荀子，則時代可推矣。

問：陳餘雖棄將印，不從入關，而其在南皮，尚以詩説降章邯，未爲恝然於諸侯者。項王靳賞而遺之，豈不悖乎？

答：項王之失非一，不祇於陳餘也。惟是陳餘棄將印，仍有説降章邯之勛，使其并辭三縣之封不受，遨游燕、齊以終身，庶幾魯連之遺矣，吾甚爲陳餘惜也。

問：鍾離眛在項氏爲名將，然及其喪職，匿於韓信國中，而曰：『漢所以不擊取楚，以眛在。』斯言恐失之夸，果爾，眛何以不救項氏之亡？

答：陳明卿嘗言之矣。漢何故以眛不敢擊楚乎？然當時辨士之言，類如此。

問：瑯琊王劉澤，吕嬃之婿，其封王本不以正。黨於産、禄，是以齊王誘而留之。澤以計脱入關，文帝即位，不降封，而反以大國酬之。何也？

答：文帝長者，而即位時，所舉定亂之賞甚有私。蓋大臣本擬立齊王，而澤恨齊王之紿之，故撓其事，文帝以是得立，而澤遂得徙封燕以報其功，不念其平日之黨於吕也。則朱虚、東牟之見絀，固宜矣。雖然，絀朱虚，絀東牟，絀齊，并絀其功臣魏勃，而褒燕，褒齊相召平之子，則固文帝之自爲謀也。至於平陽侯曹窋、曲周侯酈寄，皆有功而不加封，陸賈亦不封，不可曉也。豈諸臣皆朱虚所善，故同欲立齊王者與？

問：漢書功臣表功狀，皆與史記同，獨王陵異。史記王陵功狀曰：『以客從起豐，以廄將別定東郡、南陽，從至霸上，入漢守豐。上東，從戰不利，奉孝惠、魯元出睢水中，及堅守豐，平雍，侯。』漢表功狀曰：『以自聚黨定南陽，漢王還擊籍，以兵從，定天下，侯。』但史記王陵本傳，漢書王陵本傳，皆與漢表功狀合，而不與史表功狀合，誰爲是者？

答：王陵是自聚黨定南陽者，未嘗從起豐，未嘗從至霸上，未嘗爲漢守豐。史表功狀之言皆謬。但陵自定南陽，歸漢甚早，而不從入關者，蓋高祖留以爲外援。本傳以爲不肯屬漢，則又非也。陵不屬漢，何以能免張蒼於死，而次年高祖即用其兵以迎太公，非陵屬漢之明文乎？且陵母之賢，一死以堅陵之從漢矣。則謂陵不肯屬漢，高祖恨之，其封獨晚，非也。蓋漢初功臣位次，第一曰從起豐、沛，二曰從入關，三曰從定三秦，而陵之功皆在此三者之後，又無秘策如陳平等，則其晚宜矣。故曰史表誤，然漢書亦非也。

經史問答卷十

諸史問目答董秉純 四十九條

問：梁書劉之遴傳：『今本漢書，高五子、文三王、景十三王、武五子、宣元六王雜在諸傳帙中。古本諸王，悉次外戚下，在陳項前。』其次序以誰爲是？

答：所謂古本者，僞也。外戚傳以元后傳與莽接，有深意焉，則必無升在列傳首卷之理。外戚傳不列於陳項之上，則諸王傳亦不次外戚也。蓋陳、項是羣雄，其不爲諸王屈也，是史法也。之遴妄信而仍之。

問：樊噲破河間守軍於杠里。河間在秦不列於三十六郡之目，是何守也？

答：秦之三十六郡無河間，固明文也。即令有之，河間時已屬趙，項、章鉅鹿之軍隔於其間，不得至中原也。杠里一見於高紀，再見於是傳，注家雖不能確指其地。然高紀由陽城至杠里，由杠里至東郡成武，是傳由成武出亳至杠里、由杠里至開封，則其地在梁、周之間，非河間之所部也。是其爲誤文，不待言也。以地按之，或是三川守之軍，則近之。

問：樊噲傳：「虜楚周將軍卒。」師古以爲周殷，先生非之，必別有所見。

答：周殷是時守九江，已以軍降漢，會擊陽夏，則此別是一人矣。項氏諸將，尚有周蘭。

問：東發先生謂（鄧）〔酈〕、〔校〕漢書卷四三爲酈、陸、朱、（婁）〔劉〕、叔〔孫〕合傳，鄧爲酈之誤刻，據改。陸、朱、劉合傳之不倫，是否？

答：誠哉是論。但東發貶叔孫通似太過。通晚年有爭易儲一大節，雖前此爲佞，而在漢則不可與朱建並貶矣。竊謂酈食其畫策守敖倉，劉敬請都關中，陸賈招降尉它，三臣功皆大，而隨何亦當增入爲同列，合之以叔孫通，至朱建當黜之，附辟陽傳中。

問：淮南王安傳言安以武帝一日晏駕，大臣必立膠東王，不即常山王，何也？

答：景帝十三王，而山於王美人者，此二王也。王美人者，王后之妹，於武帝爲從母之弟尤親，故云。

問：蒯、伍、江、息合傳，亦似不倫。

答：亭林嘗言蒯、伍只合附見於淮陰、淮南二傳，最是。要之，蒯生尚可，伍則下矣，江則更下矣，息則無賴耳，原不合作特傳。

問：直不疑傳將河間兵擊吴、楚，先生謂是擊趙，何也？

答：河間是趙之分國，是時趙方同反，安得踰趙而東征，誤也。

問：如淳以馮敬即馮無擇子。宋祁據功臣表曰：『非也。』而先生謂秦、漢之間，有二馮無擇，疑亦有二馮敬，願聞之，以解如、宋二説之紛。

答：秦本紀，馮無擇是秦將軍，馮敬是其子，初仕魏王豹者也，文帝時爲御史大夫者，相去不遠，故如淳有此言。功臣表别有漢將軍馮無擇，吕氏之私人，其子亦以吕氏誅，宋祁之所本者此也。而不知如淳所指，是秦之馮無擇，則祁誤矣。惟是馮敬以御史大夫共廢淮南，據百官表，不詳其以後之事。若如賈生語，則是爲淮南所刺死，所謂『匕首已陷其胸』者也。淮南王長已廢，誰爲之報仇刺殺敬者？且刺殺三公非小事，而絶不見於他傳。尤可怪者，馮奉世傳出自馮商之手，詳序其先世，乃但及無擇，不及敬。豈有以敬之位三公，死國事，而不一及之者。故愚又轉疑别是一馮，出自别望，殆非馮無擇子也。然則宋祁固誤，如淳之説，亦尚自可疑也。若景帝時，又有雁門太守馮敬，死於匈奴，則又是一人矣。

問：史、漢皆以爰、晁合傳，先生謂其失史法。竊意是不過以其同争七國事而合之耳，非以其人同道也。

答：晁錯雖以急切更張，蒙謗殺身，然其料七國，則非過也。爰盎直是小人之尤，以私怨欲殺錯，而使漢戕三公以謝過於逆藩。即令七國之師可罷，而流極之勢，將使諸王成唐末鎮將之悖，害國是何等，其罪一也。況又料事不明，卒不能罷吴師，其罪二也。奉使不能結約，計惟慷慨責吴、楚，一死以謝錯，乃抱頭鼠竄，辱國不一而足，其罪三也。幸而景帝護前，得以不問，不然盎亦族矣。觀盎之生平，巧詆絳侯，而折申屠嘉相，總欲掀大臣而奪之位，故淮南王長之事，亦勸文帝誅三公，直是小人之尤，其引慎夫人席，及争梁王事，不足以贖其大罪。史法但當附見之晁錯傳中，錯則功罪固自不相掩也。

問：史記以張、馮爲一傳，汲、鄭爲一傳，漢書合之。東發先生嘗謂汲、鄭不應合傳矣，不知張、馮何如？

答：汲長孺在漢時無倫輩，鄭莊固不敢望，況莊有引桑弘羊之罪乎？張釋之是名臣，而亦非汲之儕，馮則并非張之比矣。張可與田叔作合傳，而馮附之。汲當作專傳。鄭應附韓安國、兒寬一輩傳中。大抵史記習氣，但就一節紐合。張晚年不用於景帝，馮亦老困，故合之。汲、鄭亦以其失勢後之寂寞。

問：鄱陽上吴王書：『越水長沙，還舟青陽。』劉仲馮曰：『青陽吴地。』是否？

答：青陽即長沙。始皇詔書所云『荆王請獻青陽以西』是也。仲馮誤矣。

問：史記竇、田爲一傳，附灌夫，韓安國自爲一傳，漢書合之，是否？

答：史記固非，漢書尤爲不合。竇、田薰蕕相去遠甚，竇本不以外戚得封，自以七國時功，而争梁王，争栗太子，其大節甚著。在景帝時，當與條侯作合傳，晚節不善處進退之間，自是無學術，然安得謂之凶德，而使與田蚡同列。田蚡特豎子，無一可稱，晚有交通淮南之大逆，只合黜之在外戚傳。史公生平習氣，喜道人盛衰榮枯之際，以自寫其不平，而不論史法。故以灌夫之故，强合竇、田爲一傳。漢書則因韓大夫在東朝，與議竇、田之獄而并牽合之，尤非也。安國祇應與鄭莊輩合傳。

問：韓安國爲梁内史，説長公主以免梁王於詭勝之禍，見梁王傳，亦見鄒陽傳。而安國之傳則分爲二，其説長公主，乃爲中大夫時，梁王僭用天子警蹕致帝怒，事在詭勝入梁之前。及安國免官，復起爲内史，詭勝殺袁盎致禍，則安國不過勸王殺此二人，而未嘗更用長公主之力也。三傳相矛盾。

答：梁王用警蹕，未嘗干景帝之怒，及殺袁盎始得罪，則是安國之勸殺詭勝，復營救於長公主以免禍，蓋是一事。其分爲二者誤也。

問：長沙定王傳應劭注，王以舞得益地，信否？

答：是妄言也。武陵、桂陽，並未嘗屬長沙，而零陵至武帝始置郡，安得如劭所言。

問：衛青冢象盧山，師古無注。盧山是何地之山？

答：但以祁連山例之，則是塞外之山。胡梅磵曰：『揚雄所謂填盧山之壑者也。』按匈奴中有奚苻盧山，見趙充國傳。

問：杜周爲執金吾，治桑、衛獄。亭林先生謂衛太子獄在周卒後四年，桑大夫獄在周卒後十五年。班生之謬，一至此乎？

答：周爲金吾，正是武帝作『沉命法』時，當是以此見長而至三公，而史誤以桑衛之獄當之。

問：戾太子傳以賓客多異端，歸咎於博望苑之立，蓋以爲巫蠱張本也。巫蠱既是江充之誣，則於戾太子何與乎？異端之説，似乎成敗論人矣。

答：戾園始終不見有賓客生事者，其後起兵，亦衹一石德主謀。石德謂之不學無術則可，謂之異端則非也。此爲史臣之附會無疑。通鑑載戾園處疑畏之中，極其詳悉，乃知戾園固無過，而武皇亦尚未失父道。天降厄運，生一江充以禍之。但通鑑此條，絶不知其何所出，考異中亦不及西京事。除班書外，唯褚先生補史記，偶有異同，而荀紀則本班氏。温公不知采之何書，大足改正班史，而惜胡梅磵亦未嘗一考及也。

問：東方朔傳，何其言之龐也。

答：史、漢皆喜於文字見奇詭，而不論史法。漢書校史記略減，然如司馬相如、東方朔傳仍所不免，以史法論，朔之斥吾丘，罷董偃，戒侈奢，其生平大節，三者已足，何得滑稽之娓娓乎？其實文字亦不尚此穢語。

問：班氏稱梅福繼嗣封事，合乎大雅，信耶？

答：子真早犯王鳳，晚逃王莽，斯爲孤飛之鴻，而謂封二王之後，足以得繼嗣，則其言失之於愚。成帝之荒淫，豈以二王無後故絶嗣乎？班氏稱之，抑又愚矣。

問：以霍光爲霍叔苗裔，得非附會？

答：班氏如此謬語最多，以韓增之貴盛，爲本於周烈；以杜延年之貴盛，爲本於唐杜世禄。以霍光爲霍叔後，可謂無恥之言，褚少孫以爲霍太山之靈生光，可嗤一也。

問：王、貢合傳，東發先生謂其不應次之四皓、鄭、嚴之後固已。但王、貢亦似不類於龔、鮑，而龔、鮑尤不屑同羣於紀唐，班氏合傳，豈非大舛。

答：王、貢二人本異，王之風節高，而貢乃石顯之私人，蓋韋玄成、匡衡一流也。但以彈冠一事合之，則王受玷矣。王宜自爲傳，移貢於韋匡傳中。龔、鮑合郭、蔣、薛、方等爲一傳，紀、唐但應附見莽傳中，則得矣。李杲堂先生嘗别撰西京忠義傳四卷，首以王章、劉向，繼以何武、鮑宣、王安、辛氏三子、翟義、張元，皆死莽者；又繼以彭宣、王崇、梅福、邴漢、陳咸、逢萌、龔勝、龔舍、孔休、薛方、郭欽、蔣詡、栗融、禽慶、向長、蘇章、蔡勳，皆不仕莽者；而諸劉之死者，并劉宣另爲一卷；其末卷，則李業、王嘉、王皓、譙元，皆不仕莽，而其後死於公孫述，曹竟死於赤眉：足以補班氏之遺。

問：翼奉勸遷都成周之説，亦似不切時務。

答：奉乃術數之士，蓋見洛都之有王氣，而有此言，而不知元、成、哀諸帝不足以當之也。所以術數之士，未必竟無所知，然不足恃。向令是時果聽其言，庸足救西京之亡乎？

問：厚齋先生曰：『魏相以易相漢，能上陰陽之奏，而不能防宦戚之萌。匡衡以詩相漢，能陳關雎之義，而不能止宦寺之惡。』義門謂魏不可與匡並論。然否？

答：魏、匡自是截然二等。魏有得有失，匡則小人而已。漢人原無能以經術爲宰相者，魏亦安敢曰以易相乎？厚齋譏魏由許氏恩餘之臣以自通，以致末流不能止弘、石之惡，義門謂魏之由平恩，蓋以發霍氏之奸，未可深咎，其説亦是。但宣帝以刑餘爲周、召，而魏無一言，則厚齋之責備，固難免矣。義門雖欲爲之左袒，安可得乎？若匡又何譏焉。

問：王商、史丹、傅喜合傳，先生議之，願求其故。

答：王、傅可合，史不可合，世但讀史丹本傳，盛稱其擁戴成帝之功，遂以爲賢者。不知附會王鳳以排王商，實皆史丹爲之魁也。史高排蕭望之、劉向於先，丹排王商於後，班史不能寫出此一層，故史丹但宜入外戚傳。

問：翟方進傳，以翟氏之亡爲壞鴻隙陂之報，其言近於附會，然否？

答：方進壞陂，自是不合，然以此爲其滅宗之所自，則忠臣志士，自此氣短，非君子之言也。方進生平極醜，不應有此佳兒。若以壞陂得此報，則所以報之者，反榮之矣。總之班氏賤守節，故於王章傳載其妻牛衣之語，而末又述其合浦采珠之事，甚陋。李杲堂曰：『王章之妻庸人，遇班氏庸史而傳。』龔勝傳載老父夭年之語，亦害大道。杲堂曰：『老父與草木同腐，夭年雖永何益？』至論翟義爲不量力，尤悖。

問：美新投閣，或以爲谷永，或以爲劉、揚，而以揚子年祇七十有一，不逮天鳳五年。是否？

答：是皆愛莽大夫之甚，而曲爲之脱者。蓋揚子年四十餘而入京，成帝方郊祀甘泉，是永始四年也。次年，而王根秉政，薦之，是確鑿可據之文也。由永始四年至天鳳五年，計三十年，揚子以四十餘入京，又三十年，正七十一，何年數之不符也？今必欲諱其莽大夫之恥，以爲不逮事莽，乃自成帝建始元年數之，則移揚子入京之歲在二十年前，自可從而爲之辭矣。夫建始初元王鳳秉政，非王根，成帝並未祀甘泉，揚子枯坐京師二十年，以待王根之薦乎？故爲揚子辨者，不甚讀書，而徒費此苦心也。若谷永則死於王根之世，有明文，而又移而後之。二千餘年之故鬼，爲諸公顛倒壽算，悲夫！

問：義縱以揚可爲亂民，此事甚可傳。

答：酷吏傳中，二人頗當洗雪：郅都無一事不可傳，只爲凌逼臨江王致死，遂入酷吏。義縱無一事不當死，只有誅揚可，宜入名臣。論世者不可不知也。

問：史記貨殖傳詳及周、秦貨殖諸公，宜也。班氏斷代爲史，何以不去？

答：此先儒所已言者，但頗不然。班氏之文，自傳首以至陶朱、子貢等六人，因及秦、漢之制，富家計然之略，通爲一篇，是敘次貨殖之緣起，非傳也。至程、鄭、卓王孫，始是本書之傳。今本誤割裂之，以六人皆各爲一傳，則直與史記複矣，非班氏本書之敘次也。錢塘施太學廷樞善考古，亦以予言爲然。

問：西河漕中叔以游俠爲王莽所惡，捕之卒不能得，斯其人殆非凡兒也。

答：游俠至宣、元以後，日衰日陋，及巨君時，樓護、原涉之徒，無足稱矣。中叔得罪於莽，殆是何武、鮑宣之客，而又冥鴻遠去，不爲甄、哀等所羅織，其本領甚高，惜乎班氏序之不詳。要之，足稱朱家、劇孟後一男子。

問：據水經注，丁姬墓不甚毁，而史言周棘其處，以爲世戒，何也？

答：莽所最恨者傅后也，元后所最恨者亦傅后也。丁姬則無之，故周棘者，傅后之陵，而丁姬得末減，不過取其太后之璽綬而已。史概言之，誤矣。

問：丁明爲大司馬，與傅晏同時，世無稱焉。而先生進之何、鮑諸貞臣之列，願聞其説。

答：丁、傅當時並稱，其實擅權者傅氏，而丁氏無聞焉。細考之，則丁明乃賢者，史稱其爲大司馬，能任職，與丞相王嘉善，見其死而憐之。又惡董賢，而卒之爲賢所排，則明之賢可知。莽將篡國時，明在侯國，而莽殺之。當時雖賢如傅喜，尚不爲莽所忌，而獨忌明，則明之賢可知。蓋莽於丁、傅二后，惡傅，不甚惡丁，而於二后之族，則惡丁反甚於惡傅，可以知明之正色立朝矣。愚序李氏西京忠義傳，始表章之，以補班氏之遺。

問：陳咸避莽事，詳見於范史陳寵傳，謂咸以莽未篡時，已去尚書之任。莽篡，以掌寇大夫召之，不應。通鑑采之，而莽傳則咸已在掌寇之任，但不久而去，其事不同。

答：范史所據者，殆是陳寶家傳，或推崇其先世而過美其詞，恐是莽傳爲得實。如范史所言，風節固極高，即如莽傳，亦不失爲見幾補過之君子，可以附之龔、鮑之後也。

問：何武、公孫，欲排莽於平帝之初，互自相舉。武竟死國，而禄晚應莽之徵，則庸人耳，武之舉禄誤矣。

答：二人欲排莽而互自相舉，便自貽人口實，只此可以見其無才，即令爲大司馬，亦不能辨莽也。蓋何武是德優而才短，若禄更不足言矣。李杲堂曰：『高春餘景，俯首僞庭，内負宿心，外慙良友。』名言也。

問：謝承後漢書，豫章太守賈萌討王莽而死。太平御覽引安成紀謂萌與安成侯張普争地而死。而莽傳則萌以九江連帥，爲莽拒漢而死。誰是？

答：恐是莽傳爲是。倘如謝書，則翟義之流矣。莽之九江即漢之豫章，而連帥即太守也。

問：尉它之地，自大庾而西，奄有七郡，蓋盡得南荒矣。水經注亦載其以次子婿安陽，因并其國。安陽即交趾也。而先生以爲尉它祇得東粤之地，稍及於西粤，而此外非其所有。願求所據。

答：水經注之事甚誣，不足信。蓋是時尚有蒼梧王趙光，乃它弟，則自蒼梧以西，即非它有，是它尚未盡今東粤一省之疆域也。而功臣表有南粤桂林監，則它之地，固有犬牙錯入西粤界中者矣。它之地，不過西至桂林，而桂林以東尚有在蒼梧國中者，安得并交趾、日南、九真而屬之乎？蓋是時蒼梧以西，號曰西甌，别有國族，它於上漢文帝書中明言之，它特臣服之而已，非能并有其地也。且交趾是時國名西干，明見功臣表，不鄜侯黄同以擊斬西干王功封，則交趾别自有王之明文矣，何嘗名曰安陽乎？漢平南粤，因以兵乘勢并取諸國，故牽連敘之，而遂以爲是皆它之地，誤矣。

問：漢宣帝初，嚴延年劾霍光。厚齋困學紀聞引沙隨謂：『延年女羅紨爲昌邑王妻，生女持轡，惟漢人風俗之厚，故不以爲嫌。』先生以爲失言。按沙隨多學大儒，厚齋尤精於論古，而此事明見昌邑王傳，似無可疑者，何所見而以爲非也，願聞其説。

答：是時有二嚴延年：其劾霍光者，時爲侍御史，後爲太守，坐誅，漢書有傳，字次卿。其以女適賀者，乃執金吾也，見於漢書百官公卿表，字長孫，故昌邑王傳，特稱其長孫之字以别之。二先生之多學，非後人敢竊議，而於此事，則失之。

問：荀氏漢紀，並無增加於班史之外者，獨文帝紀中言韋孟嘗爲御史大夫，並不見於班史韋賢傳，敢問所出。

答：此荀紀之妄也。百官表中，文帝四年，有御史大夫圍意者，荀紀所誤據與？文帝時以庶寮至三公者，自馮敬始，前此皆功臣也。

問：説苑：諸御已陳，楚莊王曰：『陳不用子家羈，而楚并之。』此别是一子家羈也。然莊王以前，楚安得有并陳之事。

答：説苑中若此者，不勝詰，直不足詰。陳何嘗有子家羈，而莊王以前，陳尚從齊於九合，楚安得遽并之。春秋唯陳之賢臣最少，女叔、原仲，亦無甚事跡。泄冶、鄧元，一死一去，而鄧元亦不見於左傳。今忽以子家羈爲陳産，中壘之移東接西，漫無考證，遂至於此。

問：陸賈新語，今世所傳無完書。漢志置之儒家，則是可與荀況肩隨，當必有説。

答：漢志儒家收得最雜，如劉敬、朱建皆在焉，不但陸郎也。但論衡引新書〔校〕當爲新語。曰：『天地生人，以禮義之性，人能察己，所以受命則順，順之爲道。』此數語，頗有儒者風，今本無之。

問：七録數九主，以爲勞君最上，終以寄君，其説不倫，似非中壘之言，然否？

答：以禹、稷爲勞君，自足稱上。然無爲而治者，將不更在上乎？其言法君等俱無義，以授君爲禹之授益，子噲之授子之，尤背，是何相比之不倫也。張南漪曰：『秦、隋二帝並勞君，豈亦謂之上耶？』

問：子華子，世皆以爲贋書，而水心先生篤信，是何説也？

答：水心講學，雖不合於朱子，然其卓然之見，不可謂非魁儒。至於極口稱子華子，則好奇之過矣。

問：孔藂子，世亦以爲贋書，然否？

答：不敢謂其爲西京之書，亦并不類東京之書，然東發先生有言，其文筆雖卑弱，而義理頗醇。

問：廣東新語以韓瑗爲粤産，是否？何以與本傳不合？

答：黄門之非粤産，斷然無疑。據宰相世系表，其先在漢時居赭陽，是楚産。據本傳，則唐時已爲三原人，是秦産。而黄門爲潁川公仲良之子，即襲其爵。潁川爲後周三水伯褒之子。當宇文時，五嶠阻隔，安得粤人北仕者。然則何以有此傳聞也？曰：黄門得罪之後，謫其子孫於廣州，意者後人留居嶺外，遂以成訛也。

問：安成侯竇充，是漢文帝竇后父，遷、固皆失其名，乃見於唐史，而别乘以爲竇消，不亦妄乎？

答：遷、固皆不志竇侯之名，自是無考。若唐史，則一見於宰相世系表，再見於竇建德傳，此本之竇氏世譜，而不足爲據。按決録志竇長君之名爲建，而不及其父。使有可考，則決録不應遺之矣。唐人早已造竇侯之名，而宋之圖經又别爲之，則甚矣其不學也。

問：韓氏，宰相世系表四人，瑗爲一族，休、滉父子爲一族，宏爲一族，祇應三表，而今有四，何也？

答：是歐公之誤也。退之一支，其家無作宰相者，而今亦入之，故有四篇。宰相世系表之誤甚多，如劉氏，則失去幽求之世系，而韓氏不應有愈之世系。又官爵名字，多出六朝譜系之造作，蓋不可以縷陳也。

問：五代史鄭遨傳，遨故與李振善，後振仕梁貴顯，欲禄遨，遨不顧，後振得罪南竄，遨徒步千里往視。按李振傳無南竄事。

答：據振傳，在唐時嘗自金吾將軍出爲台州刺史，非以罪竄，特是左遷。然亦未嘗之任，而即以其時去投梁。今云仕梁之後嘗南竄，則謬也。

問：伊洛淵源録以范正獻公淳夫爲程子弟子，朱子亦疑之而仍存之，先生始言其決非程門，何所據？

答：以淳夫爲程門，本於鮮于綽。然淳夫集中，絶無可證。淳夫但於温公稱門生，伊川則未之聞也。其薦程子疏，並不言是師弟，而陳默堂集，有答淳夫後人書曰：『以某所聞於龜山，乃知先給事之學，與程門無不同。』觀此言，則非師弟可知矣。

問：淳夫之謚，宋史不見，未知定於何時？

答：淳夫謚，見於魏鶴山集，當是乾淳中所賜。元城先生謚，亦在此時。紫薇言淳夫爲人，極肖婦翁吕申公，而身後之謚與之同。想當時議謚者，亦采紫薇此段公案也。

問：退之謂荀、揚爲大醇，若是班乎？抑其中又有差也。

答：荀子醇疵相間，然不可謂非孟子而下一人，故史記孟荀列傳可謂有見。揚子之學出於老氏，其源流本各殊，而粉飾之以孔氏，故荀子之參差於孟子，自是其病，而正亦是其本色所在，不肯附會。揚子摹擬諸經，乃是其摹擬司馬相如作賦之餘技，其中無得。蓋揚子之學，其於老氏亦淺。須知得老子之道者，漢初莫如張良，是以老氏之學成經濟；次之則汲黯，是以老氏之學成氣節；又次之則東陵侯、蓋公之徒，是以老氏之學善其進退存亡於一身；最下斯爲揚子，其流極便是馮道。何可與荀子爭軒輊也。

鮚埼亭詩集

鲒埼亭詩集卷一〔一〕古今體詩五十五首

祥琴集〔校〕鈔本又有『句餘唱和集』五字。

攝山懷古

徵君淡蕩人，弓車詎可招？笑視蕭老公，慁我空嘵嘵。百年御碑自孱主，亦復不足揚孤標。至今雙老鶴，猶從白雲巢。右胡徵君〔校〕『胡』鈔本作『明』。

騎省好兄弟，澄心堂上雙尊宿。朝朝下直歸對床，好句更相屬。降王既踉蹌，遺臣亦摧辱。可憐亡國痛，盡在江南録。一麾西郊去，苦寒入腹誰相禦？衣褐亦何妨，江左華風良貴倨。歸魂返故山，夜

〔一〕詩集底本用慈谿童氏大鄮山館刻本。原書每卷首有『甬上全祖望紹衣著，慈谿後學童賡年重校刊』一行。

猿哭潸潸。吁嗟乎！十郎荼肆俱榛菅。右徐騎省

孤忠有佳兒，羽林生光輝。試看蔣陵下，周粟生尚希。更愛詩思工，如鴻冥冥飛。中山孫子亦式微，白門世臣張錦衣。右張指揮

定林寺

蕭疏定林寺，傳是舒王址。暮年一壑中，空書福建子。堯舜君民志未伸，耿耿可鑒諸鬼神，擬之王盧豈其倫？泥古信匪人，遂以釀禍根，是則殊可嗔。坡陀羸馬哦詩處，白鶴紅鶴都飛去；空餘百尺松，我疑猶是元豐樹。

白下投止承恩寺，見壁上蕺山先生題字，知其爲舊寓也，正襟覽之

草莽孤臣劇可憐，先生乙酉封事所自稱。僧寮一榻坐淒然。中樞學禁方封進，淮帥彈章又至前。空有精誠感刺客，誰將血淚達穹天？百年末學重過此，肅拜如聞謦欬傳。

過石齋先生正命處，詩以弔之

漳海精忠薄九霄，我來三弔大中橋。降臣蒙面終無賴，義士同心不可撓。閩嶠山川增卓犖，孝陵風雨已蕭寥。絶命詩中語。洞璣絶學誰窺見，天挺應推百世豪。

從朝天宫謁孝陵 世傳高皇龍蜕在是宫，不在陵也。

鍾阜衣冠是與非，朝天弓劍尚傳疑。難尋玉匣珠襦地，但見神功聖德碑。開國諒無慚漢祖，嗣孤底事學曹丕？當年可笑山陵使，亂命何人爲弼違。

秦淮河房追懷復社諸公

横議多緣世道衰，黨人亦自蹈危災。賓寮豔説四公子，芒角猶傳三茂材。耕巖、次尾、崑銅也。歷詆太牢原過激，得沈白馬有餘哀。秦淮水畔行遊地，嗚咽寒潮帶雨來。

報恩寺

爲報高皇罔極恩，漫言當璧眷先殷。育王豈有除奸助，道衍終成佐命勳。十族固應勤懺禮，三征終莫解塵氛。碩妃別抱無窮恨，尊號曾無配享文。

笪橋有百歲老人，爲予指海岸先生正命處

倔强儀曹一散郎，不隨崩角拜名王。南天半壁憑孤掌，西竺三忠共耿光。謂蔡忠襄公暨金公正希，皆先生禪友，而先後正命。先世淵源餘舊墨，吾鄉俎豆志甘棠。先生嘗爲吾鄉節推，於先世最厚。金剛面目應長在，鍾阜神靈助激昂。

燕子磯蘭若尋蒼翁題字

江東王氣已全枯，豈有重興赤伏符！半夜秋風出靈谷，千船軍火竄焦湖。孤生逐日空三足，碧血

沈淵尚一壺。此日彌甥輯遺事，可憐題字竟模糊。

舊院

濬心居士真耆舊，頭白操觚話板橋。豈以平康忘廟社，正從子夜哭宗祧。唐天祐中進士遊平康詩，有云：『博取嫦娥扳取桂，便隨陵谷一時遷。』論者以爲無復人心。葛姬大節成鸞鳳，頓老遊魂寄黍苗。名士美人雙寂寞，荒江斜日逐漁樵。

循城而行，偶語樞曹錢文事

崑山寓客小錢君，忠介家風總不羣。踴躍來尋殘石碣，佯狂死報璧將軍。謂甘輝。婺垣有婦成雙節，桑海何人録舊聞？爲對故城生感慨，沖天一鳳溯奇勳。

坊中買千頃樓舊書

風流比部住籬門，六萬牙籤四庫分。曾與淡園稱繼霸，至今藜閣藉雄文；明史藝文志稿出俞邰手。

故雍殘刻成飛絮，徵士遺鈐亦繼紋。誰道卿雲長擁護，震川語也。由來過眼盡浮雲。

阮懷寧居

今爲揚商寓所。

圓海居停尚有存，當年道路目凶門。蝗蝻録就誅餘孽，燕子箋成上至尊。東澗老來重納拜，幸存録謂錢尚書以門生禮見圓海，今本多删去此語。崑銅痛定亦招魂。今逢潦盡潭清日，敗瓦殘扉落月昏。

臨川先生主試江南，中途得疾，入闈少愈，而并日閲文，失於調攝，未及畢事，神明頓索，不可收矣。予渡江視之，先生以三年别緒，絮語諄諄，莫非關注深切之言，而瞀亂無復詮次，爲之悽愴。先生素康强，不料其至此也。舟中得詩二首

滿眼秋光唤奈何，天根一夜涸洪河。據鞍馬上雄心在，曳足壺頭恨事多。猶爲吴儂慰蕉萃，誰知老子已婆娑。萬夫禀植今如此，阮亭王公嘗稱先生以萬夫之禀，見分甘餘話中。始信人生易折磨。

追思適館賦緇衣，倒庋傾筐世所稀。互舉遺經攻墨守，每論佳士致神飛。參差苫塊三年別，潦倒春明昨夢違。天爲一陽扶碩果，肯教黄葉共摧飛。副主考官金君德瑛爲予言，先生途中旦旦念予不置。

廿年前度幾掄才，桃李都歸帳下栽。具眼不愁方叔屈，雄文争望兗公來。神龍際會真難得，老鳳菁華忽驟衰。那得重占七日復，元神爲攝舊丹胎。

臨川先生病中猶商古人出處之義，漫呈絶句五首，兼柬胡撫軍復齋

宗臣絳灌正隆隆，况復肩隨鄧侍中。何不洛陽高卧去，漫勞鵬鳥度湘東。

申轅報罷董生黜，更復誰同汲直羣。自分不求五鼎食，何妨平揖大將軍。

茂陵男子家風在，肯向扶風作詭隨？亦會遭逢有天幸，不然那得遽伸眉。

誰言王掾是癡生，直把桓温唤老兵。不見郗郎空入幕，老投臨海一荒城。

生平坐笑陶彭澤，豈有牽絲百里才。秫未成醪身早去，先幾何待督郵來。

敬亭沈耕巖先生卒後七十年而未葬，予將謀之臨川閣學檄下有司助之，而臨川病甚，弗能及也，爲之慨然

嵯峩列廟故徽君，潦倒南都一黨人。猶喜清流完白首，竟無抔土貯青燐。枯心早已填窮海，殘骨還堪贖百身。五角六張多厄運，敬亭草木亦傷神。

再送臨川先生於揚關，神氣困悴益甚，然臨别猶推篷窗呼予者三，良可悵也

天氣是爲魂，地氣是爲魄。斯人所護持，仗此雙丸力。
石亦有時剥，金亦有時消。何況七尺身，百憂所感撓！
所貴學道人，神明長春融。諸艱不能折，垂老或愈充。
堂堂人中虎，夢周志未衰。顛毛雖種種，猶思奮驚雷。
誰知驥且老，漸看魚已頳。乃緣小違沴，遂致大摧零。

北闕何迢迢，西風正發發。登車三回首，屏營不可別。永懷姑射神，尸居養天和。尊生良有術，身孰與世多。四句用止齋寄同甫語。

嶰谷招同復齋、孺廬、洴江、南軒登平山堂

地以歐劉重，情緣僑札殷。風流推夙老，濩落感同羣。謂南軒。楊柳春風杳，芙蓉夕照曛。一堂賓主勝，三沐誦雄文。是日讀孺廬題嶰谷燕堂小記。

姿地原無輩，家風好共夸。孺廬三郎壽山。石蓮花接葉，萬光禄思嘿講易地。玉茗樹駢葩。孺廬言其家園玉茗之盛。良會思前哲，高才賦落霞。吾衰期掉首，歸理舊魚槎。

朱上舍自天讀予悼耕巖未葬詩而蹙然，請以明年任之，喜而有作

徵君未死日，破戒受兼金。爲葬鍾山骨，餘投瀨水陰。耕巖不受達人之餽，以葬故人，乃收一令百金，用其半，而所餘者投之蕪湖水中。清芬猶未泯，高誼更誰尋。一諾來孤鳳，微生慰素心。

孺廬編修再次前韻二首，索和

天上玉堂夢，羈愁五載殷。相逢大江北，重與話離羣。老屋連甍住，醇醪永夕醺。士安如見外，誰復定吾文？孺廬許爲予序拙集。

探得遺經緒，甯將曹李誇。祇應憐末學，亦復愧繁葩。元氣收秋實，榮光爛早霞。一壺回逝水，津逮有星槎。座中語及江都世擅文選之學。

牧齋本與茶村相契，及國初竟陵譚侍講主試江甯，致敬於茶村，如燕太子所以事荊卿者。茶村叩之，則長跪流涕曰：『欲先生爲吾家報世仇也。』茶村嘿然。是日餞別侍講詩，有云『海内於今極可憐，江南遍唱李龜年』，指牧齋也。而是後操戈於初、有學集者，實由之始矣。唐文南軒語及，因紀以詩

門户紛綸禍未休，可憐文字亦戈矛。當年宿老先挑釁，易世兒曹繼復仇。彼我相觀均一笑，古今

岐視實同丘。須知根柢皆疏薄，誰是江河萬古流？牧齋與伯敬以同年有隙。

苕上蓮花莊泊舟，因訪清容軒故址

宗姓真麟角，公孫亦鳳毛。相尋白蘋渚，握手話風騷。我亦句餘客，清才愧二豪。一枝何處是？七觀已蕭寥。

小山堂賦荔枝酒

一甕離支酒，迢迢自粤中。誰憐成粹白，幾費擘輕紅。味以淡彌旨，香緣清若空。『清若空』，禾中酒名也。乍疑錯著水，坡公稱『羅家白』爲『錯著水』。牽率譜詩筒。

聞道三年後，芳膏變墨香。風塵感緇素，物態反蒼黄。守白應難久，通玄别有方。勞君且封閉，莫漫倒樽嘗。

胡京兆鹿亭製墨最精，近日散亡殆盡，鈍軒貽予一丸，因賦二律

敬義堂中五鬣精，取材百和莫能京。望雲夢入黄山近，染翰香同赤水清。京兆，歙人而居鄞。柏府嚴霜留點漆，蕉窗寒露發光瑩。昔賢撰構誰能繼，磨墨磨人愧後生。

餘事猶能擅墨精，畫眉雅韻重神京。五雲筆札絞而婉，十笏齋房明且清。清閟誰人長護惜，寒芒竟夜尚昭瑩。臞臞查浦題楹字，猶共芳烟百媚生。查浦學士爲京兆作墨桃符。

蘅圃先生齋中研皆有班次，其第一研今歸趙六意林，索詩爲銘

蘅圃先生第一研，手校春秋唐三傳，餘閒或點玉田詞，經術文章雙著案。意林洋州之文孫，其談春秋醇乎醇，偶成小令亦清妙，謝山慶爾研得人。

吾鄉自鹿亭京兆後，張大令蕚山、李太學東門製墨，皆良品也，而今多不可問。賦之，以爲墨苑中留故事焉

當年共鬬黑松精，方邵諸公不足京。眉閣老人賦三絶，蝸廬跛叟擅雙清；魂歸碧落還同譜，力與青瓊共比瑩。過眼雲烟紛感慨，摩挲故物話三生。

陳丈南臯以興化鄭居仲所著諸種見示，追憶去年，里中有爲興化守者，予貽書令其訪居仲遺書，杳然無耗，詩以博笑

夾漈好孫子，平生喜著書。桑田志虎豹，漳海紀蟲魚；居仲遂志録，予曾見之。虎、豹，謂鄭芝虎、芝豹也。以此消春晝，兼之慰索居。沈周是何物？俗吏足軒渠。昔蘇州守有問吏人者曰：『沈周是何物？』

海若累許惠漳茶，未見踐約，是日見其齋中已放，徑取其佳者以歸，詩以釋言

殷紅粹白成連理，天巧人功各到頭。宿諾未應長見款，責言亦復更誰尤。曹柯返地知何術，楚客忘弓且莫愁。從此漳茶添典故，巧偷豪奪總風流。

方侍郎靈皋得請南歸

正色立朝原不易，乞休得請更何求？早知積悃終難遂，從此餘生且自由。碩果固應邀護惜，晨星誰爲解句留。歸家葺得平生業，文苑儒林志可酬。

梅雨彌旬，奴子以絶糧告

連緜瓜蔓水，漏天阻步屧。堯韭尚滿廚，禹糧不繼饁。闌風日怒號，薄寒中白袷。湖光緑盈盈，彌

望生杏萎。呼童具鹽豉，芼之堪共呫。平生恥温飽，此報亦足愜。室中呼萊婦，爲我理殘篋。微吟乞食詩，再臨乞米帖。

同館出爲外吏者，率以書訴困悴，戲答三絶

諸公强半厭承明，潘陸風流亦可稱。何事五窮終未送，依然冷況一條冰。

疏狂容易犯科曹，幕府誰能恕折腰。莫笑淮王昧稱謂，從前地望本清高。

清虚只合謫蓬萊，豈有揚州鶴信來。若使脂膏良可覬，阿儂捧檄也顔開。

哭萬編修丈九沙

日昨吴回厄，非關隱慝招。痛心遂莫挽，老淚竟難消。宿德嗟淪喪，知音歎寂寥。秦亭古梅下，風雨泣蕭蕭。去年九沙家大火，盡焚其尊人充宗先生經學未刊之書。九沙援夷伯廟震故事，以爲己咎，朝夕涕洟，遂以不起，亦可傷也。

題柳堂姬人劉氏王香圖劉氏崑白，名璧，閩人。

深柳堂中彥，蕭疏最絶塵，苦心啖薇蕨，高致擬松筠。一束鼠鬚筆，數枝閩嶠春，王香不著地，郎主亦傷神。

柬鈍軒

蓬廬墓版出黎州，名德由來甲甬句。誰與使君振清白？應憐公子最風流。滇黔秦楚題名徧，水墨烟雲禿筆收。衹有一端成缺憾，醉鄉茅土不封侯。

毘陵題惲日初先生集後

墨衰要絰坐直廬，鄺兄賣友良非誣。高談性命胡爲乎？蕺山高弟守故吾。方袍圓頂哭舊都，證人之學藉不孤。寄聲福建子，且莫譏彈惲日初。

鮚埼亭詩集卷二

古今體詩七十五首

虬骨集

同人以予今年四十生辰，共謀稱祝，予謂古無慶年之禮，況荼苦餘生乎？詩以謝之

禮經從未著生辰，況我連年憂患頻。種種二毛傷老大，悤悤轉眼失青春。影堂莫斷闌干淚，丙舍長憐孤另身。卻笑故人偏好事，欲將宏獎散酸辛。南皋詩來，盛有過情之語。

宜臼悲吟怨我辰，三閭哀怨志庚寅。祇應孤孽充談助，那得觥籌遍世人。此顧徵君亭林之言也。聊葺舊聞詩梓里，時方訂正句餘土音。敢將塵夢溯楓宸。加年倘遂平生願，學易從今庶有因。

用前韻懷石林

黍谷新傳解凍辰，何堪萬里泣纍臣。望雲代作皋陶祭，緩頰誰爲慈母陳？料得真鋼無變色，空教夜雨獨傷神。洞庭春水新生漲，耿耿楓林入夢頻。

寒食前十日，展謁先司空公墓，夜宿山莊

青天白日先臣節，長水高山故國恩。太倉王文肅公題司空墓柱句也。猶有賜田環丙舍，敢將薄植玷清門。虛堂幾憶瞻雲淚，老樹深栖歸鶴魂。瞻雲、歸鶴皆莊名。永夕豈徒霜露感，礝磯手澤至今存。公題『礝磯神祠』四大字，先和州公於萬曆中官江上，奉歸。

三先生昔著書地，習菴、厚齋、東發也，公嘗欲搆三先生書院爲講學之地，而不果。合以前光接後輝。春木年年芚古幹，孫枝葉葉溯遺徽。千秋尚有宮牆在，一綫還憂薪火微。暮雨空濛寒食罷，茫茫百感集柴扉。

五雲佳氣護重皋，八葉清班世所豪。積雨蒼苔生石馬，及時春韭薦香羔。螭趺文字南金重，謂申文

定公所撰墓碑。箕尾英靈北斗高。午夜輕寒振衣起，佇看天半降神旄。

明司天湯若望日晷歌 得之南雷黄氏。

測天量日真古學，九章五曹遠可尋；姬公商高志成法，墜緒茫茫胡陸沈？自從鮮于洛下後，累朝聚訟成商參；春秋三十六日食，衛樸沈括謬扯撏。豈期禮失求之野，歐羅巴洲有遺音。明初兼採三曆說，疏通早已開蹄涔。謂中原、泰西、回紇三曆。吾聞五洲之說頗荒誕，芋區瓜疇界莫侵。亞細亞洲居第一，神州赤縣細弗任。淵源將無出騶衍，存而不論戒狂淫。何物耶穌老教長，西行夸大傳天心。觀光厥有大里利，龐熊畢艾龍鄧俱同岑，九萬里餘來上國，星官俯首空沉吟。泰西絶學乃驟貴，直上靈臺罔不欽。就中大臣徐與李，心醉謂足空古今。司天大監湯匭使，若望以通政使掌監事。日晷精妙泯嵯嵾。想當制器尚象時，不傳祕術竇南金。天子臨軒百僚集，敬授特敕誇思深。爲憶利生初戾止，一枝託迹擬微禽。香山旅舍聽夜雨，北平暮樹泣秋霖。如何所學頓昌大，不脛而走且駸駸。誰識周髀舊經在，蛛絲馬綫待神鍼。汶陽之田本吾土，廣陵之散非亡琴。坐教唐子纂大宗，重黎有知定弗歆。峩峩南雷子黄子，九流兼綜振百瘖。古松流水算籖籖，乃悟北鮓即南魿。可惜唐邢諸先輩，扶中抑西力不禁。容圓測圓割圓歷歷在，底須三角八線矩度別自畀釜鬵。貫穿微言得緣起，有如皎日出層陰。吴王梅氏嗣之出，廓清之功良有壬。始知中原才不乏，爝火終必歸照臨。昨過南雷搜故物，片石瞥見委書林；二十八宿捫可拾，四游九道昭森森。大荒有此亦奇兒，摩挲置我堂之襟。吳志伊、王寅旭、梅定九，皆與先生言曆相合。

杭堇浦編修以言獲譴，詩以訊之

南人作宰相，唐世三陸公；繼以鍾張姜，勳德各可宗。必欲擯南人，王寇良未通。王魏公、寇萊公力持北局，不過以王欽若、丁謂南人，而扼之耳。其人良可扼，其說則未公也。考南人爲宰相，自唐之陸元方父子及宣公，最爲南相生色。而並以南人作相者，曰鍾紹京、張曲江、姜公輔，皆名臣，即宋後來之杜祁公、李忠定公，非南人耶？然則今之持南局者，亦猶此失矣。後來地氣易，逺路多南鴻，遂欲擯北人，其説將無同。有明昔中葉，左袒亦成風，王彭暨謝焦，邪正不相蒙。南北互用舍，褒譏宜折衷。彭時以王翺左袒北人，而調劑之，斯爲大臣秉公之道。若焦芳則真小人也。川岳應苞符，剛柔各有鍾。代馬與越禽，應運迭汚隆。乃若宗國冑，多以喬木雄。翼則幸附鳳，鱗則幸攀龍。日月之所近，風雲於焉從。不見豐沛人，屠販咸奮庸。至尊御皇極，平衡歸大中，黨部何所樹，我見何所容。吾友杭編修，古今羅心胸；經術經世務，綽有賈董風。發言一不中，愆尤集厥躬。惜哉朝陽鳳，而不叶絲桐。

今年春雨極多，而吾鄉水無儲蓄。四月中，洩錢湖以種稻，數日又竭，有感而作

七鄉旱洩錢湖水，三日俄成涸轍魚。天帝似應憐瘠土，杞人空自驗農書。誰家閉糴思安枕？有吏催科尚滿車。自古勤民在溝洫，長官何以奠句餘？

宣房沛澤未全消，蒿目流民歎不毛。萬户盡資農部食，諸君誰念聖躬勞。猶傳淮泗河防亟，又報荆吴米價高。天末逐臣如鼷鼠，驚心先在甬江皋。

澄湖舊足三河注，嘉澤誰將片石磨。憶昔置田驅積葦，於今摶土闕洪波。饑金穰木原難料，堰廢堤荒可奈何？夜向重霄覘月暈，神皋那得驟滂沱。

予以乙卯爲重四之集於京師，次年置閏，適在四月，因與李侍郎穆堂、萬翰林孺廬作閏重四詩。去年爲重四之集於甬上，今年置閏復在四月，感歎逝波，率爾有作

一章一蔀恩恩過，又報歸奇四月來。嘉會莫寒前度約，芳樽重爲閏餘開。欲消夏日詩千首，爲入

楓林夢幾回。屈指九年逢再扐，誰將霜鬢促吾衰。侍郎沈疾先投芾，太史龍鍾累乞休。料得隻輪傷寂寞，共誰展日溯風流。分襟已自如萍梗，積閏何緣又麥秋。我欲從今步長曆，幾時蓂莢報三周。

虞美人詞

鴻溝既割歸太公，旋復背之非英雄。美人臨死何從容，有此差足慰重瞳。英布周殷媿入地，蒙（而）〔面〕何以見江東。芳魂至今舞春風，其與項莊拔劍之意將無同？啼鵑集之血淚紅。吁嗟乎，野雞雖復位宫闈，生玷辟陽死赤眉，劉季楚歌空自悲。美人泉下目未瞑，爲告憤王應齒冷，青燐婆娑助清影。

即事

手翦共兜報至尊，柏臺風概更誰倫。多言畢竟能招咎，不密由來便失身。圜土剛腸非所耐，重泉碧血有餘辛。故人一慟君知否，天末荒江野祭辰。

聖世風霆亦易過，佇看轉眼降陽和。朝端正聽金雞唱，獄吏先傳蒿里歌；夢繞黄沙共於邑，魂留白簡尚嵯峨。遺言祇爲君恩重，結草重來抗佞鮀。聞道靈輀出大都，素車猶賴有生徒。歸魂無復家門計，高誼應勞賢哲扶；史筆君當書獨行，束芻我尚媿遺孤。滔滔東下洪河濁，此是中流不墜壺。

種蘭

儂家舊住蘭亭下，種蕺閒來便采蕪。淑德應爲王者佩，幽香肯藉女兒扶？從來附熱能招忒，莫以當門遽見鋤。三復南陔東皙句，白華莫逮倍愁予。

五月十三日，舉一子

先公七秩後，旦旦望抱孫。蘭芽不我茁，何以慰瞑魂？三復柳州語，每祭爲聲吞。晨起聞喤喤，亟向先廟陳。潸然轉出涕，已不逮吾親。釋子語輪回，聞之輒加嗔。有客妄附會，謂我具宿根：琅江老督相，於我乃前身。一笑妄應之，燕説漫云云。昨聞正氣堂，豫告將雛辰。在我終弗信，傳之頗驚人。聊以充談助，用語湯餠賓。正氣即琅江堂名。

時過而後學，辛苦且難成。古人重胎教，所以預兢兢。兒今已墮地，知覺漸以萌。荆妻其慎諸，蒙養在穉齡。

戲題玉枕蘭亭後

昭陵石馬汗蕭寥，無復黄旗呵護勞，輪與乾陵翻健甚，風風雨雨打温韜。

兒未浹月而病，醫家言其體甚孱，漫作以解婦憂

昔我墮地時，百疾相纏摎；或言此蒲柳，諒哉難望秋。北堂長涕泗，夢寐含焦愁。年來成鮮民，孤生委道周。飢亦莫我飯，寒亦莫我裘。蓬飄而梗逝，莫拒亦莫留。酒醒夢斷四十秋，病骨不病骨愈虬。用東坡語。乃知漸老大，未必長脆柔。所恨春暉不可留，骨則已虬心弗酬。兒今定似我，清弱亦有由；風霜所未歷，有如草木句。善爲加調護，以待元氣周；切勿呼巫覡，邪術最謬悠。他年阿翁老扶鳩，看兒虬骨進晨羞。

甘谷約以七月初二日過我，屆期不至，訊之，則曰以租船將到也，詩以諧之

魏其夜治具，苗藿亦殷然。豈有催租客，能回訪戴船？秋雲暗荒逕，淫潦淡遥天。爲想蝸廬下，連甍三百廛。蝸廬，甘谷齋名。

浹歲吾門巷，無君曳履聲。既驅雙豎去，合作四窗行。來日須憐少，秋光正放晴。人生幾兩屐，一切且忘情。時甘谷久病初愈，而又有遊剡源之約。

初八日，甘谷招飲，題其小照五卷

有詩已成家，殉以所斷髭；消磨歷半世，坐失鬑鬑姿。撚髭圖

君今杖之始，熒熒藜火青。更閱五十載，撒手便空行。杖家圖

梧月窺枕畔，松風入枕中。莫嫌長惺惺，一夢到空同。松梧高枕圖

秋風蘇病骨，爽氣來西山。豁然方寸中，孤鶴同高閒。秋爽圖

杲堂一瓣香，賴君再峥嶸。從今噓火力，便作長明燈。燃香圖。

十六日，甘谷以所藏囊雲先生雲樹贈我，謝以七律

桑田已自無喬木，盤谷猶餘未劫灰。小盤谷，囊雲所居也。流轉應憐成斷梗，離奇誰忍委荒萊。生前不爲軍持縛，身後甯同玉樹哀。何以報君青玉案，晨烹雙韭薦清醅。

甘谷以七月二十七日始出門過予，是日予齋中秋蕙忽放蕊一枝，即去年甘谷所移置也。秋蕙之放，率在重九以後，今先期早發，又適當甘谷病後出門之日，其爲瑞審矣。即席呼畫師繪圖，得七律三章

昨年秋蕙到吾家，爲爾沈痾嬾放花。隔歲晴光臨黍谷，一枝瘦影度蘭芽。草知念舊芳先茁，人亦乘時飲有加。聽履渾忘吾倒屣，迎門紫氣護河車。

展七曾聞乞巧賒，應憐鹿鹿度年華。去年是日，予作展重七之會，時甘谷已病。重尋舊雨渾如夢，細看

新莖未及瓜。天教國香呈瑞種，我矜地主有靈葩。從今畫院添佳話，鄭趙風流未足夸。謂所南、子固。南皋老態最清嘉，望眼空穿帶水涯。輸與孤根成獨賞，翻疑當户或周遮。同岑佇待寒香至，接葉誰將良晤差。永日呼童聽剥啄，兩人脈脈盼殘霞。是日遲南皋不至。

廿九日，甘谷再過我，限蟹字

秋風蕩荷衣，襟袖共清洒。李郎清泠泠，顧盼生神采。病魔已獻俘，詩魔重奏凱。漸聞曲江濤，應汛發瀛海，袖中有新文，與之俱澎湃。是日甘谷出所作詩序。甕斟香荔酒，盤登新稻蟹。庭前金粟堆，微香放蓓蕾。吾無隱乎爾，此意問真宰。薄醉送君歸，餘清落暮靄。

八月初二日，南皋病愈，胡四君山招同鈍軒、甘谷看桂，限韻

五嶽昨溘逝，宿德悵其亡。淒涼魚子蘭，有淚溼蒼茫。義門最愛粟蘭。句餘老耆宿，誰爲魯靈光？巋然南皋子，忽告病匡床。憖遺慟一老，何堪三尸戕。晨起聞西鄰，置酒酹天香。天香老愈健，金粟發寒芒；春容

飽春露，磅礴淩秋霜。人生但如此，百歲長昂藏。俄傳曳杖聲，矍鑠猶故常；須眉稍清瘦，神爽倍飛揚。讀我南雷碑，意氣不可當。是日予重改定梨洲墓文。西瞻長庚星，熒熒照此堂。莫聽山陽笛，且傾嗑嗑觴。

予約同人，每歲爲蒼水先生設祭，今年將有渡江之行，先期舉之 初七日。

此行定是過南屏，爲道寒山片石成。時新爲公撰墓碑。故社莫虛黃犢唱，同人豫擬白鳩聲。神傷土室袁閎淚，謂先儀部也，以公親家共事，其後盲瘖者二十年，得免。腸斷（硐）〔碙〕州杜滸兵；謂先侍御也，早公死一年。香火敢忘先子命，先王父贈公遺命，以公祀事爲屬。殷勤雞黍展微忱。

桂事已闌，而雙桐齋三本獨未放，海若置酒催之，兼爲予話別。限韻

送別易消魂，催花在鼓氣；莫唱陽關聲，且寫小山意。小山用招隱，笑我理征履。老兔駐西天，老蟾臨無地，老香隱雲中，下界空遐企。羯鼓響鼕鼕，王母驚午睡。嗟我亦戀家，欲行頻留滯。倘來遍地

金，參以粟櫛比。便擬老此齋，長作灌花吏。一甕酹花間，雙羽傳急遞。

十四日，同人聚飲寶墨齋，時予家秋蕙大放，同人先過賞之，即賦

翁洲萬壽香，實始見圖經。剡源與天門，嗣出放晚馨。吾鄞太白産，尤足發地靈。西風吹故畹，寒露長新莖。恥爲重也肥，堪擬夷之清。何期五沃土，遇此太瘦生。老鶴倦不支，凍蛟怯難勝。亭亭疏影上，冉冉芳膏升。態以羸愈媚，神緣癯更凝。男子諒難種，幽人長利貞。閩蘭雖競秀，終自乏娉婷。弩張趙十使，劍舞黄八兄。就中稍嬌豔，魚魫雜金稜。白羊乃秋葩，風格亦平平。持以較此君，俯首莫敢京。嗟我亦秋客，紉佩多深情。載哦晦翁詩，對之百感横。仗君爲書帶，腰圍束不盈；仗君爲研漿，池塘水不澄。且醉胡郎酒，花下共沈冥。

甘谷累約宿予家，而終不踐諾，蓋爲閨閤所阻也。是晚予令僕夫匿其肩輿以困之，甘谷大窘，徘徊予門首，二鼓卒去

如此雙湖明月暉，候蟲亦解唱無歸。孟公有例呼投轄，道韞遥知恨倚扉。息壤竟辜雞黍約，空庭

漸怯芰荷衣。明朝準擬師高季，括頸留君悕不悕。

胡生西圃以中秋日招同人，是晨予齋中芙蓉已放一枝，即造韻索和

東鄰肅佳〔校〕鈔本作『嘉』。客，夙起羅芳樽。我亦戒旦興，晨熹正候門。圓月歸西谷，薄寒襲吟魂。三杯清人芽，一筒金絲薰。忽然叢薄裏，絳紗乘朝雲。嫣然向我笑，中有白露痕。卯酒似已醉，迎風帶微醺。我考史月表，花家有瓶史月表。尚疑未及辰。先期引黃菊，排日伴幽蓀。東鄰滿甕酒，將無特爲君。我心對花醉，不須十洲春。

席間再疊前韻

道南步兵舍，道北仲容樽；其旁爲壑谷，三徑參一門。兩家萬花枝，各各通精魂。隔牆花氣度，酒氣互陶薰。拒霜有神光，直射虬峽雲。虬峽，胡氏齋中小山之名。阿誰如康樂，初日染墨痕。老我且泥飲，夕照同沈醺。西崦日以去，皓魄告良辰。更有月中桂，訪我盎中蓀。便作藏花令，花王爲令君。渾

忘秋可悲，醉舞綠蟻春。

甘谷促予出行者數矣，中秋後數日過予，見芙蓉盛放，又有且待之說。答以五古，兼索南皋同作

李郎良愛我，速行更留行。留行惜將離，稍展信宿誠。速行盼當歸，早泣歲寒盟。兩意渾難定，其實還相成。廿年已倦遊，欲乞枌社靈。刲羊祭大隱，爲我辭塵纓。便向芙蓉浦，篤老絶送迎。青山肯破例，所難養伯齡。玉川詩云：『伯齡不厭山，山不養伯齡。』事不如人意，又復擔雙簦。雙簦解念我，十步九屏營。似君真清福，古歡杜柴荆。乃憐征夫困，魂靈輾轉縈。遊人縱解維，亦爲爾怦怦。況有竹湖叟，南皋。關注均不輕。松梧閣下夢，長共楓林青。

巾子山歌弔宋故太傅樞使越國張公祠 有序。

太傅磔降臣卞彪於是山，始浮海入甌、閩，故是山有太傅祠。厓山三大忠臣祠，反出吾鄉之後。然吾鄉成化以前志乘，不載此祠，蓋袁清容之父爲元降臣，清容作慶元路志不載，其後諸志因

失之。至張東沙寧波府志始補入。今祠已圮矣。予擬重建，先約南皋、鈍軒、甘谷，共弔以詩。

羅刹江頭潮不至，范文虎入臨安市。范陽將軍氣如虹，背城請戰遭乖刺。臣妾僉名謝道清，太皇太后。誰忍連署迎北使？家參政鉉翁。慶元都府亦雄藩，孟傳昌元那足恃！慶元制置大使趙孟傳與寓公謝昌元迎降，上四明圖籍。空餘巾子山頭一片石，聊駐殘軍麾赤幟。嗟哉天之所廢莫能興，摶土逐日成何事？只有孤忠一腔血，天亦無能奪我志。誰家幺麽卞豎子，甘言來説蛟關澨。將軍錯認作從王，不惜庖丁陳膾截。牡礪灘頭白浪高，金鼇背上哀雲潰。酒闌方爲哭神州，投袂而嗔驚犀兕。爾舌尚存真維厲，爾肉不食應投畀。此是刀山大道場，爾戴爾頭昧趨避。爾時海上正揚波，鼉鼓逢逢起雲際。長鯨怒目獻長矛，神龍鼓鬐效神匕。劍光模糊，刀痕拂戾，雞山之雞争哀鳴，虎山之虎羣忿詈。將軍笑撫豎子尸，所恨爾帥遠莫致。謂石國英。俄傳除地乃更飲，諸公爲我同心濟。國家運祚正靈長，一汴二杭猶未替。況有文陳兩相公，大聲卬須扶正義。茫茫溟海落日斜，重爲此牛此酒出頭地。揚帆而前即東甌，葱葱天水雙龍有佳氣。

夾竹桃花盛放，詩以志別

異哉歲寒姿，乃與羣芳叶。一變入梅岑，疏影香獵獵；再變入蘭畹，有膏清足挹；三變入桃林，猩猩紅一捻。合之如互體，雜物乃相攝；分之如兩象，同德自相接。天巧過寄生，人功薄移貼。因思草木性，足入京焦籃。遂以夭夭花，附兹猗猗葉。幾疑美人虹，墮落君子牒。畢竟歲寒姿，不隨春倢倢。彼實則已殺，此箭乃稠疊。貞心拒嚴霜，芳姿坼秀莢。方酹花間鵰，已催江上屧。惆悵別此君，劉郎長不愜。

杪秋江行集

舟次半浦，再哭五嶽遊人，兼柬兩嗣君

鼯露凄涼江上來，壽星堂〔校〕鈔本作『壽寧堂』。上幾徘徊。大椿倏已隨朝露，遊人逝後，西園大樹忽折，予嘗著其事於哀詞中。帶草依然染緑苔。爲幸荆花重合秀，不教菌蠧得成災。夜臺此足怡先志，純孝原非僅致哀。時有間兩君兄弟之好者，其事敗露，故及之。

五嶽遊人欲刊予所作梨洲先生墓碑，未及而卒。臨之成先志鳩工，詩以美之

此志高州恨未成，尊公諈諉最傷情。墓門長作嗚呼字，宰木誰傳慟哭聲？再世證人寧墜地，百年報本克尋盟。祇愁東國人倫重，慚愧中郎任麗牲。

蜀山渡口守潮

停橈蜀山頭，夢入蜀岡尾。浙東之淮東，行役於焉始。蜀道邈三峩，迢迢六千里；蠶叢與魚鳧，寥天阻南紀。豈有風馬牛，而忽通神髓。命名自獨峰，附會真無理。凡山以『蜀』名者，皆本爾雅『獨山』之義，而必以爲地脈通蜀，皆謬語也。吁嗟蜀道難，不獨三峩裹。何如卧蜀山，飽看江霞綺。

九靈山房

吾懷九靈翁，大節如孤鸞；浮海未得遂，輾轉九洞天。如何變姓名，尚爲弋者彈？九靈變姓名曰方雲林，自作祭文，見文集中。高皇不能屈，餘生終自殘。未聞翹車士，及以牢獄填。諸公不强諫，史册足長歎。黄竹夜淚落，白龍亦神寒。至今永樂寺，悽愴雲林烟。永樂寺爲九靈寓，有黄竹浦、白龍堆夾其地。嵯峩君臣義，不以夷夏遷。高皇提日月，赤手洗幽燕。九靈所遭遇，尚與余蔡懸。疑或可無死，巽辭得生還。不見東維子，平定巾欒欒；暫下讀書臺，卒返三泖間。重淵見李黼，完節要無愆。而士各有志，不忘喪其元。楊、戴一死一生，楊之所以得放還者，由於『四方平定巾』一語得當帝意，然戴之倔强則過之矣。高皇亦色動，辰星黯長干。滔滔江河下，大節良所難。爲我寓公重，山房永勿諼。

返棹慈湖先生墓下，守潮

晨起望早潮，茫茫霧如海；墨雲遍蘆中，朝爽失真宰。四明北諸峰，翠碣擅晴靄。胡忽眩我睛，三歎生感慨。誰謂平旦氣，定足見精采。長夜亦梏亡，疇爲洗荒穢。佇需旭日光，祛兹周遭累。靈臺頓瞿然，石窗共瀟灑。

姚江以詩招嚴子陵魂

先生降生處，巖壑良峥嶸。一朝桐廬去，老死應客星。化安瀑泉好，神茭和僊菁。茭湖之茭，菁江之菁，昔人以爲神仙所食。縱或不思蜀，福地寧忘情？我思築雙臺，東西招精英；魂曷歸乎來，一曲江峰青。

意林問予，甬上膏蟹入暮春何以遽殞戲答

膏蟹之夙世，殆是漢侏儒。年年上巳後，鼓脹斃海隅。但得以飽死，臣朔所不如。謝山先生長清臞，力與臣朔足並驅。近來更失大官粟，又復恥曳諸侯裾。撫兹蟹一笑，何恃濟飢軀。祇應學蛋户，醬汝爲冬儲；封以謝山雲，日下酒一桲。

吴敦復之京師，得其尊公繡谷手校宋槧許郢州集以歸，同樊榭、谷林作

當年繡谷翁，詩思凌風騷，瓶花作法供，酒器分郎曹，時呼珠槃客，閒染猩猩毫。我來玲瓏簾，如過丁卯橋；渾疑許郢州，前身或可招。聚書逾萬卷，露纂兼霜鈔，老眼細審定，校讐徹寒宵，鈐以凍乳印，不啻青瓊瑶。一瓻借復還，户外屨則殽。忽失郢州本，極望心忉忉。餘皇已佚去，長鬣不可邀；魚腸已飛去，歐冶空自勞。妖徵辰巳夢，其歲在玄枵。身騎白鶴去，書與白雲韜。私心竊耿耿，舊雨憂蕭寥。佳郎真健者，不愧虎子驍，坐笑奢産括，願學固紹彪。十年廣故業，插架增岧嶤，餘事作小詩，秀色映蘭苕。昨歲遊燕市，輭紅厭塵囂。何來青氈故，得之非意遭。乍見足狂喜，掩卷還號咷。一卮望影堂，手澤薦蘋羞。再爵酹郢州，荒雲天末澆。摩挲甲乙部，追溯墨痕遥。吁嗟斯世間，聚散如蓬飄。不見東澗叟，絳雲與天高，百卷舊漢書，臨别何嗷嗷。晚年復遇之，昭慶老僧寮，封羊祭松雪，清淚如河滔，一去不復返，拂水亦魂消。有子乃不死，先德完球刀。酉陽諸清閟，重光燭神霄。

題瓶花齋酒器譜 器凡一百有八種。

釀王孰與野王雄，七十二城盡附庸。滿樹相思秋色好，漏卮三十六玲瓏。萬丈九沙嘗爲予言繡谷一百八種酒器，惟長洲顧丈俠君飲其大者三十六種。是日齋中紅豆一林，其數適與相符。

一百五日至七日，莫定梨花暮雨期。日飲無何猶不盡，一卮留供借書瓻。

福地星羅接洞天，終朝泥飲即遊仙。爲笑南華趙仲子，魂驚棧閣與雲連。意林真小户，其題是譜有『如上南陵百八盤』之句。

題趙松雪賣桑買山卷子後

王國黍離且漫傷，宗臣家事在園桑。未知亳社輸人價，孰與殘山估值昂。

題管夫人漁父詞卷子後

悔逐王孫到上都，苕娘清夢日蕭疏，當年白馬朝周日，曾否牽衣勸遂初？

李易安蘭亭歎 有序

前有龍眠所作右軍小影，毫髮無損。易安流寓奉化，遂歸史氏。宋亡，流轉入燕，是吾鄉蘭亭掌故也。京邸曾見之於宗室貝子齋中，谷林勸予以詩記之。

金童玉女天下稀，一編金石互籤題，后山之甥文叔女，珊瑚筆架雙雙齊，析疑如占策射覆，賞心或傾茶沾衣。見金石録序。宣和書畫遭浩劫，宰相家珍何所依？蘭摧芝焚亦天孽，孤鸞飄泊剡源栖。剡源山光雖然好，孰爲夫人慰累唏？篋中何物甲萬卷，内史褉帖良絶奇。六詔祠宫香火近，展卷薦以秋江蘺。奉化六詔山中有右軍祠。桑榆晚節嫁（狙）〔駔〕獪，此物幸未玷塵醫，〔校〕鈔本作『翳』。風流雲麓諸公子，力與淄州足並馳。史丞相子雲麓兄弟，亦精書畫。天水俄隨白雁碧，穆陵十集亦披離。雲烟過眼聊一歎，祇有剡源草色長淒迷。

閻妃歎

鄞人也。

閻妃有遺像，傳在靈隱宫。當年三天竺，未及擬冶容。冶容今何在，還仗禪力封。冬青蕉萃靈禽泣，穆陵頭顱成轉蓬。水晶足蹈竟安往？家人冢草尚葱蘢。我來懷鄉里，香火情忡忡。爲呼蕭九娘，膜拜禮遠峰。

夜與谷林坐天目山房看月，談及倪文正公築靈臺以種竹，乃以徽墨塗壁。谷林欣然思效之，率爾有作

衣雲閣外萬竿竹，絶地累土高十尋。尚書於此著兒易，黄芽競茁蒼精吟。夢吞三爻美東箭，老人猶自有童心。童心太古玄又玄，兒易序中引太玄童烏爲説。黝墨餘波四壁淋。坐教天都賢太守，兼車十笏貢南金。歙谿石液愁竭澤，黄山松鬣嗟焚林。方、程夜共山鬼泣，風篁颯颯傳哀音。通人好事成奇癖，而今但有荒丘岑。竹耶墨耶雙消沈，我過始甯淚滿襟。昨宵山房看新月，庖羲一畫正在參。危坡絶頂更如砥，古墻八面都成陰。龍飛鳳舞遠峰至，蒼茫茸薄傳寒砧。酒闌爲話平泉舊，主人不覺懷古

深。頓擬高置此君座，卧聽空中戛琅琳。〔校〕鈔本作『空中卧聽磨戛球琅琳』。研田殘膏足挹注，黑雲垂天清不淫。更須我撰大招詞，追招尚書聽素琴。祇憂直節不復見，荒山月黑空蕭森。〔校〕鈔本作『祇憂天目天光遮不見，老蟾漆黑空蕭森』。

漳浦黄忠烈公夫人蔡氏寫生畫卷詩有序

石齋先生在獄中，寫孝經百卷，蔡夫人寫心經百卷以配之，取置石齋書中，不能别也。石齋之書，幾於不鉤之鋼，大類其人，不料夫人以閨閣似之。及觀石齋乙酉蒙難，夫人勵以致命遂志之節，則夫人不鉤之鋼，居然石齋，宜其書之相肖也。乃夫人之書則然矣，而畫則反是，一花一葉，蓬蓬然氣韻生動，又何其嫵媚也。因是思石齋家庭之際，〔校〕鈔本『風』上有『其』字。風流遠矣。然諦觀夫人題語，一花一葉，忠孝廉節之旨無不在焉，斯其爲石齋家庭之風流也。山谷曰：『士必臨大節而不可奪，然後謂之不俗。』石齋之謂耶？蔡夫人之謂耶？往者同館前輩蔡文勤公梁村書甚工，蓋夫人之羣姓，故其書由夫人以摹石齋。予嘗叩以夫人之畫而未得，仁和小山堂趙氏有葉子一册，其末題曰：『石道人命蔡氏石潤寫雜花凡十種，時崇禎丙子。』鈐以『玉卿私印』，夫人之字也；『石耕』則石齋先生之章也。自丙子以往，石齋洊遭困阨，逮於江，戍於粤，賜環未久，國步已去，夫人所題，多有豫兆之者。嗚呼！豈偶然哉。予乃肅拜紀之，而各綴以詞，以擬橘頌之意。其詞曰：

有美漳茶，秋色平分。茶如火如，突過滇雲。蜚風蠻雨，豈花所欣？何以不凋，倍吐清芬。他年桑海，諸公紛綸。歲寒勁節，同此精魂。白羽赤羽，挹注鮮新，誰爲之讖，曰惟夫人。右漳茶，兼紅白二色，閩人呼曰『平分秋色』。夫人題其上曰『蜚風蠻雨，挹注鮮新』。

巋巋石翁，霜松雪柏。冶春之姿，非我阡陌。大滌洞天，時雨沾益，雖復桃李，亦生骨力。書帶環之，懋昭明德。不言成蹊，同岑一脈。函丈之陰，女貞所宅。接葉交柯，寒芒正色。右千葉緋桃，題曰『不言成蹊，非由色媚』。

翻翻紅藥，以殿歸春。欲留無計，當階逡巡。丈夫墮地，桑弧有聞。雖憂亦樂，莫顧消魂。嗟彼鄭風，溱洧淫奔。乃以狎昵，而穢花神。何以洗之？銅山寒雲。閨房之戀，匪我思存。銅山，石齋所居。右芍藥，題曰『折花贈行，黯然消魂』。

赤符已熄，九鼎一絲。孔明蔓菁，姜郎繼之。小草雖微，大厦所支。漢中軍容，細柳垂垂。倘復國仇，我固當歸。馬兒雖譎，亦懾雄姿。成敗論人，百口紛滋。可憐閩嶠，扁擔成師。石齋出兵於閩，以扁擔充軍械。右遠志、當歸，題曰『蜀相軍容，小草見之』。

疏食菜羹，清絶黄郎。不知肉味，聞之廟堂。用思陵所賜御翰。赤帝繼粟，十囷成倉。其種維何？

是曰米囊。晚棄米囊，其氣愈昌。浹旬不死，孝陵饋漿。用石齋絶命詞夫人稽首，奎墨之旁。爲公撫孤，屬饜糟糠。右罌粟，題曰『對此米囊，可以樂飢』。

在昔忠烈，就養無方。輸心鄭鄤，以文相臧。黨人障天，蒙謗堪傷。惟墨哀子，坐政事堂。孤臣遠戍，望雲旁皇。書一百卷，皆十八章。閩中先見，我心所降。睠焉北堂，勿之洛陽。右宜男、洛陽，題曰『睠焉北堂，勿之洛陽』。

清漳降神，有石壁立。疾風迅雷，孤根不慹。乃有寒鐵，與相噓吸。太古之心，一氣足挹。拔出衆芳，妙香熠熠。薔薇晚卧，對之雨泣。石丈欣然，晨昏長揖。爲惜濂溪，所見未及。右鐵絲蓮，題曰『小草鐵骨，亭亭自立』。

湘江蘭秀，武陵桃熟。種志玄都，香傳幽谷。易稱辨物，蓋以類族。何來金絲，采之盈掬。附以紫蘿，亦幾一束。雖襲其名，實殊其目。屈原已死，【校】鈔本作『放』。陶潛不復。女史記之，以防混濁。右金絲桃、紫蘿蘭，題曰『湘江、武陵，或滋他族』。

海棠乘秋，芳心婉戀。薄醉未醒，自傷歲晏。睠懷于役，閨中哽咽。清淚所沾，血痕如濺。此腸幾何，九回未斷。俯首沈吟，落花片片。況我君子，排凌霜霰。危哉人鮓，此腸戰戰。右秋海棠，題曰『君子于役，閨中腸斷』。

三皇之世，四時皆春。手握皇極，以運元神。晚季以來，漓而不淳。玉樹凋傷，滿目荊榛。汲汲石翁，彌縫使醇。元會運世，洞璣所甄。疇則連枝，陽九不焚。兩族並芳，曰惟夫人。右紅白長春，題曰『兩族並芳，四時皆春』。

詩十章，章八韻，其中或不盡爲畫發，但就夫人之意參會石齋先生之生平而申之，以論其世可也。乾隆癸亥重九後七日。

意林購得先非堂侍御與馮元陵太史手札一卷見贈，賦謝

先人風格如同甫，結契元陵擬稼軒。長吉詩篇多劫火，子雲筆札亦清言。廢興棖觸恨千古，聚散魂消書十翻。多謝小山施墨妙，衰門寵荷百璵璠。

胡都督宗武，字憲伯，杭人，故張尚書部將也。江督郎公曾招之入幕，固辭而止。予至杭，其子來見，叩以其詳，不能了了，但言嘗與田雄大戰鄞之太白山下，亦失其年矣

塡海録已失，誰憐蘇寶章？蘇劉義之子曰蘇寶章，見黄晉卿集。清關橋下水，清關，太白山下隘口也。碧

血尚茫茫。

方丈靈皋至杭，有人見之靈隱山中，予遣使遍覓其寓而不可得

看山良自好，避客一何深，紅葉斜陽路，茫茫亂我心。

與杭二堇浦話

故我久荒落，夫君亦闊疏。清狂翻長進，且共卧菰蘆。

鮚埼亭詩集卷三

古今體詩五十一首

七峰草堂唱和集

吴江道中，問吾友果堂徵士消息，知其近箋五運、六氣等篇，向未審其精於此也。予年來病甚，寄詩爲訊，因乞爲予治之

屯訝仲翔骨，剛憐叔夜腸。是誰知肺腑，何以療膏肓。之子通玄化，談經配太倉。豈容任肥瘠，秦越兩相忘。

觀潮曲江上，吴越事堪傷；讀檄鄴都下，袁曹跡已荒。肱從三折熟，艾未七年藏。痼疾愁難治，憑君一倒倉。

聞道軒農際，諸公遍廟堂。功原參六相，道足輔諸皇。世晚民生薄，書成藝術良。最憐此七尺，我

輩總茫茫。

哭惠學士丈半農

戊子三前輩，先生晚得從。謂李閣學穆堂、謝副使石林及先生也。戊子三解頭之名，聞於天下。清談真似鶴，重聽有如龍。百粤懷文教，千秋重禮宗。先生所著禮説最佳。憐予去國日，握手淚淙淙。

漢竟寧首山宫銅雁足鐙歌，爲馬半查

壽寧堂中雁足鐙，依稀題字漢竟寧。誰其造者紛列名，稽百官志官可徵。永始賈慶舊有稱，惜哉未及同岑登，又復沈埋六百齡。漸磐遵陸雖不勝，猶帶首山雲空青。當年茂陵慕軒后，脱屣妻子思飛行。八神五帝各致祭，直自蒲𨻰連蓬瀛。歷昭及宣莫敢替，晉巫領之薦明馨。橋山龍髯渺莫乘，溯以雁足杳冥冥，佇望烏號下太清。赤符之火天不夜，鶉鳥有味曦中星，鳳膏燭與魚膏并。夜深軒后來陟降，鉅鹿神人導前旌，徂賚天子且長生。誰知紀年讖已成，嗣皇燕尾啄傾城。新都巨君奏蛙聲，可憐雁足趼勿撐。疇爲高廟噓炎精？何況首山之荒庭。劫灰已盡邀呵護，飛落淮南雙翮零。山館書籤侔七略，太乙藜照來五更，古銅潛發光熒熒。我詩弗類齋宮銘，笑指雪泥爪印横。

明洪熙古剌水歌，爲馬嶰谷作 有序

古剌爲西南極遠蠻部，西與緬甸鄰，見明史八百媳婦傳；南與佛郎機鄰，見緬甸傳。明永樂三年，遣給事中周讓與中官楊瑄招之入貢，置宣慰司二：曰大古剌，曰底馬撒；長官司五：曰小古剌，曰茶山，曰孟倫，曰底板，曰八家塔。見周讓傳。然置司之次年，大古剌已并孟倫、底板、八家塔三部矣。亦見周讓傳。野獲編云：『洪熙元年，底馬撒宣慰司攝大古剌司事，嘗入貢。』明史干厓傳又云：『永樂五年設古剌驛，隸干厓。』則又與干厓接境也。終明之世，得見於土司傳者，祇茶山長官司無恙，而孟倫見并於南甸，若大、小古剌，則屬緬甸。緬甸傳云：『緬酋莽紀歲死，其子瑞體逃匿洞吾。洞吾之南有古剌，濱海，割馬革地與瑞體，瑞體乃舉衆奪古剌之地。』是也。滇緬録云：『晉王李定國嘗乞師於古剌。』則又復國矣。野獲編云：『古剌水爲龍涎之亞，在蘇合、薔薇之上，宫中極重之。』予考之左侍郎詩，則其水可飲，蓋取以和酒，最香洌，不僅薰沐之用也。若北平別有古辣，乃地名，其泉煎之，足爲折傷刀兵之藥。此與西南夷所貢各殊。左詩引玉泉、蘆溝之水以爲緣起，似誤合二水爲一。不知北平之水不可飲，亦不任薰沐也。

文皇高飛上帝畿，通道八蠻又九夷。歷大古剌、小古剌，西南遠赴風教齊。五長官司兩宣慰，周文郎功著譯鞮。滇王何處比漢大，五千里外增藩籬。梁州地靈最崫奇，禹貢二川所分釐。南金沙會岷江出，北金沙引黑水馳。桑經酈注媿未盡，大荒爲待博物稽。此其大者配九山，更有餘潤成土宜。難河之水清漣漪，大古剌有南難河。諸洞異香怪陸離。龍腦雞舌并麝臍，蘇合兼車如江麋。烟熅百和醇且旨，芳馨一直沁心脾。貢之天子入內府，浴罷一杯便啜醨。見唐氏天啟宮詞。縣官元氣正旁魄，神膏醍醐過五齊。洞天三十六宮天漿飫，福地七十二府地澤怡。以通神明疏渣滓，釀出乾端與坤倪，濃于崖蜜甜于飴。犂庭三出威絕域，此水曾偕玉食攜。貯之銅瓶志銖兩，歲月進奉均留題。太素色映黃琉璃，襲以古剌錦襹褷。守成令辟首仁廟，六服歲見無差池。摩挲署書考時代，猶識紀元在洪熙。在昔西南記職貢，昆明有露曰薔薇。妙香尚出此水下，妃子千羣灑裏衣。遐方異物雖不貴，要亦王會所會歸。聖心誠如玄酒淡，萬國爭飲醴泉嬉。土官兼并不可詰，緬甸、干崖世羈縻。我撫此水三太息，考證遥遥拾墜遺。接境已亡底馬撒，近界但聞佛郎機。穀、洛鬬餘惟汝竭，九廟黃流涸轍悲。萊陽侍郎坐圜扉，誰投一盎慰朝飢。引領長陵不下咽，哀吟清淚紛淋漓。見左侍郎詩。可憐崎嶇爝火投，南徼諸公中泥中露歌式微，折腳〔校〕鈔本作『足』。生還鄧都督，曾記包胥九頓儀。鄧詔。棄餘流落歸好事，足補故官文獻資。三百年來廢興感，擬之渭流漲水脂。

七峯草堂移梅歌

大江以北少梅花，相傳降作杏六命。我疑陶山語未然，難緣橘户爲左證。稜稜百花頭上姿，肯逐黄塵易素性。遷之無道種無術，坐教嘉植困殑殰。馬郎兄弟雙玉雪，魂與梅花同清浄。有莊明瑟如藍田，有客看花滿蔣逕。暗香入夢意無厭，覓遍古歡窮絶嶝。秦淮大有槎牙種，十里江行足吟興。園官小試移山手，飛度七峯疑不脛。寂寥小雪霜葉凋，峥嶸幾點春牙勁。新寒未消九九期，微風已動番番勝。鄉心猶爲石頭懸，羈貫已隨瓜步更。花王之富數花對，恰與今年梧葉稱。所移共十三本。昨聞連舟度東關，榷吏驚訝紛相逌。好事敢辭花税哆，佳話應爲官閣詠。招邀更喜值同聲，叩鉢齊催詩思競。我家句餘東復東，竇巖千樹蒼雲映。當歸椇觸鷓鴣枝，叉手樽前醉眼瞪。

藤花菴聽松聲分韻

驚濤何處來，萬籟正蕭瑟。孤嘯薄穹天，空行穿緹室。詩魂古澗清，客思寒山冽。開户更噌吰，西崦晦落日。

姜白石詩詞全集刻成，即效白石體落之

巨區水茫茫，天目山蒼蒼。中有白石仙，老筆生寒芒。寒芒久晦塞，問年過五百。鑄金酹南村，紅黎生玉色。是本出陶南村手鈔。

半查索賦烘梅詩

山中方傲雪，日下已催香。我愛冰心凍，誰夸陽燧良？春應隨臘轉，人更較天忙。從此唐花墅，迎暄次第芳。

寒竹

消夏亦神清，凌冬更有情。凍雲添碧色，白雪寫疏聲。落落青瑶屑，臞臞太瘦生。黃公壚下客，歲晚莫寒盟。

揚州石刻文信公畫像歌 有序

明正德十年，壽光劉侍御徽甫所勒。其序云：『得之揚州文江，公苗裔也。』乾隆八年揚人陸君鍾輝乞予作歌。

西湖天水晝冥冥，白雁飛過無堅城。廬陵相公脱虎口，來向淮南謀集兵。可憐吴會少浄土，賸餘揚州、真州孤柱撑。李公、苗公雙忠貞，揮戈欲挽虞淵旌。相公此來會逢適，合從或可緩頰成。兩淮全力足恢復，所仗元老爲主盟。此策果成事難料，三宫未必向北平。豈知反間忽横生。李公既心動，苗公空淚零。相公變作劉洙行，參從寥寥杜大卿。天教孤臣不遽死，蘆中丈人艤舟迎，將無岷江之神靈。神靈幸脱相公死，兩淮從此莫扶傾。李公頸血碧，苗公寨火青，夏貴老奴竟輸誠。神傷間關出百死，再入甌、閩開行營。空坑戰敗五坡蓻，燕市三年目未瞑，魂隨陽烏返沙汀。李公、苗公迓九京，一慟褰裳朝穆陵。百年潦盡寒潭清，厓山哀歌滿祠亭，淮南俎豆亦争馨。壽光柱史扶世教，繪圖勒石昭精英。孫枝一葉尚足徵，定是惠州太守老雲礽。相公自具大光明，那須異人傳慧燈。不是神夢告髮繩，至今須眉還峥嶸。我歌足當廟碑銘。

明杏園雅集圖 有序。今歸嶰谷。

是圖爲楊文貞公、楊文敏公、楊文定公、東王、西王、李公時勉，周公敘、錢公習禮及陳循。寫此圖者錦衣千户謝某也。

有明開國後，宣廟始陽春。春容太平樂，元氣洽八垠。廟堂多唱和，禁網無邅屯。三楊最鎮静，鼎足調大鈞；二王長六官，耆德尤嶙峋；忠文真人〔校〕鈔本作『神』，非。師，正學長成均；吉水負史才，宋、金細討論。有如阿閣鳳，和聲清不渾。薰風護玉燭，祥光生五雲。試讀杏園詩，丰采想垂紳。燕閒寫清娱，亦復念斯民。回憶錢侍郎，旁皇靖難辰。滿朝重足立，誰人不杜門。遭逢黨禁解，白髮光絲綸。諸公韓、富流，社稷之寶臣。牽連及詞苑，同爲東閣賓。泰階德星聚，餘事光斯文。霜〔古〕〔占〕初坤。宣、仁將謝政，潛伏有寺人。老成繼淪喪，杏園俱蒙氛。乃知日中昃，消息如轉輪。其時已易世，履彼哉其泰和，陳循。叨玷舊德羣。一幅好東絹，莫逃忠佞魂。翻羨錦衣子，亦以驥尾存。

吴越武肅王校射圖歌 仇實父作。馬嶰谷藏。

是誰顧盼生風雲？羅刹江頭虎帳屯。吴山草木助兵氣，射侯齊畫天吴魂。江頭天吴久作惡，前胥後種不可度。白蓮花仙真英雄，力衛民生氣磅礴。三千弩下衣錦兵，先以射法試先聲；誰穿七札誰貫木，巧力慘淡齊經營。古人神功亦勞止，落日之弓救月矢；三禮射經不盡傳，五行六甲參巫史。洸洸大纛導九斿，帳前參佐俱名流。旗鼓應歸顧全武，鐃歌豫命皮日休。技成不須佽飛手，山場大閱光牛斗。淮南黑雲晉鴉兒，若遇我軍都俛首。果然一戰百川東，朝潮夕汐避雄風。九龍其遁三犀立，緩緩歸來勞酒濃。披圖論世有餘恨，如此精兵用未盡。宣武鎮中封豕驕，河東麾下老羆困，幕中扶義有羅君，大聲草檄凌秋旻。白蓮花仙戀衣錦，祇退天吴不進軍。

明陳待詔老蓮畫 有序

卷首題曰：『丁君梅生以酒資爲予致妓，乞畫，予即令以資改葬文長先生，而畫此貽之。』其畫爲枯木，附以水仙。嗚呼！老蓮好色之徒，然其實有大節，試觀此卷，古人哉！嶰谷乞予作歌。

白門待詔真羃兀，此頭可斷腕不屈。名王爲唤美人來，一笑揮毫怪咄咄。酒闌午夜夢魂醒，翩然而逝疑飛越。誰言此老空清狂，箇中心事良勃窣。見本傳。故都已哭鍾山陵，故鄉重弔青藤碣。板橋花柳逐逝波，㓷谿松楸傷野窟。蕭疏爲寫歲寒姿，春花傍得冬株茁。招魂一曲萬古愁，中有畸人不朽骨。

銅製如來降生像〔歌〕

從鈔本補。揚人程氏所藏。

何物老嫗如達生，可兒可兒此寧馨。五百道乳一吸傾，軒然七步意飛騰。方輿圓蓋良浩蕩，豈有黄口思横行。文、武、成、康縱不作，異説未必遽勃興。西竺家兒妄自大，乃以早出思凴陵。恒星如雨隕不見，尚嫌其晚紛紜争。孔子吾師之高弟，其言固自有明徵。誰人巧倣金塗塔，相輪峩峩銅緑明。摩挲題字半漫漶，妙製定非凡手成。白石不作周郎死，才薄有媿哦詩聲。夜深且挑長明燈，詩成共啖山芋羹。

左寧南像

即牧齋所題卷，今歸江都李氏。

平賊將軍賊未平，擁兵坐殺楊武陵。集師竟負侯歸德，賜玉賜蟒空充盈。可憐狀貌良魁傑，咳唾猶能震雷霆。謂應談笑除殘寇，誰道遷延釀禍成。晉陽甲豈人臣事，黨人曲説吾勿聽。一敗頓隕狼伉魄，百年猶傳虎踞形。只有白頭柳敬亭，紙背猶聞抵掌聲。區區不負寧南意，惜未移贈寧南報有明！

遊故水部鄭君休園，用嶰谷舊韻

閣道空中度，山蹊洞外深。樹穿危石裂，水定白雲臨。蕭瑟寒冬狀，清流舊雨吟。杉關埋碧久，何處覓遺簪？謂故侍御天玉先生，水部兄也。

爲問符卿墅，荒荒落日昏。名花天上去，喬木道南存。謂尚寶超宗影園。塵夢消江市，林巒近野村。風高雲倍迴，詩思滿籬門。

斑竹園

小朝廷已墜南躔，一夢三生空自憐。太夫人夢文丞相生公。鼉鼓神傷除夕酒，牙齋魂怯四更天。幕中英雋都南八，身後聲靈重項燕。斑竹亦應同墮淚，不須梅嶺泣荒阡。

靖公忠烈更誰京，可惜荒朝厄運并。若以苦心原督相，肯將宿忿棄興平。此梅村祭酒之言也，最爲平允，故全用之。板磯空自勞埋血，東壩何緣得背城。南都陷後，靖公議欲開東壩以入浙。只有西泠都督好，素車白馬伴神旌。

尚書舊德重庭槐，不願生從褚彥回。況有同心前茂宰，相期共殉大行臺。故鄉喬木齊生色，覆幕孤禽並隕胎。一卷青燐紛涕泗，我思合傳志三哀。王監軍纘爵、周江都志畏、應參軍庭吉，皆吾鄉人。

法雲寺銀杏 有序

謝文靖所植雙檜，亡於宋建炎之難，而銀杏甚古，其亦宋物與？自來弔茲寺者，不過美文靖之名德而已。予所惜者，是時中原大亂，進取甚易，而文靖此來以被讒出，不克有功爲可恨，乃古人所未及也。適賦銀杏，因及此意，即用劉連州詠檜韻。

太傅堂前樾蔭奇，遥臨江樹影參差。飛柯未展長驅志，老幹猶疑左次旗。魂逐八公山上草，恨留召伯埭前枝。佛燈黯淡留餘恫，不異桓伊奏笛時。

讀宋陳丞相宜中占城道上詩 末有『異日北歸』之語，爲之潸然。

當時大有吴門客，目斷天南奉使槎，謂鄭所南。厓海黑風吹夢散，冬青到底不開花。用謝皋羽詩。

題晁无咎芳儀曲後

淝上英雄事已遥，永寧宫眷已蕭寥，小周后正號咷甚，又報王姬入大遼。

過蕃釐觀，坐冬青樹下，得一律

宋人真不道，拜杖到瓊花。詎敢對君父，居然殉國家。李、姜同血淚，章、蔡已蟲沙。只有冬青樹，長榮度歲華。今觀中植冬青一本於花之故址。

明洪武欽定五權歌，爲嶰谷兄弟作

遐稽古哲王，所先在算命。曰律度量衡，以持威斗柄。審數物不淆，審物施悉稱。三時按其程，八節諧厥令。春半禾初生，忽微未足訂。夏至禾見秒，晷景中天映。秋半秒告成，平準可諦定。積秒得分分得銖，因而重之以次竟。左旋爲規右旋矩，攝盡奇零無滯賸。以上皆用漢志、說文。羊山黍適均，崑山竹最勝。蒼蒼太古銅，雅肖君子行。關石叶元聲，雄雌互酬應。六燕兼五雀，即以通物性。後王治術疏，有慚作者聖。秦權與漢權，盈縮多累更。遞傳至唐、宋，所懸或逕庭。延祐有圜環，經世典堪證。延祐所頒官權，予嘗見之。雖然精意媿古初，要爲列朝資考鏡。猗與明高皇，雄才難縷罄。當年諸羣雄，翦除豈易逞。重輕各有差，浪舉即爲病。急擢武昌軍，遠通察罕聘。回轡掃淮張，長驅下幽、并。揆時度世良已難，成功豈曰由僥倖。所惜三相公，秉鈞稍傷佞。猶喜去邪決，揆席未終橫。南天奠鐘鼎，奉常陳笙磬。太牢〔校〕鈔本作『宰』，是。平詮司，大農訓市正。鴻臚與大行，法守均以靖。古權掌於鴻臚，而職於大行。冬官下百工，四方歌無競。茫茫易代來，宗器傷孤另。何來御府鍾，忽供詞流咏。莫道此瑣瑣，事曾關七政。不見璿與璣，猶委蔣山逕。吾儕多好事，感物成漫興。論易誰傳得一斤，竊恐卮言自道聽。本程子。論文空思扛千鈞，竊恐別裁爲世憎。爲君作放歌，吾徵在史乘。

邗溝吴王廟三首

黄池鑄錯恨何追，賸水長增廟貌悲。莫向江祠逢伍員，誰招廊屧配西施？江都舊有王祠，以子胥配，見水經注，今配王者爲西施。

觀光自是先王志，負德終緣夏肆虧。聞道神旌午夜動，依然荼火望離離。

四瀆於今盡貫穿，巨靈輸爾鑿南天。水犀一鼓争安牐，甲盾齊聲共執鞭。列宿女牛芒角動，三洲商魯板隄連。嵯峨宸宇酧勤事，好爲淮東慎節宣。

江干桐樹鬱平岡，左顧長洲帶水杭。漫以決排譏禹甸，孟子云排淮注江，不合禹貢，蓋據吴王所開水道也。競傳英爽遍隋塘。百牢猶共王餘薦，一飯休教籠稻荒。不愛句東愛揚子，雄心北向尚蒼茫。

揚州城北建隆寺，宋太祖征李重進駐蹕地也。樊榭用沈傳師嶽麓寺韻，同作

〔校〕鈔本作『傳』。

廣陵事變不可論，青燐黄霧時迸奔。法雲山光俱故壘，佛火黯淡難稱尊。夾馬真人膺新命，威斗欲振河山昏。天生聖人大一統，有如啬夫芟莠根。柴家孱主屏翰寡，所仗懋親爲籬樊。當年連轡來下

蔡，滁陽、壽陽並軒軒。征李景時事。諸公半隨廟社轉，發蒙振落隨風翻。殿前統制旋裂眦，上黨節度繼隕元。孤臣坐握重城重，重泉何以朝陵園。六龍北下如山壓，萬騎動地雲列屯。須臾窮城甘鼎沸，赤暈如電照寺門。廣陵城開傳厥角，誰爲故使掃血痕？八百年來梵磬冷，令我弔古淚滿樽。

昨和樊榭建隆寺作，而韻未次也。樊榭必欲予另作，復得一首

韓先李後且弗論，駢首共障狂瀾奔。沙場猶道天子寨，塔影長憐太傅園。莫夸新朝鐃吹盛，未若平陵哀唱尊。追憶迎鑾幾百戰，始收天塹作江樊。黑王肯爲黄袍屈，臨風一慟白日昏。鐵券莫移精衛志，崇墉遠致羆虎屯。大府都廳俄頃盡，峨峨行幄光空門。草詔定須陶學士，袖中宿構無墨痕。豈知孤臣耿耿魄，化爲鄧林枯杖根。幕下殉身誰義烈？杜殺酒吏開朋樽，事見南部新書。朋樽散盡沙蟲化，江濤浩浩劫火翻。元之片石不可見，禪枝老矣垂前軒。庚申相公亦仙李，轉盼重圍又抗元。

三用前韻

唐六臣傳不堪論，周三臣傳殊足尊。建隆録古推史筆，建隆寺古光山門。五朝平治數周室，公也

喬木原同根。世宗深仁浹人髓，少帝亦未彰童昏。如何天命忽以去，反戈憤彼陳橋屯。苻、張蒙面豫勛舊，柜鬯應爲羞彝樽。江南國主乏遠慮，梯衝鼓角任所奔。餘燼甘隨殘運畢，新皇亦爲漬淚痕。我思其時長圍喧，官家親督臨戎軒。塔火潛隨礮火動，戰鼓直教魚鼓翻。功成國殤資冥福，貞觀故事慰元元。時詔用貞觀憫忠寺例以恤國殤，王學士元之撰碑文。而今殿瓦盡頹落，但見野僧鋤菜園，斜陽慘淡無顏色，饑鼠横穿樊圃樊。

嶰谷齋壁懸范文穆公重復灘山水月洞銘拓本，同人共題其後

山館寶刻多，四壁足清供。瞥見石湖文，雅爲灘山重。緩帶思高軒，驂鸞溯逸鞚。刀兵泯憂虞，水月互生動。湍流石闕通，圓魄天門羾。赤鯉遊碧霄，古蟾墮深洞。虹梁似捲篷，引我遊仙夢。阿誰來傖父，易名竟妄貢。時有上人易洞名曰朝陽。考證有詞人，次山足伯仲。同來亦文雄，艾軒洵老鳳。肇錫取舊聞，穆清如古頌。想見揮筆時，雲璺紛横縱。妙搨何蒼蒼，鑑題良友共。桂林渺何處，遥天落霜淞。

浮山、謁大禹王廟觀山海經塑像

四瀆岷、峨遠，三條淮、漢尊。塗泥從此奠，地肺到今存。南戒星光駛，中泠雲氣屯。千秋虔肸蠁，雙壁足撫捫。舊鼎嗟安在，遺經孰與論。探丸搜變態，傅采溯精魂。草昧洵多怪，支離半不根。州師遍巢窟，蹏迹滿乾坤。姒后良無匹，靈蹤亦倍繁。功涵真宰運，事爲譎觚援。息石先垂統，吴刀幾儥轅。巫峰資犢步，嵩闕悵熊蹯。犬導巖關路，龜浮洛水源。嶽圖神所閟，啟筮史誰繙？似此荒唐蹟，應非馴雅言。祇緣六合大，莫罄百蟲蕃。陰火偏宜凍，湯泉獨自温。絪緼悟物化，固陋笑吾昏。章亥俱寮屬，重黎本弟昆。魚龍登玉版，人鬼列河門。地蓄餘糧飼，庭連艮背蟠。方知劉累術，僅覬費侯藩。各各陳廊廡，紛紛露罫垠。如聞九歌曲，爲頌八年恩。商魯溝空鑿，平成愛勿諼。山精通井絡，世祀在江原。明德高兼厚，荒阡子若孫。故鄉鄰窆穴，比户薦芳蓀。夜雨梅梁動，春耕术野喧。何當徵掌故，歸塑夏湖園。

樊榭賦菽乳詩五章，索和

寒山瀟灑姿，鼎食厭名鯖；偶談蔬筍味，曾作菽乳評。賜敕兼拜表，鴻筆震鯨鏗。乃知此微物，豪門亦致精。更聞有縣律，兼珍都合并。旁搜山與海，歸之明且澄。和以菽少許，頓覺乳怒瓶。薈萃萬精華，餘瀝紛難盛。滯遺利寡婦，尚足充妙烹。兹乃郇公製，莫以腐子名。花乳凍雲版，鍾乳白石生。曾聞玉食譜，日隨大官行。吾儕種一頃，長哦豆田清。秋風吹客夢，時物到蕪城。車螯正盈市，下之亦嫣娗。若以校寒山，用物則已贏。半菽過所望，連吟有同聲。食經鬭物力，暴殄非所營。原唱搜索已盡，獨未及陳木叔宗伯故事，而漫堂太宰『菽乳新方』，乃紀載所未及也，故志之。

五甲集

即事

十旬猶見彗，浹月累驚雷。更訝風偏烈，休言雹不災。天心方告警，帝德定無猜，辛苦陳丞相，封章出上台。

白山茶

坡公落落慎稱許，微笑茶仙染紅雨。花王中夜洗素肌，飛向麻源陪玉女。憑誰筆力最峥嶸，亦有涪翁賦筆巨。争光日月且皎然，淮南瓊花敢並語？彌天冰雪浸肺腸，一笑力足緇塵拒。賞心更復遇南豐，從此聲名拔儔侶。諸公仙去六百年，寂寥花事成漫與。玉醅醉罷擘玉箋，一片寒芒成玉乳。

醉山茶

粹白中含粉紅，世所稱『東方曉』。

茶翁卯飲醉未醒，扶桑旭日火熒熒。熹微疏影沁枝上，一點晨星東啟明。主人夙起闖户出，醨耶糟耶兩忘情。朦朣亦若困宿酲，但見曉妝天際横。

嫯面嬌山茶

何處裝成嫯面嬌，蜑風蠻雨助妖嬈。大唐公主能隨俗，添得春愁不可消。

紫山茶

曼陀方外花，於法應衣紫。署名曰『都勝』，力與牡丹齒。暮山烟光凝，悠然見天咫。

昭兒周晬，戲示荆婦

東鄰有老翁，及見我周晬。蹉跎四十年，頒白猶蕉萃。老大百無成，僅爲兒緩帶。每歲春復秋，白駒少停轡。莫道此呱呱，齊户可坐待。先人世德賒，七葉清班貴。願兒善束脩，亦不在禄位。我性最慈良，兒性頗卞厲；我性素紓徐，兒性頗徑遂。涼德我已慚，少儀能弗惴。佳節近天中，百昌正致媚。回首兒軒然，且弄蒲與艾。

題前漢王章傳後

漫載牛衣刺刺詞，男兒報國定忘私。班生長託將軍幕，亦有陳尸獄户時。

同人集蝸廬，坐桐花下，主人方選定族祖戒菴先生詩，即賦得集中『梧密晝常陰』之句，并用其韻

何處桐花鳳，和鳴遍此林。耳根分正閏，胸次失晴陰。消暑憑詩話，招涼見道心。主人蕭散甚，瞑據一瓢吟。

一片蔚藍色，周遮百尺林。薫風憐嫩碧，大火避濃陰。前輩焦琴調，吾儕古井心。請看花屑屑，好供落英吟。

故國啼鵑淚，依然滿舊林。繙書長惻惻，布席總陰陰。日漏中天影，詩傳未死心。表章良不易，即景足清吟。

姚江贈同年施明府蘖齋

施爲愚山先生曾孫，由廣東新會來。

與君惜别且八年，一旦牽絲蕙江滸。千里棠陰東粤移，令我豁然消煩暑。浙東列城雖褊小，風俗由來擬鄒、魯。姚川〔校〕鈔本作『州』。更鍾光嶽靈，嵳峩三儒踵接武。燭湖先生楊、袁流，本心之傳開系

譜。光光文成真天人，拈出斗杓掃榛蕪。梨洲克紹蕺山緒，九流百家互參伍。此外人物尚如林，前光後輝難悉數。吏斯邦者豈偶然，漫容俗物恣莽鹵。適從何來得有君，經術世務妙茹吐。君家世德重宛陵，舊與浙學同門户。我生瓣香愚山集，願爲執鞭慚惰窳。當年大用雖未竟，至今遺愛留江、楚。發抒固應在後人，此日牛刀甯小補。昨過衙齋窺插架，萬軸牙籤羣玉府。公餘正不廢討論，仕學何曾相齟齬。更聞下車麾雙旌，先賢祠下首弔古。慨然歎息文成後，欲爲重光舊樽俎。祇愁此意知者誰，聞聲或驚塗毒鼓。祝君政成廣所部，波餘倘得遍吾土。

蘖齋來鄞謁監司，飯予雙韭山房，惓惓萬八先生遺書，可感也

揚雄已老死，誰爲問遺經？石篋漸以散，藜光猶然青。故人扶大雅，古誼照晨星。一甕玉醅酒，殘編細細拎。

蘖齋捐俸爲梨洲先生贖祀田

再世東林兩大賢，墓田不保亦堪憐。令君清況塵生釜，甫下車來失俸錢。

沈篙師編修，不見十年，遇之杭西湖上，喜而有作

與君一分手，忽忽白駒過。舊學知加邃，顛毛亦並多。相逢真意外，率爾共商歌，且向湖干去，臨風醉芰荷。

堇浦移居吴山之麓，索詩爲贈

舊屬都宫地，新稱高士坊。幽居忘出處，遺事感興亡。山上炎雲紫，牀頭夜雨涼。明朝登絶頂，一覽盡錢唐。

鮚埼亭詩集卷四

古今體詩七十九首

鈔詩集

題果堂〔校〕鈔本作『杲堂』。內稿後，時其仲孫世法方擬開雕

碧血痕猶舊，蒼宮怨未荒。百年埋井渫，此日朗星芒。佚事徵山海，廋詞託漢、唐。重泉應一笑，魂魄慶重光。

題李丈昭武殘集後 有序

甘谷向予索昭武先生遺文，當年此老大有西臺、冬青之作，而今散佚殆盡。予就其家求得殘

集，選得三百篇與之，亦足見其大節矣。題五律一首索和。讀盡梅邊稿，無如生祭文。豪芒要足重，流落又何云。繾綣鮫人淚，蕭寥鯷壑雲。苦心有羣從，聊以慰殷殷。

中秋前一日，得林評事荔堂朋鶴草堂集、正氣録二書，狂喜，從湖上戴月歸，得詩一首

晞髪先生慟哭餘，白雲原〔校〕鈔本作『源』。下殉其書。應憐許劍荒亭路，誰人爲我發此儲？所南先生閉枯函，塵蒙眢井亦已厭。四百年來墳土出，又復令我疑信參。諸公之作竟沈埋，長虹不克振死灰。空令壯士中夜舞，獨自蒼茫賦大哀。荔堂老子古人徒，曾向鄧林追陽烏。晚年日暮尚伏櫪，裂竹如意碎唾壺。我嘗求之二十年，魂祈夢祝有無閒。故人出之持示我，寒芒五緯生蒼烟。喜而不寐急挑燈，明月耿耿窺疏櫺。騎龍被髪倘臨我，一曲楚些酹青冥。評事族孫貽余此書。

哭姚江邵徵士昂霄

三黄淪喪後，姚水久蕭寥。絶學不終替，夫君胡早凋。古松餘曆算，白眼罵文妖。十載別離恨，芳魂何處招？

秋日之浮石周氏，訪立之、韞公、殷靖諸先生遺文，多散佚者，其殘斷篇帙，後人又閟之不肯盡出，即賦七律四首以曉之

志士雄文重兩朝，睠懷舊德我心勞。鷺湖遺獻光前史，彭澤哀音祖屈騷。奕葉未消埋井鐵，熙時不諱背陽桃。故家尚有賢孫子，莫使青箱緘固牢。

三和尚暨兩監軍，謂通城、思南、順德，及立之、韞公。故國遺民最軼羣。並有清吟成變徵，祇愁閟篋泯前聞。百年星火歸喬木，一卷霜聲徹暮雲。立之與順德合刻霜聲集。笑我癡心長繾綣，挑燈絜索不嫌勤。

華貫追思先秩宗，兩家倡和最春容。先侍郎與文穆公同爲湖社盟主，先舍人與光禄嗣之。竭來並罣【校】鈔

本作『罹』。桑田痛，此日重尋錦里蹤。埋碧定憐十世厄，殺青誰發舊時封？南湖詩老遭牽帥，慷慨同聽午夜鐘。謂緘翁。

一棹匆匆出郭來，尚餘殘菊傍籬開。滿湖秋色排三逕，十里西風動八哀。洛社耆英多聚散，浦江人物幾興衰。隔鄰歌吹喧清夢，我獨長吟酹玉醅。

南皋見予甬上耆舊集中所録錢侍御帝里篇而嘆賞不置，即和其作

琅琦江上無寸土，重趼歸來淚如雨。側身且作蘆中行，冥飛頻爲弋者驚。頭顱出自鮫人室，剩餘一絲不我絶。莫道我身鴻毛輕，雄虹光照枯燐青。揚雄符命那可讀，高廟聞之鬼夜哭。不見茂陵秋芒芒，夜聞馬嘶何處望。嗟哉我家故栗里，回首徒傷急景駛。袖中尚有一卷書，我兄幕府之留餘。十年以來長箝口，明夷於股更於肘。祇應投之九天門，天門詄蕩白日昏。與人家國良多事，一夢栩栩還起起。是誰讀之叩鉢催，染毫重吹九死灰。謝翱方鳳良俊物，嘔出當年朱鳥血。

芍庭爲予至青山求元人葉編修家乘，鈔其遺文，歸而乏舟，部帙甚巨，芍庭負之，行東錢湖上，四十里始至，亦韻事也。贈以七古

芍庭嗜學老愈勤，露鈔霜纂忘昕昏。爲我四友疏附人，貧而其氣倍嶙峋。昨夜搜羅遍里社，殘編叢説證榆枌。青山葉氏本清門，樗寮墨跡四壁存。翰林功名在姚水，三犀雙鵠稱神君。道園鴻筆壯墓上，雲林行卷留水濱。五百年來大掌故，潛伏令我夢魂殷。芍庭曰諾吾其往，尚其勞我金波樽。是日前行抵湖曲，笑我眼穿落日曛。豈知歸來乏舟楫，背負巨册喘呼吸。計程重趼里四十，滿袖青山嵐影溼。我無杖頭僅茶供，反叨乾魚緑雪蕻，以此下書足雒誦。芍庭以魚菜貽我。

度歲困甚，而老友陳南臯之困更甚於余，欲拯之而不克，爲之一嘆

孤負諸公緩急需，而今我亦嘆枯魚。龍川從此成狼疾，空自印須望駏虛。

探梅

花信第一番，猶爲寒谷閉。花王望眼穿，夜夜傳急遞。其奈浹旬來，積雪長蕉萃。水仙困層冰，山茶忽中滯。古梅最峥嶸，亦復需左次。但見彼唐花，贋本夸明媚。吁嗟造物手，別自操神祕。其醖釀有時，其發抒有會。風雨所淹留，未必無深意。躁心吾無容，俟命在居易。連朝多春色，向榮枝如醉。諸公來蕭齋，一鼓助作氣。叩鉢有新詩，天公亦所契。李郎方刻期，同整寶巖屐。一卷寒香吟，我爲發沈噎。謂寒香道人戴苣翁。吹醒山中魂，來迓隴頭使。

仲春仲丁之鸛浦，陪祭梨洲先生

黄竹門墻尺五天，瓣香此日尚依然。千金兀自綿薪火，三逕勞君盼渡船。主人正在岸上迓予舟。酌酒消寒欣永日，挑燈講學憶當年。宋元儒案多宗旨，肯令遺書嘆失傳。時臨之屬予續成先生宋元學案。

甘谷以重三日過我，亭午不能作一飯，内子以糕進，漫賦一律，以索笑

先生失德定難言，瑣瑣乾餱已召愆。斗酒隻雞良不易，葱湯麥飯亦蕭然。空教日影匆匆度，賸得花容款款妍。底事重三作重九，題糕忽上買餳箋。

送錢二池之黄蘗山 用前韻

太保當年戀浄土，古田一區避風雨。至今猶傳神旗行，山中父老習不驚。東村有子埋土室，杜鵑之淚何時絶。夜夜魂浮一葉輕，來往幾度榕江青。葬録一編那忍讀，歲歲山僧墓下哭。淒風涼月兩茫茫，豈不懷歸非所望。孤兒今年辭故里，海風送楫如電駛。第二碑成擬大書，發揚潛德無賸餘。此行佳話落人口，豈以窮愁成掣肘。白頭纔得展墓門，一慟仰視箕横昏。而今始畢孤兒事，重泉聞之一笑起。江頭潮落風信催，寒食家家飛紙灰。精誠呵護有神物，老蛟爲君助泣血。

薄暮過愚亭，見其少子五郎讀罷灌園，甚有古意，爲賦吴體二律

郎君説經長兀兀，聊爾荷鋤道則通。采蘭佳句本束氏，剥棗新説嗤荆公。夏荁冬葵在曲禮，早菘晚韭饒清風。阿翁有子致足樂，切莫落萁荒厥功。

高門羣從半紈絝，那得清況供清吟。種橐駝樹悟王道，賣青門瓜識天心。誰言孺仲兒寒素，爲笑南郡家慆淫。春園春草多生意，與爾觀物一披襟。

甘谷約以元巳啖江珧〔校〕鈔本作『鰩』。下同。不料今年入市甚稀，乃以寒具作供，寒具故其家所擅長也。座客或曰：『惜不以江珧下寒具，斯爲雙絶。』或曰：『江珧亦浪得名耳。』予爲一笑，紀之以詩

鮚埼亭下春光晚，坐歎江珧已過時。唐突誰人同合氏，品題終應比離枝。熊魚未必能兼得，茗酪

何緣得擅訾。若使明朝慰食指，發風動氣我安辭。

董遜齋招集同人賞可亭牡丹，先過令兄樂窩齋頭看雪毬。席上予誦高武部宫山賦林太常繭菴宅牡丹詩，即用其韻，同人相率和之

時同作者，爲南皋陳汝登、映泉董元聰、芍庭錢中盛、愚亭董弦、甘谷李世法、君山胡銘嶧、遜齋董敏暨愚亭之次子秉緼、少子秉純，而愚亭復繪圖以紀其事。

留補堂前句，宫山最有聞。留補，太常堂名。是集荔堂、不巖、霜皋、廢翁、杲堂、季野皆有詩，而宫山爲第一。花分都勝種，香染細湖雲。心曲先民古，風光汐社醺。到今傳盛事，可許續遺文。

此月陽春好，異乎彼一時。花王添羽衛，毬踘有軍儀。世值清平運，人傳燕樂詩。祇應文字飲，確鬬試偏師。

可亭饒木石，落落水雲流。大有洛陽勝，兼爲道北遊。清吟成白雪，吾道在滄洲。花萼方争秀，連枝共唱酬。

三月春將去，斗杓不復東。淋漓杜鵑雨，泛濫菜花風。前輩忽焉没，吾儕誰與同，奪標驚健手，妬殺白頭公。是日南皋觴政累勝。

古井嘆爲程尚書配金夫人作 女瓊。

尚書大儒子，不死非所期。尚書且不死，而反得之妻。妻挈女俱死，古井生香泥。長虹夜半覆古井，光與余闕、李黼祠堂齊。吁嗟乎！尚書不死非所期。尚書究竟死，東市發嘆噫。失身早不決，應悔負戾孱。國史既舛謬，地志復漏遺，我歌古井神淒迷。明史作尚書傳，謂其病卒，謬也。尚書以不良死，見閑中今古録。至夫人殉國，府志闕然，益爲可嘆。

晦木先生集，藏鸛浦鄭氏，予欲録其詩入甬上寓公集，而求之書閣未得。雨窗寂坐，大覺無賴，率賦長句，索主人和之

鷓鴣山人金石心，鷓鴣山人冰蘗吟。九十年前甬江上，曾顧日影彈清琴。廣陵散幸不終絶，殘喘踉蹌虎口尋。憂患以來饒著述，三易六書何森森。化安哀瀑存聲響，猶疑劍出重泉深。妄人之口不足信，附會謬語誣曠林。誰言哥哥行不得，我應一洗箕豆音。朅來江村索遺集，二老閣前寒芒臨。白雲千重封四庫，但聞驟雨聲淫淫。登樓叉手空咄咄，書帶蕭寥苦霧侵。

宣城印在大師以亡國後來姚江披緇，予求其蟄茶經，十年未得，施蘖齋令姚江，因屬其訪之

竹橋老浮屠，系出姑山胄。耕巖佳子弟，裘冶良不疚。生天義熙前，成物咸淳後。哀音和鷓鴣，雙雙稱詩叟。晦木。時或過吾鄉，九老相邂逅；亦或駐寶峯，一曲清商奏。沈埋六十年，舊井荒泥厚。料得九地中，尚作老蛟吼。爾家尊先公，愚山。宛雅搜羅舊。爾今有續編，即以當肯構。願言亟旁求，用補谷音漏。東睇白龍堆，離離蔓草茂。

哭鄭侍講丈筠谷

廿載忘年友，相知此寸心。談經多妙契，覓句有清吟。自我成萍梗，勞君念竹林。茫茫天壤大，落落幾知音。

谷林兄弟來索洛伽蓮種，予以去年仲冬遣人致之，深以苦寒爲慮，意其未必得活也。今年谷林兄弟以詩來告花放，喜而有作

泊花池上妙運〔校〕鈔本作『蓮』，是。開，可憶明山辛苦來。健步踰江踰海去，孤根和雪和冰栽。波澄猶帶秋潮色，薏苦還存西竺胎。似此策勳宜十賚，問君何以報花媒？

張靚淵示所藏李槮仙觀察故扇，其陽爲倪文正公書，其陰爲張遺民畫。文正書固足重，而遺民畫亦罕矣。靚淵索賦七古，燈下率筆應之

榆林尚書李公子，廿載愚公爲國死，元公之後有貞臣，碧血淋漓光世史。即用高辰四哭觀察句。米家船散故物空，腰扇蕭寥出塵滓。清河舫中多貯藏，籤軸紛綸難屈指。雨窗爲我資古歡，亳社劫灰宛在此。峩峩始寧撥鐙書，寒芒尚共衣雲紫。文正閣名衣雲。當年椽筆元又元。〔校〕鈔本兩『元』字均作『玄』。

童烏妙悟在兒齒。文正著兒易。三爻吞罷論三案，鵂鶹膽落不可止。餘事風流寄六書，亦復崛奇難意擬。何來更有張三畫，秋甫真傳風雪裏。亡國之識在命名，陵冬之節善傳髓。摩挲私印亦自佳，不教聖思獨擅美。是時私印，推徐錦衣聖思與遺民。可惜三絶盡無存，殘山賸水僅爾爾。予求遺民詩不可得。從來書畫重以人，苟非其人適堪鄙。此書既屬魯公徒，此畫還應所南比。又況穋仙手澤餘，如彼岑鼎連其趾。同心臭味託蘭蓀，故國雲烟重桑梓。主人寶之揚清風，庾元規塵隔千里。先贈公嘗諧遺民曰：『君生德祐以前，而早署遺民，其爲不祥孰甚？坐令我輩同此荼苦。』於是滿座皆大笑。

送錢二池之黄蘗

漫山黄蘗護忠魂，料得元公亦倚門。屈指甬江秋漲動，吾兒此日發江村。

星齋速我出山，且盛誇我用世之才以相歆動，其意爲我貧也。率賦答之

故人眷念蕭寥況，珍重雙魚勸盍簪。屯女豈應重策馬，蒙夫未必竟多金。寸長尺短誰相諒，北馬

南轅我弗任。不道廿年叨雅素，尚將茅束誘春心。

諸公袞袞天衢上，容我山茨一古愚。恥學狂生相嫚罵，羞從涸轍乞呴濡。佐王經術歸農圃，逐世聲名厭顧廚。苦不自知吾豈敢，敢將一擲試微軀。

三旬九食古人事，此是儒生分所甘。淡與泊遭良有會，我因吾喪不須參。問妻能叶歸田樂，顧子寧爲歷齒慚。一曲商歌孤唱罷，猶堪援筆奏餘酣。

題黄澤望縮齋集後

竹浦悲風暗，藤龕落日殘。一腔猶血熱，萬古總神寒。人近伯夷隘，詩非東野酸。可憐精衛恨，莫作劫灰看。

木杪屋巔裏，心知諒有誰。鼠皤蠹蝕後，物色更堪悲。莫悼天年夭，長教詩卷垂。三黄真鼎足，未許里兒窺。時有妄議先生兄弟高下者。

國運方衰日，家傳極盛年。闔門真克世，隻手莫回天。病革還歌鳳，吟成定化鵑。蓬萊清淺後，幸得發遺編。

題鈍軒墨牡丹

澹老好孫子，風流尚未闌。焉支已洗盡，雲氣渾高寒。爲贈爾別字，『廣川小牡丹』。澹子先輩，在襄、鄧間有『董牡丹』之名。

哭唐著作丈赤子

鳳泊鸞飄後，行蹤類賈胡。浮生長偃仰，百事總荒蕪。老竟成羈鬼，居空卜左徒。故人寢門哭，能到夜臺無！

客自江上來者，爲予言臨川先生心疾如故，健忘更甚，獨有昕夕不置者，予之近況也。因與蘗齋共爲憮然

當年接席談經地，廿載升沈恨有餘。祇爲嗜痂成痼疾，不須入夢動欷歔。衰殘空寄相思子，零落

誰成未竟書！此意旁人猶感嘆，我心戚戚更何如。

除夕得徐丈霜皋別集二册，挑燈守歲，選取五十餘首，即題卷後

一卷來從冰雪餘，不隨人代共遷除。宵分浮白憂瓶罄，豫借屠蘇酒一榼。

苦節應無愧華、王，鶴山老友足相當。祇愁金石心期祕，未盡江村淚萬行。全集疑尚未盡于此。

張生索我購詩錢，阿堵蕭寥竟歉然。似此追呼亦佳話，冬心淡蕩送殘年。張生之祐挾此有求。

李氏笑讀居題額，乃江夏賀文忠公隸筆也，甘谷搨之見貽，敬賦五古，以當跋尾

峩峩江夏公，所學醇乎醇。一念不妄起，穆然見天真。歷官登四輔，清苦偃蓬門。阿諛庸妄流，但以佛子論。遭逢陽九災，左席需絲綸。大厦已不支，隻手難救焚。痛哭辭班出，老臣早致身。江外妖氛滿，江頭苦霧屯。浮尸蔽江下，孰與公骨尊。合門從公殲，尤足妥公魂。思宗五十相，歷歷可指陳。

哀哉孫文忠，早喪一个臣。南天繼有公，並先鼎湖淪。于今已百年，墨妙猶清芬。公書雖末技，要復雅以馴。砌里老儀部，舊爲東閣賓。晚節亦無忝，一慟隨靈均。我遊笑讀居，冉冉三十春。每見必肅拜，謂足百世珍。頹然老屋中，正氣長烟熅。

張二靚淵讀予所續甬上耆舊詩，而曰『諸公原集雖付之一炬可矣』，予皇恐未敢當也

百家雜碎原應火，老眼摩挲幸未花。傳寫莫教牧吏漏，別裁只合老辛夸。用荆公選唐詩及遺山選金詩事。桑田軼事紛綸出，枌社遺文子細查。所懼拾遺猶有待，敢言一攬盡天葩。

擬作雲湖看梅之遊者再，而春事尚寂然，蓋二月之望矣，亦自來所希有也

春爲寒添閏，梅緣雪放遲。東風無氣力，何以慰調〔校〕鈔本作『輖』。飢？葭黍滯生意，桑榆感歲時，隴頭如有信，引領望佳期。

甬上耆舊諸公詩集，摭拾略具，獨王丈麟友，以流寓江都，求之未得，因以長句奉託嶰谷諸君

四明瀟灑王公子，野死雷塘亦可憐。宗國神傷苗稷句，門生腸斷蓼莪篇。殘山賸水真無賴，破帽青衫孰與傳？安得清江杜清碧，爲余蓦地發遺編。

長汀舟行初見梅花

纔報寒梅放，相逢剡水沱。美人已晼晚，孤格倍嵳峩。槁木乘風動，黄鸝着意歌。東皇如告我，不用嘆蹉跎。

題唐明皇與楊貴妃並笛圖

不知何人所作，其上有楊東維詩最工，玉笥而下不及也。

開元天子愛長嘯，旦旦寧王求應詔。晚來花蕚漸凋殘，醉擁美人爲同調。抱遺老子才筆奇，玉笥

諸生遠莫幾。頹唐老筆三四行，當年魂魄猶依稀。我欲更罄好東絹，旁寫小臣元魯縣。微吟一曲于蔿于，唤醒華清春夢倦。

巽亭以家藏進賢傅文烈公遺箑見示，并索題句

龐里先生守撫州，進賢相公當詞頭。泥金一箑易代留，墨妙蕭散如銀鉤。我聞相公雅風流，朋童百輩恣冶遊。中書退食五紽裘，十萬俸錢散不留。豪士未必皆清修，以此枋政宜招尤。一死乃克光斗牛，南冠縶處土一抔。熱血迸穿重泉幽，至今天陰鬼啾啾。上與廬陵少保侔，東隅之失西崦收，掩卷我亦淚盈眸。噫嘻吁！十五完人墨跡何處求，相公其一足千秋。巽亭嗜古誰與儔，寶兹宗器如琳球。

百五春光集

寶巖看梅，同覩淵

薄暮抵山麓，杳然探深冥。所困在曲磴，所通在神明。暗香空中來，鼻觀早泠泠。秉燭諦視之，鹿角交枝橫。微茫陰雲裏，下有寒谷冰。于焉驗夜氣，孰與旦晝清。山僧出肅客，漏下已二更。孤月尚未上，荒雞尚未鳴。獨有梅花魂，隨我入前楹。解衣熨窘步，屐齒俱含馨。座有輭脚酒，足以發詩情。山神夜傳語，詰旦戒早晴。在昔寒香翁，大節昭滄溟。故國之喬木，有光先中丞。嚙欖看梅花，用晦畢餘生。可憐駱義烏，垂死莫知名。我爲闡潛德，遂足昞日星。惜哉竿木吟，竟同落花零。寒香道人乃中丞戴公裔，披緇後，莫有知其名者。予讀其嚙欖、看梅諸集，乃得其大節，惜尚有竿木諸集，竟無傳者。侵曉山雨過，漸見東熒熒。諸公俱熟睡，而我已獨醒。熹微看南枝，娛溼增娉婷。披衣出上方，曳筇尋古亭。茶甘不可作，寒碧委蔓荆。廢翁亦仙去，梅花失主盟。寒碧亭爲宋儒茶甘高公元之遊息之地，故茶甘像供寺中，今已亡矣。廢翁爲茶甘後人，嘗自號寒碧亭長。倒影浸谿碧，古心與天青。間以虬松枝，怒濤時崩騰。誰其音嘹嚦，遥知是倉庚。今年春事苦，花信以晚成。黄鐘踰九九，薄寒尚未盈。豈知萬香雪，從此軒豁呈。大雄與河渚，梅花夙擅稱。鄧尉亦其亞，籃輿吾並經。東渡數雲湖，累爲魂夢縈。兹山尤密邇，洞天列户扃。其南富橙橘，不下雙洞庭。秋晚倘再來，飽看黄雲平。西村諸宿老，好句留餘鏗。將無即梅花，現此宰官靈？平生論詩法，雅不喜竟陵；獨愛此一卷，莫以楚語聽。謂正菴、曉山、殷靖看梅山中之作。我詩慚高寄，薄奏下里聲。歸舟按玉笛，晚霞滿江城。

海若招賞其家園梅花，和予寶巖詩韻，再索同作

自我西郊歸，昕夕苦晦冥。少霽逢佳招，梅花亦眼明。主人玉雪腸，與花共空泠。讀我遊録罷，賞我硬語横。沽酒出上庫，叉魚自曾冰。一笑問此間，孰與山花清？一番又一番，花事如踐更。詩人坐此忙，往復相和鳴。栩栩羅浮夢，不遠在階楹。底須蠟五兩，跋履求遥馨？況君有家山，蛾緑堪移情。雙雙對梅花，卧遊無陰晴。

連朝荔子蜻，乘潮上南溟。雄視江珧柱，風味夸膳丞。梅花校資格，本不同時生。乃以遲暮故，而得通姓名。相逢成粲者，鼎足稱三星。我亦遂傾尊，肯復遺奇零。〔校〕鈔本列第四。

朱鳥天中來，有光何昭熒。莫隨流鶯醉，媿彼古梅醒。一醒一醉間，顧盼良娉婷。春光漸可溯，夕陽滿都亭。吾儕亦惱亂，何以偃柴荊。醉即瞑花下，醒即尋詩盟。〔校〕鈔本列第六。

花寒香更古，客醉眼各青。醉影同横斜，寒光愈騫騰。吟罷再呼酒，一卮酹長庚。大造有清氣，梅花所以成。詩人分其半，誰歉復誰盈。何不竟化身，并作一體呈。〔校〕鈔本列第五。

山梅如野鶩，每以蕭散稱；園梅如家雞，易爲物色經。詩人兩不厭，東鶩還西縈。所慚思力蹇，莫窺昔賢扃。孤山一字妙，直掩江郎庭。微吟尚未竟，暮雲與花平。〔校〕鈔本列第三。

李郎和我句，清妙如陰鏗。險韻枯絶處，梅花默效靈。我鼓已衰竭，幾將陷陰陵。梅花如有知，亦恐攢眉聽。座中張公子，五言擅希聲。願君再挑戰，莫令憑長城。謂烟嶼。

重三日偶然作

東風靳放青，宿草不可踏。蒼龍爲之怒，連朝呼拆莢。夜聞萬蟄蟲，蠕蠕更霅霅。所憂玉蘭花，魂散難爲攝。江干士女殷，索居〔校〕鈔本作『莫』。阻步屧。苔痕上緑階，墨雲染白帢。天方啟閏餘，客無怨沾溼。且待含桃登，重理永和帖。

展重三日，從先公墓下歸，道出仲夏，李花盛開

省墓餕已畢，放棹沿流泉。聊以補上巳，兼之訪隱仙。巖名。何來瑶光星，散落億萬千。朗然自高潔，白雲巢其巔。桃花如妖女，特以濃見憐；李花如静女，乃以淡更妍。是中分雅俗，不爲肉眼傳。溯昔長谿屐，蹉跎且廿年。故人化異物，春露委荒阡。義門嘗約爲長谿看李之遊而不果。浩歌感禊事，碧水生寒烟。

安晚鄭忠定王集，世不可得。仁和趙氏近購其詩七卷，陳解元坊本也，喜而鈔之

夢谿師相本清才，可惜端平晚節乖。縱使勳名慚涑水，肯教薪火墜迂齋？西山以司馬文正推安晚，宜其爲東發所誚。梅花詩思猶餘墨，槐木園林已伐柴。安晚墨字韻梅花詩累疊最工，其先世稱槐木鄭氏。便擬釀成『安晚酴』，借來還往一瓻皆。鄭氏酒名『安晚酴』。

鷺洲侍御服闋還朝，集餞分韻

藤陰對酒夕陽低，南浦離襟珍重題。魏闕江湖紛聚散，沙蟲猿鶴各東西。花迎轂雨愳愳放，馬戀湖光故故嘶。努力匡時公等在，漫郎只合醉如泥。

杭二堇浦以閏重三日爲禊事之會於湖上，太守鄂鈍夫而下至者四十二人。蓋自劉仁本續行此舉於姚江，在元至正中，今四百餘年矣

運邁永和，一洗塵圠。春以閏長，蓴因雨茁。睠我朋好，理我筆札。我醒而狂，莫投我轄。今日良宴會，羣彥相景從。緬懷洛水迹，卻聽南屏鐘。曠懷寄我真，鴻去忘前蹤。熙時無不祥，流泉清溶溶。

風日初晴，薄遊湖上，聖因寺〔校〕鈔本有『中』字。花墅久閉，沙彌以予至啟之，屏營良久

幾憶當年鳳輦來，重湖簫鼓徹層臺。横橋弓劍都仙去，寂寞薔薇一樹開。

題文待詔風木圖 有序

待詔爲其先人温州小祥後作也。其題句云：『肝腸屠裂恨終天，已抱深悲過一年。門户漸乖非復舊，兒身善病只如前。春風手澤庭前樹，夜雨精魂陌上阡。做了清明寒食節，又垂雙淚看新烟。』詞旨悽愴。今歸杭人趙君谷林兄弟，以懸其先人遺掛之菴，各和待詔原韻，予亦有作。

春暉莫駐奈何天，幾憶衡山泣血年。妙墨飄零易代後，白雲飛送二林前。報恩應待崇公表，極目長懷越水阡。最愛園中好叢木，清風時爲拂鑪烟。

我亦深知不造天，鮮民負疚自年年。竭來水閣山窗下，慚對慈烏孝鯉前。賸有遺容傳舊德，更無好夢到新阡。披圖讀罷空三歎，一片蒼涼木末烟。

題宋樓楚公墨莊太室二十四峯詩卷後

『一聲雷碾青山過，萬捲風驅白雨來。』珍重參寥舊吟卷，不隨汴、洛共飛灰。墨莊嵩、少諸詩，皆參寥所書也。首二句，即墨莊與參寥山中喜雨詩。

臨平謁申包胥廟

聘節當時過，祠宮奕世傳。應從沼吴日，重溯哭秦年。事擬巫臣後，功居范蠡前。遠交真上策，秘計失遺編。報復亦何定，仇讐竟忽焉。先王吐積憤，虜使壯歸旜。望裏皋亭樹，空中寶鼎烟。隔江越絶近，千里郢都懸。驃騎疑封爵，鹽官接廟堧。興亡已百幻，恩怨合平捐。若遇乘潮客，休題鞭墓愆。我來初夏節，新麥薦神絃。

臨平弔故陳將軍萬良

蒼頭特起誓平吳，回首江東望眼枯。痛哭浴龍祠下寨，淒風碧血兩模糊。

苕上訪蘗齋

風送故人至，花添新雨涼。山青容吏傲，牘簡爲蠶忙。麯部鄰烏氏，宗傳本鄭鄉。如何未黔突，借寇又皇皇。蘗齋先世本是吳興，是日適天部又有推陞之信。

期月姚江令，辛勤爲疲民。此來暫安穩，依舊是清貧。束帶原非志，承歡且屈身。白華真皜皜，爲愛滿陔春。

夙有鈔書約，愆期竊自慚。欲留嗟趙弱，無厭笑虞貪。一諾定難負，傾筐故所甘。祗愁挾質意，脅我又何堪。蘗齋借書於董浦與予而不繼，乃留前所借以爲質。

蘖齋出示愚山先生秋林讀易卷子，敬題

敬亭山色九秋寒，中有仙人獨弄丸。一代風流零落盡，賸餘無恙舊林巒。

追哭林晴江太常 有序

晴江敦篤古道，不類吴淞間人。其官翰林，授經和碩怡親王邸中，予不甚往還也。晴江對客過情之詞，有爲予皇恐不敢受者，然予尚未之敢信。及陶四稺中使蜀，晴江送以詩，陳義慷慨，直指近來撫臣厲政，言之凜然，予始驚服，以爲此今日館閣中朝陽之鳳，而同人無甚知之者。予去官，晴江謂稺中曰：『謝山竟出國門，令人不可爲懷。』聞者感歎。日來晴江漸致通顯，官至列卿，此足爲槐棘間稱慶，而遽以隕落，可悲也。予病中忽忽，期年後始哭之，負故人矣。

感君意氣最真醇，不獨交情泣鬼神。直道抗言當世弊，孤根恥傍要人津。談禪王縉應揮座，顧曲周瑜肯共茵？一出修門成死别，荒荒長恨竟誰陳。

鮚埼亭詩集卷五 古今體詩八十五首

吴船集

舟中與施生話海昌前輩事，因及姚晒菴職方本末，并詢其遺文。施生對以里中從無知者，因嘆桑海豪傑，淪埋無限，當亟爲求之，即賦古詩

東江建行營，晒菴勷旌纛；暨其乘槎遊，晒菴捍圉牧。沈鼎不可扶，斷絲不可續。淒涼黄蘗山，晒菴棄初服。故人唐魯公，六棺淺土暴。重趼謀一坏，事在琅江録。試讀卜葬詩，可以當野哭。歸來訪故婦，已逐野鴛宿。遂老死空門，碧血瘞深谷。斯人竟泯泯，後死能無嘁？世鮮吴立夫，誰發遺民躅？今君多讀書，舊聞且滿簏。試爲訪遺文，如聽漸離筑。晒菴重泉下，定亦一張目。

湯千户歌 有序

丙戌海昌之師，姜指揮以所部應俞監軍，事潰，死之。此見於諸家野史所紀。尚有湯千户者，其死最烈，今海昌里巷中以爲神，多祠禱之，而惜其名之不傳也。施生請予紀以詩。

生爲上柱國，死爲閻羅王；成爲佐命勳，敗爲故國殤。其名字可泯，其英爽不亡。吁嗟乎！此間鄉衮晚郎當，杭纛山前遊魂傷，入關不敢見毅皇。千户神雖小，蔚爲里社光，羅刹江頭猶堂堂！

追哭陶穉中太常

五湖音問久寥寥，渴欲相逢話久要。一夜怪風吹夢冷，廿年舊雨泣魂消。直言去國良無媿，醇酒傷生豈所料。從此故人狂簡性，更誰散髮共招邀。穆堂先生嘗曰：『謝山之疏放極矣，而穉中又過之。』然予嘗謂穉中若與時俯仰，固不至左遷，即左遷亦尚可回翔光禄、鴻臚之間，以求再振。而穉中飄然歸田，竟以貧死，是則其不可及者。時穆堂已病，予見之白下，歎曰：『穉中乃能如此！』

題水木明瑟園

芳園好亭榭，賦自小長蘆。雲氣接林屋，天光通射湖。埽除金粉澤，想見大癡圖。謝豹花初放，嬌紅媚酒壚。

過澗上徐高士昭法草堂

爲問徐高士，流傳尚有居。蕨薇長遍野，書卷更誰儲？大雅消沈後，殘山涕泗餘。曾聞湯憲使，徒步此躊躇。

弔念祖臺

一卷酸心録，書亡堂亦遷。鶴澗先生著酸心録二十卷，志前代事，爲盜所去。事曾關〔校〕鈔本作『聞』。舊史，地應溯平泉。怪石枯藤繞，荒塘亂藻纏。百年遺獻盡，相對足淒然。

此間兩仲子，俱不媿先人。死去猶埋血，生前肯折巾！流泉共嗚咽，喬木亦酸辛。所喜清門裔，貞心尚食貧。文公次子應符被逮於此。

最憐生壙碣，有婦隔幽墟。未忍恝吾母，何嘗忘故廬。山攜敬亭色，篋祕石梁書。舊燕還無恙，巢痕半已除。

果堂挈其從子再過予舟中，僕夫失足，幾墮水

急雨飛湍裏，勞君滑滑來。猶攜木瀆霧，兼致竹林材。莫使蛟龍得，幾爲蛩蟨哀。驚魂重絕倒，破例一詼咍。果堂自言生平不作俳語，今日見君，乃一盡之。

題文先生啟美手蹟後

舍人稱泛愛，偶爾狎懷甯。亦有番江彥，同調焦尾聲。謂鄺湛若也，啟美與湛若皆以聲伎交圓海，而啟美尤狎之。抗詞漳海獄，泣血下江兵。到底歧緇素，何曾混渭涇。

南枝先生賣字歌

始興之錢江州酒，彭澤當年亦姑受。秦餘山人更絶奇，一粟寸絲都不苟。商邱開府真雅人，兼金治櫝意良厚。豈期遺戒有前知，肯令幽宫翻失守。生平賣畫聊易米，今日雲烟已烏有。滸關何處來寓公，數載積錢賣字久。老生貯此不時需，原爲山人謀身後。同此非力不食心，畫耶字耶特轉手。開府雖非盜跖金，未若清風來好友。山人葬罷寓公歸，依舊深藏餓隸手。

蘇人造爲所南心史舊本，索高價不一而足。然即係舊本，亦屬海鹽姚叔祥之筆，並非所南故物也。閻丈百詩蓋嘗辨之，而吾友厲二徵士獨以爲真，則嗜奇之過矣。是用作歌，以曉蘇人，兼寄徵士

鄭君智井物，出之四百年。一朝承天寺，觀者何喧闐。詡爲神護持，用以抒沈冤。誰知考張霸，近構自鹽官。其妄且無論，其妖則信然。無端作此僞，似亦得氣先。何異天津橋，忽焉聞杜鵑。當時數巨公，大半殉烽烟。玉笥與虞、孫，足並文、陸傳。降而亭林徒，亦與鄭比肩。遂不復致疑，百口聲相沿。論世適相肖，論人適相班。志氣所感召，誣謾皆機關。邇來書估船，益復造舊箋。裝潢審行墨，動索十萬錢。不足供一笑，誰考潛邱編。我昔在三館，曾見錦綫篇；欲鈔竟未果，至今魂夢纏。何時得此集，侑以所畫蘭。緘之示諸子，斯價直琅玕。所南錦綫集，予于永樂大典中見之。

泊舟吳門，訪得姜貞文先生遺集，其孫本渭即屬予編次，因寄聲谷林父子

此行無足供清娛，喜購梁鴻殉葬書。小艇孤燈排月表，墨痕猶和淚痕儲。敬亭遺稿得連珠，殘瀋蒼涼張、杜、余。他日東歸足飽看，一瓻還侑百璠璵。舊載穉恭、茶村、澹心三序。

次山侍御以病謝客，小詩奉呈

講堂細讀倉公傳，弟子愁吟茱萸詩。有客到門還興盡，屏營斜日下山時。

江左大吏新得請爲故檢討楊公維斗立祠蘆墟，此盛舉也，喜而有作

敕下泗州守，旌忠恩命殊。喜看滅頂地，重作麗牲區。古柏重生蔭，古柏，楊氏堂名。荒蘆尚有墟。獨憐卧子輩，何日共芳醹？

果堂問予近日所著何書，予無以答也，乃索近所作詩而去

星霜催短鬢，未有一書成。慚媿不鳴鳥，空憐太瘦生。健忘將輟業，有感但言情。輸爾兟兟響，重茵獨擅名。

閏後入夏，浹月猶見紅藥

春夢尚當堦，不隨餘分去。此番花信風，難挽驪駒駐。我唱無庯歸，嬌紅且小住。

以書屬太倉州牧求宋丈菊齋春秋及遺集

崇沙宋公古君子，一言一動歸正始。病狂豈果是真狂，只求牡蠣灘頭死。六年窮島血淚枯，求死不死爲保孤。鯢淵相國藐一綫，百死不死逃囚俘。藐孤既免且賣藥，不死刀鋸死窮約。尊攘之辨何皇皇，恥道苻秦王景略。使君新命牧名州，圖經舊德應旁搜。崇沙潮汐鯉魚便，莫令阿儂穿雙眸。

題楊商賢手蹟後 有序

商賢爲副都維垣之子，嘗避地至吾甬上。予少時頗見故家中有其唱和詩，然以其爲副都子，不甚留意也。及讀愚山先生所作墓志，而後知其人，蓋邢居實、趙德夫之流，不以家世累其賢者，乃自悔前此不收拾其詩。去年録甬上耆舊，頗及寓公，而商賢詩已散亡不可得矣。今年於吴中書肆見其手札，爲題詩於後，以志吾過。商賢名彭齡，嘗與金忠烈公鉉同講學，後卜居舊都桃葉渡。

中丞一死事難詳，補過還資雛鳳良。桃葉渡頭長恨在，清流洗出碧梧香。副都之死不覈，梨洲先生辨之，然商賢之志節，固可哀也。

前大理雍公熙日，字辰生，一字耐广，徽人而居蘇，最爲萊陽二姜死友。貞毅避地浙東，辰生同之；貞文勤王西陵，辰生同之。及貞毅兄弟北歸省覲，託妻子于其家。其卒也，諸遺民上私謚焉。辰生嘗至甬上，予向蘇人訪之，罕有知其姓氏者。姜氏後人雖知之，而亦無從求其遺文矣

百年尚未有篁墩，誰索黄山故老魂？猶仗敬亭兄弟力，得從狐貉口中存。

吴市見白杜鵑花

望帝已去國，羞陳故赤符，嫣然擁白帢，瀟灑出江湖。

謁湯文正公祠

經術原經世，如公曠代希。百泉承學統，中嶽有光輝。建節甫數載，移風已庶幾。伯淳施未竟，吾道豈終非。

屈指諸前輩，終無第二人。尚存吴苑祀，未薦頖宫茵。道以躬行重，人從述作論。甘棠猶百世，盥手酹青蘋。近日方侍郎靈臯請公從祀，禮臣以公少著書，遂格其請。

滄浪亭

一畝行吟地，風流尚未寒。棄材良可惜，召謗不無端。放浪需山水，摧殘感鳳鸞。漫堂今亦少，誰足供清歡。

沈寶研以其子不肯習舉業爲虞，詩以解之

此是朝陽鳳，今從何處來？他年學成後，一決震風雷。老子真多事，郎君慎別裁。荒田埋八識，從此障雲開。

題姜如農侍郎荷戈圖

七尺疑金鑄，須眉尚儼然。茫茫亡國戚，忽忽荷戈年。甬上曾弭節，先人辱贈箋。一軍驚失守，連踊各殊天。珍重山居誓，蒼涼野哭篇。哲昴棠蔭在，賜廟海隅懸。飫飪詩無敵，蟛蜞話足傳。先生至吾鄉，見鮚埼諸海錯，遲疑不下箸。歸東聊墮馬，哭弟幾摧絃。族未零王、葛，居胡變海田？清高肅遺像，感慨望遥阡。式里重思舊，披圖願執鞭。可憐廿四氣，早已化雲烟。

題靈巖儲公騎牛圖

三月十九是何日？騎牛野哭荒山巔。乃公耿耿攀龍意，廋語登堂孰與傳。儲公嘗登座説法，忽問曰：「今日山河大地，更是幾番？」皆愕然不能對，儲公潸然而下。

南州高士清不染，獨許乃公餽蕨薇。居易齋前蒿逕熟，牯牛還往總如飛。謂俟齋。

柬陳觀察賡齋

副使左遷後，幽居樂有餘。到門無雜客，插架擁多書。白髮親能養，黄金笥已虚。諸公方逐逐，歌吹滿吴艅。

舟中編次南雷宋儒學案序目

關、洛源流在，叢殘細討論。茫茫泐薪火，渺渺見精魂。世盡原伯魯，吾慚褚少孫。補亡雖兀兀，誰與識天根？

故太僕陳皇士木瀆別業 今歸桐鄉汪氏。

太僕園如昔，于今幾歲寒。鈔詩禪國史，選佛挂儒冠。太僕有啟禎詩選，又嘗賦歲寒詩，和者遍海内，今園旁尼菴，其香火也。梧竹留餘蔭，池臺溯古歡。靈巖在何處？清籟出雲端。

題秦餘山人畫芝之卷

莫憂浄土稀，尚有吾廬在。采采神芝生，附以石磊磊。畫蘭不畫地，翻笑所南隘。即用山人語。

家居十載，故人誚讓蝟集，獨彭侍郎芝庭曰：吾觀同館諸公蕉萃已極，安得如謝山之春容自便。不禁有感於其言

鮚埼亭下對蒼蒹，讀易忙時且下簾。敢道玉堂天上客，不如漁父澤中黔。八甎筆札誰雄長，一研

菑畬我薄饜。祇爲向來無遠志，守雌守黑更何嫌。

道南祠下雜作

梁谿泚泚惠泉清，流出龜山木鐸聲。怪殺荆、舒猶未盡，至今茅葦竊科名。

楊門學派盈天下，我愛堂堂喻子才。一語六龍安穩渡，豐公手掖魏公回。喻公晚自嚴陵寓梁谿。

文簡文孫木石賢，文章載道亦巍然。如何史禍消沈後，流落豪芒總不傳。

河津尚自費鍼砭，此義秋霜夏日嚴。不媿兩公惟吏部，到頭一死比飴甜。蕺山與高忠憲公也。

老成逝後失儀型，二曲西來更講經。誰復風流如駱守，匡時要務據觚聽。

有懷少保吳公穉山，時行篋中適攜少保海外遺詩

老臣久仗波爲國，厲鬼還教火浣衣。尚有指南殘集在，詩魂環繞故宮飛。

譚家洲

爲弔木城跡，猶餘鐵鎖箝。南風三日利，白下百城嚴。天定人難奮，時平兵不占。璧郎亦健者，竟逐殺星殲。時以殺星陳破京口。

追哭謝古梅閣學 有序

故尚書睢州湯文正公官江西時，以親老謀所以歸養者。時例：有兄弟者不得歸養，而外官賜告，非特薦則終身不得起。文正故有異母弟，大吏以是遲疑，令以權宜請。文正曰：『有弟而云無弟，是非所以愛吾父也，且欺吾君。』遂以病告，竟致其仕，時年三十有三。其後卒以薦起。古梅官編修時謀歸養，私自念曰：『今之得請者，皆名終養，是待親之終也。其詞不順。』亦以病告，家居一十六年。予謂古梅此一節，足追配文正，凡爲人臣人子者，當以爲法。及古梅除服驟起，不二年至閣學，且將大用，遽以病卒。予與古梅未嘗相識，每從臨川先生及吾友杭編修堇浦，得聞其崖略。古梅出山，予已罷官歸矣。已而洊丁先公先太孺人之艱，予婦尚留滯京師，不能奔喪。古梅親至邸弔唁慰問，且謂人曰：『此來不得見謝山，乃一恨事。』予婦歸，具述之，予方擬致書謝之，不料其死之遽也。古梅雖驟官至二品，歲月淺，未得有所發抒，尤可惋惜。時予方廢業，未得爲詩輓之，又六年追理其言，不禁腹痛。

通夢神交二十年，茫茫一旦隔重泉。鮮民未解臯魚恨，遠道俄傳鵩鳥篇。賫志竟歸春夢裏，斷魂遥哭埜棠前。閩書他日傳醇行，粹白如君孰間然。

辛浦以入覲歸，先過京口一日，不得相見

馬尋舊路君行速，風滯征帆我到遲。相遇甚艱相念苦，新詩幾許槖中攜。

得衡陽謝令札，請改南遊之棹于明年

未有昌黎鋭，猶然阻望雲。夢隨彭蠡鳥，先謁洞庭君。

韓江唱和第二集

感懷

古人觀世道，首重在人心。天地縱多故，此志終昭森。其或不然者，天地且胥沈。是以子孟子，苦口距詖淫。斯人方寸地，治亂所侵尋。奚止中流壺，區區千黄金。自從炎漢後，二千年于今。人心雖日替，猶仗一綫任。有時見皎日，一啟昏霾陰；有時遇震雷，一發啞鐘瘖。支架此大造，廓清良有壬。胡爲邇日來，澆薄不可禁，陵夷成痼疾，沈綿日以深。漸且入膏肓，醫和無能鍼。四民縱殷阜，亦復非好音。而況日局促，遊魚在沸鬵。

普天苦人滿，衣食難爲周。農也頗力耕，所苦乏田疇。再易三易地，高價十倍求。商也更大耗，子母不見酬。架虚以欺人，强半成漏舟。桓桓者兵耶，簡練尤謬悠。其實乃市人，何以稱好仇。更有諸勳衛，生齒日以稠。不耕而不織，廩餉坐若流。勢且蔑可繼，道在豫爲謀。空教聖天子，玉燭親綢繆。

諸公稱股肱，而徒安苟偷。足食與足兵，果何道之由。文章雖小道，元氣所節宣。三才有橐籥，冥冥噓其間。隨運爲降升，良亦非苟然。列朝諸著述，大概略可言。有人一振之，旋轉蓋如環。而今胡日下，東流勢不還。强者成梟狐，弱者成寒蟬。天地失正聲，莫遏羣兒喧。其在洪範中，咎徵豈無端。杞人竊搔首，作詩志憂患。

韓江詩社，浙中四寓公豫焉：樊榭、堇浦、薏田與予也。然前後多參錯。予不到韓江二年矣，今夏之初，館于嶰谷畬經堂中，同人喜予之至，而惜三子之不偕，即席奉答

昔我來是間，行菴方經始。倥傯渡江歸，魂夢幾勞止。迢遥雙鯉魚，莫罄論詩旨。轉瞬三夏間，相逢互歡喜。重來訝新逕，舊雨迷故履。東西萬篔簹，各各長孫子。閣中古先生，微笑一彈指。倒屣增闊悰，披襟消塵滓。今年溽暑早，火雲迅於矢。愛茲别有天，薰風環圖史。諸公冰雪腸，吐句清髮齒。而我已才盡，坐笑彭亨豕。遥溯浙河中，水雲正清泚。故人夫如何，梁月共徙倚。

復齋撫軍卧病，予至，扶掖出見，爲之悵然

當年開府鎮呼韓，顧盼能教敵膽寒。幾度風饕兼雪酷，三彭豎子得摧殘。
當年上殿薦甘盤，夾日功成奏治安。今日江湖茅屋裏，瓜棚豆畤病中看。
一飯三遺亦可嘆，誰教報國夢魂闌。祇應漫興消岑寂，閒對楊枝弄藥丸。

半查有子五歲，能誦唐宋人詩，琅琅可聽

此是君家事，垂髫已足徵。他年吟社裏，拭目鳳雛登。姿地白眉秀，薪傳絳帳承。祇愁丈丈句，幾許費糾繩。

客有詢及故相陽城公遺事者，答以七言

相君勳業應誰同？曰杜祁公文潞公。斷斷休休元老度，渾渾穆穆德人風。乞身豈爲蓴鱸戀，上殿

長懷布粟恫。此事誰人成補狀，莫教綸閣泯孤忠。

薏田問予東武四先歷顛末，以詩代札

鷺島波濤裏，曾頒此一編。白頭餘二相，墨制志殘年。謂路公振飛、曾公櫻也。五指難傳信，長垣競着鞭；時海上有二朔。我尤憐亞子，壯志亦軒然。

題方浮山先生畫

白石不可爛，殘山尚自開。攜歸嶺嶠色，都作畫師才。蕭散通神悟，嵯峩鎮劫灰。西崦話遺事，蟬蜕有餘哀。

唐堂爲予言其同里故吏部張君忠震之賢，予素未識吏部，不料其植節如是也

殿上更無胡侍講，天邊遍唱李龜年。婁江江水應貽穢，猶喜雙清挽逝川。

消夏什器偶賦，同嶰谷兄弟

倦倚藤牀去，新傳瓬氏工。象形疑有底，託體愛虛中。暝據增安隱，清吟退蘊隆。匏尊曁瓦缶，伴汝共薰風。右磁隱囊

此君真不俗，衣被足神清。牽率耐寒友，支離觸暑行。結來金瑣碎，掄出玉琮琤。我欲鐫詩句，應加汗簡名。右竹衫

火龍來下界，忽阻松毛陰。涼氣度香氣，古心清熱心。雨餘添鬣翠，風至應濤吟。祇恨宵分後，明蟾不可尋。右松篷

橐籥生噫氣，能教滿座涼。吹噓奪真宰，旋轉在中央。天上南箕怨，人間造父良。願言推此術，解

愠遍窮鄉。右風車

矢口能呼雨，摧翎尚致風。鄭僑應一笑，麾陳薄涼中。尚帶浴江色，休忘撲火功。青衣遭毒手，高舉媿孤鴻。右鸛毛扇

雨中聞蟬

簷霤忽暫住，好風來前楹。郭公正霑醉，齊女俄長鳴。聲含嘉澤潤，律中小素清。連朝炎雲解，乍疑秋思盈。木杪紛颯颯，耳根空泠泠。微禽亦自得，哀怨歸和平。

南圻訂爲環溪草堂看荷之行，甫至程氏篠園，雨甚，即坐其亭上看荷，柬諸子之先至環溪者

雨甚阻前路，況已有荷花。兼兩空延佇，得半亦自嘉。妙香出水面，清籟浮林椏。且作碧筒飲，渺矣溪上槎。

飯後雨霽，復至環溪

夕陽念雅集，洗出空明天。竟遂合并期，判圭成大圓。把酒酹芳塘，同氣偶殊阡。一笑看新水，應月生寒烟。

次日自環溪入城，又雨，復坐篠園，過午聯句，再柬諸子之先歸者

暑雨將雲變態多，竹町陳章。衝泥得得此經過。花因信宿分榮落，謝山全祖望。人亦更番互嘯歌。空檻坐來移酒榼，玉井閔華。小舟撑出晒漁蓑。烟波別後應相憶，南圻陸鍾輝。祇恐塵埃負薜蘿。竹町。

哭萬學士孺廬

一代儒林望，三朝侍從臣。半生長濩落，垂老總邅迍。蓮洞宗傳舊，槐堂學録新。中爻箋祕密，五

字發清真。寂寞柯亭長，蒼涼藜火神。孔融纔結契，王翰竟爲鄰。分以忘年略，交緣講道親。關情在性命，餘事及昏婣。各有終天恨，爭憐同患身。重江隔雲樹，列宿阻參辰。放棹毘陵口，聯床邗水濱。所聞加邃密，相惜爲沈淪。我已甘鋤菜，君遠〔校〕鈔本作『還』，是。嘆積薪。稍傳鸞翮展，未遂驥途伸。存問空千里，睽離又幾春。此情長不替，再晤更無因。星隕蓬山暗，妖驚鵩鳥呻。斯文正零落，後輩妄紛綸。敬禮今誰託，靈光忽以泯。垂纓識玄冕，魂夢定逡巡。

東城作小秦淮道古詩，來索佚事，答以五絕

蜀岡一帶紛抔土，中有陳公窆石銘。試向白楊林下聽，猶聞瞋目詈三經。陳了翁墓。

仲郎遊冶亦微疵，天語皇皇責降詞。聞道年來崇洛學，風流口過莫爲之。謂仲浮山。

檗菴博物良無匹，手記僧騰客事來。誰教東行尋舍利，至今入定未曾回。謂李德邵。

絕學空傳秦曉山，弄丸貫穿古今間。可憐直自西周後，男女交親未轉環。

時會堂前茶話遥，甘棠埭上長蓬蒿。而今誰肯楊州死，禪智山光總寂寥。

題宋徽宗摹張萱擣練圖 上有金章宗璽，今藏江都陸氏。

道君皇帝摹擣練，力爲張萱開生面。秋風遠溯白帝城，奎章忽出宣和殿。風流天子愛閒情，野杵村砧都不賤。完顔國主亦俊人，宅相流傳習未變；明昌御寶何皇皇，瘦金題字猶完善。吁嗟乎！天水碧，太師青，均此擣練之聲所釀成。一絢之絡四維傾，令我手披東絹不勝情。

題張琳前輩萬梅圖 上有王靖遠詩，今藏馬氏。

枝南枝北無算枝，想見下筆淋漓時。花光醉倒王靖遠，筆力俯視楊補之。寒碧亭前風信動，龍城夢中美人思。四明畫史增遺佚，題詩爲報邱郎知。張廣文之繪事，吾鄉後輩莫有知者。邱玉册四明畫史亦失之。

嶰谷招集行菴，見黄葉滿庭，偶然有作

我亦同黄落，何堪置此間。天心釀風雪，客況阻河山。瑟瑟瓦溝掩，蕭蕭庭院閒。亂雲封貯處，棖觸感衰孱。

小玲瓏館主人爲予置裘，賦謝

幸託春風裏，原同挾纊多。因之長縉綣，不覺久婆娑。轉眼消寒集，驚心卒歲歌。故人能念我，日飲且無何。

唐堂宫允歸吴淞

又復分襟去，相逢曾幾時。歸鴻驚旅夢，小雪感離思。楓葉丹砂色，鱸魚白玉脂。故鄉多歡趣，寄我到家詩。

嘯齋招集同人賦寒色

高穹都縮瑟，不獨我蕭然。玄酒淡無力，孤雲闇自憐。箇中參太古，象外識枯禪。安得騶生律，晴光忽滿前。

茶塢以于酒餽嶰谷，同人集賦

有客從吴苑，投〔校〕鈔本作『提』。醪到廣陵。名夸京口重，色帶漫塘澄。駟馬猶連姓，頭鵝並擅稱。古香傳吏部，清德溯中丞。謂玉立、九瀛二先生也。玉立尚有鵝炙法，最佳。桑海紛多感，悲歌定不勝。而今成往事，聊爾集吟朋。入務嚴流品，分曹記獻徵。夷然笑苦露，何以署清澠？氣禀金沙冽，泉從地肺蒸。杪冬香雪貴，相傳是酒以雪水和泉水爲之。故國舊聞增。卧甕君休捉，哺糟我尚能。東南無此釀，滄酒或同登。

題薏田夜雨圖

君家羣季俊人多，玉折蘭摧喚奈何。我更披圖增一慟，藝香山下弔棺和。謂王立甫。

周忠介公墨城詩，爲沈寶研作

此研猶餘碧血痕，蓼州手澤重瑶琨。虎嘐地脈紛横縱，胥浦潮聲共吐吞。黨部已隨城社化，墨池賸有水雲存。風流更憶寒山叟，一卷長箋應細論。研爲寒山所用，後以贈忠介。

宣窯脂粉合子

姜鶴澗家物也，余板橋、陳迦陵、毛西河俱有長歌，然舊呼爲箱則未覈，予視之乃合也。今歸桐鄉汪氏。

宣箋細寫故宫詞，更爇宣鑪炙手時。珍重西江新合子，六宫争揀貯焉支。
太平天子富共球，陶正承恩供奉周。汝、定、官、哥齊下拜，殘膏曾漲潞河流。

姜郎瀟灑佳公子，蓆帽行吟感慨深。閒對緑窗陳素素，一編題識幾酸心。陳素素，鶴澗姬人也，酸心録多其手鈔。

峑山宫允邂逅吴中，退謂荼塢曰：此公豈能長置丘壑中者？笑而答之

故人相逢木瀆上，陽春滿座忘窮冬。白華堪羨循陔樂，絳帳且作傳經宗。久矣心情諧猿鶴，是誰骨相符夔龍。升沈枯菀莫須問，相於泥飲傾新醲。

瓶花齋早集啖臘八粥，同周京穆門、金志章江聲、厲鶚樊榭、丁敬身鈍丁、梁啟心蕺林、杭世駿堇浦、吴城甌亭聯句

歲序何匆匆，穆門。彈指忽屆臘。撫管灰再飛，江聲。捫天星一帀。其月著漢家，樊榭。其日重梵夾。浴佛東京遺，鈍丁。消寒我輩法。吟社邀欒聯，蕺林。山館喜簪盍。但期一飽佳，堇浦。況復七寶雜。果兼檜殼膚，謝山。米零龠勺合。釋之復粿之，甌亭。載剥還載掐。濾泉宜斧冰，穆門。升馨應焚

蒳。漸看粳粒遒，江聲。莫教火力乏。汩汩乳泛甌，樊榭。溶溶酪瀉榼。醍醐倏以成，鈍丁。和齊罔不洽。宿辨勝咄嗟，蕺林。羣起占噬嗑。坐擬集檀林，堇浦。圍如禮花塔。不待木魚呼，謝山。争訝水鳥喋。流散滑凝脂，甌亭。磊塊利用椒。侑以新筍牙，穆門。下以乾荳莢。口香聞諸天，江聲。腹果傲古衲。時方雞三號，樊榭。晨光漏簾押。長明燈未燼，鈍丁。盈廚忙僕妾。熒熒玉井光，蕺林。中天何歕欱。利益瞿曇云，堇浦。家風宗靖答。炰詳放翁詩，謝山。膏志吴郎劄。新交四九辰，甌亭。山茶放紅帢。有客重江來，穆門。將鼓東歸楫。蕭瑟度歲資，江聲。清新紀遊篋。斯人依食住，樊榭。多苦理生陿。魯公半月困，鈍丁。猶傳乞米帖。我輩叨豊年，蕺林。文史佐歡狎。歲事舉上寅，堇浦。朋箋搜某甲。流連及曛黄，謝山。暮鼓聲鼘鼘。相期更卜夜，甌亭。浄糜繼絳蠟。穆門。

鮚埼亭詩集卷六 古今體詩一百五首

偷兒棄餘集

萊陽姜忠肅公祠神絃曲 有序

祠在象山。初，忠肅死節，其次公貞毅先生以建言攖烈帝怒，不予恤。南渡始有贈謚祠祭，而山左道梗，赧王亦遽亡。東江之役，長公如圃先生方知象山。於是監國遣大理評事王公石雁即縣建祠致祭，并祔其一子、三婦、一女之同死者。貞毅、貞文之至吾鄉，蓋以此也。不旋踵而甬句又內附，萇宏之血未消，尹鐸之城已隳。百年以來，祠爲廣文博士寓舍，海隅僻陋，幾莫知忠肅爲誰何人也。近有姜生炳璋者，象山後起之秀，來問余曰：『忠肅何以得祠象山？』予以顛末告之。生乃拂拭其栗主，且言於廣文，分學田以修祀事，并將新其祠宇，可謂匡扶世教者也。予既銘其麗牲之石，復譜神絃以貽之。

神之降兮海東，羽旗飄飄兮光瞳瞳。誰使神無家兮良可恫。白版帝子兮憐孤忠，招遊魂兮爲寄公。有兒墨衰兮正從戎。保兹香火兮賴兹提封，神其來兮駐我蒼宫。

神之來兮海右，謝嘉命兮稽首。天使拜前兮賓僚拜後。可憐薄命兮殊恩難久，五日京兆兮西陵失守，六宫野哭兮孤臣何有。嗟甲乙之客兮誰某，蒿萊長兮狐兔走。

神之來兮不歸。謂是吾王之賜兮百世，其依典禮皇皇兮詎賦式微，朝遊石浦兮暮宿天門之陲。佳兒佳婦兮追隨，時有發鳩兮薦以蕨薇。吴門雖廟祀兮非神所棲。

神之居兮寂寞。乃有好事兮出空谷，訪舊聞兮補殘録。謂國雖亡兮禮可續，明祀淪胥兮斯文之辱。上下旁皇兮遇之冥漠。野田雖瘠兮意不薄，春有蘭兮秋有鞠，選明粢兮釀新醁。甘棠已枯兮重濯濯，以教忠兮礪俗。神其歆之兮不須巫祝。

故光禄陳公士京遺集，予求之二十年矣。今春人日，忽得其手稿，喜而有作

逋叟風高漢管寧，半生心迹付滄溟。海年竟向鮫宫盡，喟寓時呼蜑户聽。海年、喟寓，即公集名。故

國到今傳義士，遺文不没有神靈。昨挑七種新芽菜，把酒長吟酹一瓶。

樊榭以湖上春水船詩索和

消受春風何處佳，澄湖一葉足浮家。薄寒因爲添微雨，新漲多緣瀦落花。遊女愛歌將進酒，詞人遍唱浪淘沙。嘉名肇錫從詩老，不繫園吟好共夸。

小寒食日，仝人泛舟湖上，和楊東維花遊曲

新緑毿毿陰濛濛，明朝知有清明風。扁舟逕到重湖裏，南屏山色碧於水。當壚少婦笑倚門，春愁飛上蛺蝶裙。顧謂遊人試緩步，前頭便是蒼公墓。冬青花信杳不來，願君酹之酒一杯。酒酣長嘯傾墨椀，詩成低唱叶檀板。東臺之東西臺西，聊借花遊漫興題。春光合爲詞人使，轉眼花期過廿四。多情少婦乞短箋，借問即席成幾篇？

和樊樹城北菜花詩

城北來看宿雨痕，野蔬香氣正氤氲。幾番花信甯遺汝，一片春心别有羣。誰爲點酥和碧水，遥疑捧日湧祥雲。退紅沈紫都零落，輸與園官擅至文。

繡谷山房藤花下小集，分韻

東風吹遍扶留枝，詩人豫擬餞春詞。玲瓏簾下思手澤，角弓封殖何繁滋。渾訝軒后蒼龍蜿蜒去，胡髯忽自空中垂。斜穿倒掛不可數，化作餘霞千仞輝。一庭新緑萬纓絡，雄虹雌蜺交蔽虧。上有遊蜂浪蝶探香窟，下有落英片片投酒巵。主人笑斟琥珀髓，謂詩不成客無歸。我詩草草多率筆，安得横空硬盤與花争崛奇。

鈍夫觀察巡視浙東海隄，次日爲元巳，屏去車從，修禊蘭亭，真韻事也。寄以二律

雙旌瀟灑度東州，令節閒爲蘭上遊。句踐社荒小草在，永和春老羽觴留。山僧能指冬青穴，河女猶傳夏統舟。記得明湖修闓事，曾陪高座比羊、劉。謂去年南屏之集。

萬壑春流迓使君，湘湖蓴菜碧於雲。一帆已盡濤江勝，十集還摹禊帖文。高致詎慚王內史，同行惜少鮑參軍。時海防通守鮑辛浦，以目眚不豫。此遊定有詩成録，越絶新編續舊聞。

題蘗齋遊金鵝山看桃花遇雪圖，時有遷牧禹州之命

金鵝山裏如天台，紅雨夾岫連巖開。令君援琴奏白雪，一霎中天應召來。波下花光争灎灎，樹頭絲鬢翻漼漼。焉支縞素互生動，春姿巧借冬心培。令君含笑呼新醅，山靈爲我潤芒鞋。河陽正惜潘郎去，玄都尚盼劉郎回。我亦披圖長戀戀，身未入山神與偕。

夜讀漢書

英英漢武皇，强仁更慕義。六經置學宫，公車招俊乂。其如内多欲，色取少真意。天門高岧嶤，浮雲更迭蔽。將謂下界臣，窺伺良不易。誰知汲内史，一言洞肝肺。於赫田武安，淫威亦以汰。魏其且蔑如，寧復有倫輩？靡然争膝席，將以邀盼睞。盼睞亦難邀，聊以免罪戾。吁嗟羞惡心，於人豈不大！所以灌仲孺，裂脰更不悔。娬媚公孫子，曲學善阿世。及其誅郭解，居然持斷制。直教大將軍，俛首屈正議。同時奸宄徒，聞聲羣喪氣。一事足表章，未可言尸位。茫茫論世餘，公孫尚難跂。粤若建武初，生材亦已多。乾綱正獨運，十九遭坎軻。忽焉文武盡，是誰潛折磨？折磨固不恨，其如國脈何！愛老與愛少，志士恥揣摩。可惜馮郎中，白首竟蹉跎。

家訊至，知昭兒已就塾

遥聞兒請業，梨栗非所戀。先人裘冶傳，危繫斯一綫。勿讀無益書，貽笑賤儒賤。

阿翁讀半世，無救寒與飢。里中新秦兒，誹誚固其宜。豈知君子節，不以集枯移。平生所願學，豈不在昌黎；獨於訓子詩，不爲兒誦之。遐哉善努力，固窮以爲期。從來名父子，强半成碌碌。汝父負虚聲，撫躬慚涼薄。幹蠱在兒郎，類我則已辱。

胥江夜泊，有感淮張舊事

中山礟火下襄陽，王、蔡諸兒尚處堂。一夜玉峯收霸氣，隔江鹵海墮凶芒。幅巾不爲興朝屈，銀椅終隨愛弟戕。始悔連雞無遠略，上流失計聽陳亡。中山王以襄陽礟破吴軍。

且莫論人成敗中，鄭君終不負重瞳。是誰浮海祈王帥，有客臨江弔楚公。謂九靈、夷白也。應怪荒朝偏得士，翻嫌新主未憐忠。更聞一掌柯陳地，三百年來道未通。友諒之暴，而有累世效忠者，異矣。

君王百戰定姑蘇，逆命原非黔首辜。不爲一方紓積困，更讐遺孽有加租。序書何必煩多誥，箠易先聞罪後夫。近日累傳寬大詔，三吴始得免流逋。予嘗謂明祖之虐民，於吴爲最甚。

以十洲春餽茶塢 酒名。宋時甬上嘗以入貢，今其法尚存於慈谿，略與潯酒伯仲。

十洲春色好，沖淡在神明。坐笑濁醪濁，來投清聖清。翩翩六從事，遠到闔廬城。風浴歸來後，陶然移我情。

信宿水木明瑟園，柬茶塢

湜湜上沙水，靄靄靈巖雲。雲從西山下，水自東江分。積翠望中落，妙香空際聞。以野乃更秀，以淡乃更文。嬋娟遺世立，脂粉不足羣。賦才輸甌舫，跋語推義門。諸公不可作，空餘醉墨痕。而我但搓手，蒼然對晚曛。

介翁昔經始，一榻來松陵。太湖感落日，是亦百六徵。草堂成汐社，高節凜淵冰。故園雖改姓，空亭未易名。主人瀟灑姿，足以嗣典型。流泉不改碧，喬木有餘清。春來舊燕子，繞梁還屏營。可憐潤上居，彌望已蒿艿。吴江徐高士介白築此園，高士嘗賦太湖落日，見賞於卧子先生。今園中有介白亭，不忘所自也。隔岸爲昭法澗上草堂，僅餘數椽矣。

清才如吾子，蕭散絶風塵。生世偶不偶，抱山作詩人。聊復與我曹，泥飲消昕昏。泥飲亦自佳，麯部無垢氛。五湖好池館，足餉上皇民。嗟我尚鹿鹿，衣食困蹷輪。何時得息機，葆兹淡蕩魂。願爲君灌園，研北老耕耘。

水木明瑟園阻歸

昨困炎威甚，鳴鳩喚奈何。中宵喧旅夢，驚浪出林阿。乍息怦怦累，如傳踏踏歌。曉來看池水，新漲半篙多。

豈是山靈意，句留遊子鞿。雨呼『公莫渡』，風唱『客無歸』。花信行將盡，濤聲不可磯。浮屠休見誚，三宿戒多違。

主人應念我，帶水隔遥村。不惜淹三逕，其誰共一尊。空庭聞鳥語，清思落苔痕。明日應相見，新詩好共論。

水木明瑟園古藤歌

昔我遊京華，及見三古藤。其一尚書省，猶傳文定舊都廳；俄而吴回降，譆譆出出寒灰零。其一海波街，尚署金風老子名；俄而富媪震，横裂活埋歸杳冥。其一合肥邸，五傳槐棘相因仍；臨川侍郎下我榻，喁喁于于和詩百輩贏。湘北相公邸第，以師生相授受，長洲韓尚書、嘉善曹侍郎、韓城張尚書以至臨川先生，皆官至九列，稱盛事。甲寅、乙卯間，予假館焉，同人詠古藤幾百家。十年落拓湖海上，良朋存没百感增。驚見天平谷口雙峥嶸，古根詰屈穿山出，醖釀洞庭七十二峯之精靈。踞地先成偃卧形，老羆當道蚉貐屏。欲上不上意磅礴，忽然蹶起勢騫騰。百轉千蟠故作態，低頭下瞰紛長纓。其心時復吐雲氣，其幹將無聞銅腥。其杪迎風舞拂拂，大垂小垂都瓏玲。就中倏生數直幹，岸然如絃復如繩。空所依傍冉冉升，此尤怪絶得未曾。浙中繡谷亭前一本差相亞，細校猶疑殊尹邢。主人選佳木，插架三十楹。蜿蜒循蒿逕，亦以曲折成。入門未窺諸塢緑，蔽天已見十丈青。頻年三過此，所惜未與花期丁。是藤不花亦復佳，磥砢高節誰抗衡，老我感舊空怔營。

法螺菴采蓴，東茶塢

在昔黄夫子，未嘗吴下蓴。誰知千里種，留得五湖春。有客來董國，前身亦晉人。偶過蘭若裏，一笑擷芳津。澤望先生嘗疑近日吴下蓴菜無聞，謂其種已絶，不知尚有存者，但校浙中稍晚出耳。

果堂纂吴江縣志，索予所作蘇寅侯傳，因需其潤筆以戲之

辛苦蘇儀部，埋魂天盡頭。雪交亭下淚，長共怒濤浮。吾友陽秋筆，圖經仗闡幽。講堂一束脯，餉我亦風流。

奴子胠篋而逋，得三絶

餓狼鳴我前，飢豹鳴我後。果然楊叛兒，一朝脱兔走。

初筮喪僮僕，再筮喪資斧。賸餘笥中作，斯人棄如土。

遲我渡江返，黄金或稍充。癡奴如鷃鼠，此去太匆匆。

酒耘先生令譜，元人竇革所作，予從永樂大典鈔之，所載唐人令，今無能行之者

事始原觴政，於今盡失傳。如何宰天下，强欲祖周官？

午日秦淮燈船

故國百年消爝火，遊人連櫂賞清時。曲廊高閣還無恙，不見當年丁繼之。

觀音門夜眺

覆洲喧鳥遍平沙，尚有鰣魚上酒家。畢竟江南風景好，渡淮無復此清嘉。梅朗三(日)〔曰〕從鈔本改。〈選詩『喧鳥覆春洲』，吾于燕子磯晚泊見之，烹魚一醉，致足樂也。

湄園謁方丈望谿

平原放生址，禽鳥猶清遐。小山生白雲，寒泉流紫霞。毿毿高柳蔭，熠熠新葵花。侍郎此著書，門外絕軒車。

荆公論中壘，强聒良苦多。杜門謝世事，聊足養天和。寂寞兹一區，遺經供研摩。猶餘韋、孟夢，定不召風波。

叢殘古六藝，千秋雲霧深。束髮事討論，篤老猶沈吟。揖讓昔人間，曠然抉其心。此外可弗問，郢書任如林。

廿年荷陶鑄，十年惜別離；六年遭荼苦，餘生患阻飢。以此成慚負，著書杳無期。猶喜素絲在，未爲緇所移。侍郎今年八十，方七治儀禮，自言加我數年，當更有進處，且戒予不當爲汗漫之遊，坐消日力。

湛園先生爲睢州湯文正公發義憤事，予已載於其行狀中，望谿侍郎偶及之。予謂如彼人者，猶屬天良之不盡澌滅者也。侍郎笑而然之

一言惱殺沈梔林，尚見斯人未死心。若使怡然甘笑罵，將無放膽混人禽。梔林，沈維祖字也。

晤寶應王太守孟亭於白門，因乞其購梁公狄先生兄弟遺集

葭州有寄公，鵠林好兄弟。我求五噫文，廿載縈夢寐。莫道羊叔子，不如銅雀妓。

題明太祖紀後

是日，以阻風因遊孝陵，歸而賦此。

恩威轉盼太無常，幸保功名僅六王。朝士空曹登黨案，書生環玦殉文章。薇垣殺氣連天動，竺國慈雲掃地亡。開國規模寧有此，頖宮亞聖亦倉皇。太祖刑僇之慘，高洋不是過也。繼以成祖，國脈耗甚矣，而濟

以仁、宣之寛大，故得永世耳。乃知壽國之功，在嗣王也。

曲臺浪説重經師，手著宸奎録孝慈。並后已先陵冢嫡，奪宗何怪啟駢枝。前星頻震終淪落，巖塞輕封半險危。始信睢麟精意失，不徒官禮致乖漓。此論爲前人所未發，然有至理存焉。

漫傳誠意撤胡床，草昧君臣未可忘。此事終應輸漢祖，濠梁何處弔韓王。太祖以事韓爲諱，見於劉辰國初事蹟，後人謬言文成撤床，皆不考，然殺之無乃已甚，其實留之亦不害也。

誰是條侯可授遺，滿朝勳輔盡陵夷。天台學士真儒者，不救皇孫一炬危。

江東袛合供偏安，河北綿延控阨難。聞遣車徒卜函谷，悔教弓劍瘞長干。具官空擬神京舊，亡國重增青蓋歎。盛世於今隆繼絶，肯容樵牧妄摧殘！

江聲觀察見過

羨爾清臞甚，蕭然似布衣。偶然談世事，依舊掩柴扉。袛愛微吟好，深憂進奉非。家山新著録，媿我見聞希。江聲方輯鳳山小誌，旁徵文獻甚博。

題唐山夫人房中樂後

元城劉忠定公極稱夫人樂章之工，而惜后妃傳中之見遺。予謂夫人之詩足不朽矣，亦何必廁之娥姁之末也。

縣官粗解風雲曲，豈有嫽通羣雅才。一自朱絃三嘆後，楚歌巴唱盡輿臺。
當年隨、陸皆文士，握管曾無鼓吹音。笑倒叔孫諸弟子，濫將綿蕝聽清吟。
舊遊尚應酧王負，神鑒還當貴許媪。開國英奇歸士女，更添彤管擅風流。
野雞人彘正紛爭，樂府誰傳淑媛名。莫侍衣冠遊渭北，淒涼永巷和春聲。

吴山消夏集

謁褚文忠公祠，和蔎林

故居尚表忠清里，舊恨休歌娬媚娘。天子一朝忘顧命，孤臣萬里殉炎荒。浪聞節惠名曾易，直到咸通葬可傷。唐會要載公賜謚，而史失之。其歸葬事，亦僅見唐彦謙集。三復梁郎祠下句，我來斂衽媿顔行。

葰林原唱有曰『佳兒佳婦言猶在，元舅元勳事總虚』，可謂絶對。

得穆堂先生信

年來喜報沈疴減，近履皆傳眠食安。荆國文章猶有託，槐堂薪火未曾寒。雅知自任非遺世，誰道佯狂爲棄官。竊恐夢争到王室，依然倔强似神完。

望谿侍郎頗疑先生以乞休故託病，不知先生用世之心，尚惓惓也。

泊花池上尋荷

故人道山去，雞犬都仙遊。荷花亦蕭索，但有青魚留。八公長躑躅，斜日落西州。

題史閣部傳後

當時若聽諸生策，又費天兵再下車。社稷終輸民命重，江淮千里免爲魚。禮賢館徵士有獻策者，欲決高沙湖水以當背城之借，閣部不可，真大有功於江淮也，而閣部傳中失之。

聞道

聞道中書令，親防瓠子河。度支良不惜，疏導竟如何。濁浪南來健，危隄郭上過。朝朝卜秋汛，莫笑杞憂多。

欲與水争地，由來亦大難。移民無上策，沸鼎有狂湍。國仗魚鹽重，人愁井里殘。誰其刑白馬，拜表訴重壇。

先漢王延世，前明潘季馴。廟廷方側席，海宇豈無人？四瀆何當合，長淮未可湮。天心憐赤子，早爲降庚辰。

篙師編修近忽佞佛，至誠且篤，貽六絶句以諧之，想發一軒渠也

又被旁門去一雄，居然提唱振宗風。直探祕密天花藏，不信温公與蜀公。

先生經術更無儕，不是元城即了齋。莫似屏山鼓狂舌，生姜樹上妄安排。屏山，謂李純甫。

打鐘埽地差堪信，割水吹光恐未然。我是鈍根無宿果，輸君獨上竺西天。

隔鄰老卒詠諧惡，一卷楞嚴拱讀勤。試向雞鳴參要義，東方晴色定氤氳。范東叔告葉正則語。

句甬禪枝遍四方，密公香火尚堂堂。明年可整東遊屐，牙笏宫袍拜育王。

詩人學佛最相宜，切玉刀成遊刃嬉。從此相逢須退舍，速營藕孔去登陴。『禪是詩人切玉刀』，遺山句也。

聖因寺

在昔仁皇帝，頻年幸聖湖。山川荷明德，花鳥獻靈符。黄屋神猶在，蒼生望未孤。白頭諸父老，試

習舊嵩呼。

谷林爲梅里祁氏彌甥，每見夷度先生諸藏書，尤寶愛，不惜重價購之。嘗索予所有范正獻公集、孫學士春秋解、方淙山易，至再四，以其皆淡生堂物也。予靳之未致。谷林下世，予始悔之，乃以付東澘，使供之殯前而告之

東白先生親迎時，東書堂前賦結縭。太君解頌青箱本，郎壻能歌黄絹辭。爾時諸祁已衰落，殘籤賸帙紛嗟咨。中丞止水血久化，公子逐日魂無歸。零落都緣佞佛叟，屏當猶飽估書兒。梨洲先生曰：『祁氏藏書，自季超學佛，一切視爲土苴，多半爲雲門沙彌持去賣錢。』轉盼曠園竟榛莽，先生憑弔淚如絲。風流宅相真健者，代興蔚爲諸侯師。小山插架十萬卷，以視外家猶過之。凱風寒泉孝子慕，青氊故物先君思。每逢淡生舊手澤，購之不翅珊瑚枝。擬將一卷别著録，屬予爲序陳慈幃。白華之養在帶草，一笑何必斑斕衣。更有王郎劈窠字，東書堂前歷劫遺。王百穀書『曠亭』二大字，谷林以置園中。旁搜未竟騎鶴去，令我愁過泊花池。徐君所志在挂劍，孺子不須陳隻雞。郎君試置兩楹上，定有中宵降植藜。

東潛論水心先生，多所不滿，予謂是宋史之誤也，當以其開禧上殿劄子正之

水心大功在王室，左右餘干成夾日。同心但有一平陽，幸挽宗祊免瓦裂。平陽謂徐忠文公子宜。論賞超然謝殊遷，被錮怡然甘三黜。斯人斯學真有用，豈獨文章稱卓絶。開禧晚用詎苟同，力陳疲兵莫輕率。浪試曾聞笑魏公，輕言幾自憐龍窟。且營堡塢壯金湯，更緩征求到蚌鮎。爲不可勝待可勝，報仇有道戰有術。固辭草詔感慨多，乃有癡人如易袚。水心辭草詔，山齋勸之，蓋不知其意不欲用兵也。俄而淮漢果土崩，救敗終須勞一出。斫營小試在沿江，竟退封狐得安集。朝局再更論再翻，營營者流妄周内。及之由竇幸逃誅，孝友磨碑偶見脱。改頭換面紛重來，掊擊正人咨唐突。許及之即『由竇尚書』也。雷孝友立陳自强碑，見其敗而磨之，斯二人者，論水心耳，其言寧足信乎？陋哉宋史何其蒙，緇素糊塗不可詰。誰人榷史洞觀火，一爲前賢洗誣屈。永嘉世嫡在君家，南塘經術紫芝筆。但莫放言貶曾、孟，斯案還須重審覈。水心説學多偉論，但貶曾子、孟子，則真賢知之過矣。

夜坐

會有西風作，行看萬籟清。何須怨寒暑，一笑任虛盈。歲序白駒過，道心孤月明。高梧多夜色，沈冥羨莊生。

始寧陳憲使，明時奉使交州，攜其牡丹以歸，至今猶盛。甌亭爲之索賦

海桑社柏幾推遷，尚有名花域外傳。萬里軺車思舊德，暮春風信動南天。居鄰嬀氏耕畬野，事憶郕王翦伐年。珍重故家光故國，不隨姚靳委荒煙。

讀史小詠

方寸匆匆亂，歸曹自不禁。晚爲中執法，無乃負初心。右徐庶

禮稱三不弔，畏最笑人庸。周家賢宰相，後死媿韓通。右李穀

補史亭中客，空山夜哭時。如何撰碑事，千古有微詞。按裕之爲崔立撰碑事，本傳不載，別見王滹南傳中，予讀陵川郝氏集，惜之。右元好問

長白詩人馬大鉢有讀淵明集句曰：『義熙尚有關心事，豈便羲皇以上人。』堇浦最喜誦之，果雋語也。予爲反其言，以成其意

感時已嘆黄、農没，遺世羞爲漢、魏音。不是羲皇真種子，義熙誰復更關心？

寄懷茶塢

義公始終高弟，穉季生死故人。結客已嗟金盡，含杯不道家貧。義公謂義門學士，穉季謂穉中太常。

剛腸大類中散，綺語又肖西崑。賢者固不可測，悠悠此意誰論。

篔亭憲使海昌署齋池館雜咏

其北有濃陰，其南有微吟。主人無俗韻，此君亦虛心。右竹南詩屋

海波喜甯静，使君合高閒。時聞桃花氣，生香硯席閒。右晏閒亭

漫天下飛白，落地都微茫。三春午睡醒，詩思同清揚。右絮影軒

東西更南北，妙蓮葉茸茸。遊魚樂莫樂，濠上正空濛。右魚戲闌

吴淞若可招，得半亦已饒。所愁夜半去，堤揵得無勞。右蓊淞堰

題天池風雨歸莊圖

濃雲如墨暝歸途，風雨漫天一老夫。青藤居士正沈醉，秃筆與之俱模糊。

花間偶成

每于極盛須防厄，有到將殘倍有情。慚媿斯人長寂寞，不華不實度虛生。

秋賦

新傳挾書律，辱過溺巾時。不道諸才彥，終無蕭望之。

夢中有客口占二句贈予，醒而續之

四窗五奥諸仙宅，雙韭三菁大藥材。我是玉皇香案吏，生天早已住蓬萊。

中秋前一夕，蕺林招登吴山不果，移尊篁菴

天氣頗未佳，諸君將安之。老夫蘭若好，三逕待新詩。
淮南叢桂下，招隱是吾心。有客咏遠志，愁聞夜鶴吟。謂樊榭。
明月微濛下，清酤曷再陳。匆匆歸棹急，定爲捧心人。謂堇浦。
王生遭虐謔，下箸幾遲回。虎既帥以聽，恣君一飽來。謂茨簷。

同人登吴山延慶道院看月，分韻得『天』字

日昨中秋月黯然，新晴喜上吴山巔。左江右湖新漲緑，山色與之俱洄沿。傑閣凌虚挹西爽，候蟲草際鳴戔戔。斜陽欲落未肯落，一角猶挂前簷前。忽然飛去不知處，清輝續照生寒烟。寒烟和月墮入水，精廬倒影迷地天。此時老子興不淺，直欲凌風恣孤騫。劃然長嘯聲所到，留遺猶堪五百年。人生陸陸塵霧裏，安得會永蟬連。良朋夜夜共樽酒，月亦無復闕與圓。

葭林勸予移居於杭，雪舫、蘗齋二使君亦云然，而甌亭和之，獨堇浦有以知予之難於遷也

此間良足樂，思蜀還瞿然。既戀善和書，亦念原氏阡。以兹幾躊躇，孤負卜居篇。我家舊吟社，近在孤山前。連、劉諸高士，清風定有傳。重荷諸君意，爲續城東緣。先泉翁結孤山社，寓居城東。他時倘幾幸，得買陽羨田。不妨一歲中，來往三江間。所憂二使君，速飛不我延。

秋晴集聖因寺，分韻

秋老湖光好細參，過時衰柳尚毵毵。晴雲與日争高潔，新水連天共蔚藍。遶寺遊船逐歸鳥，一林涼氣下空潭。祇愁饞口哆張甚，蔬筍雖精未飽酣。謂王瞿。

菣林、柳漁、甌亭、竹田小集篁菴，分韻

客與秋俱老，花偏晚放春。涼風排旅闥，爽氣集詩人。何處聞長笛，齊來墊角巾。嘉名重九近，白社有閒民。

白海棠

嫣紅尚愁人，何堪更縞素。日暮嘿垂頭，貞心畏行露。

重九雨止，然晴色未老，不敢入山，因共同人閒遊城東諸蘭若，用米元章九日韻

疑雨疑晴未定天，幾人吟眺罷觥船。偶尋綠水來城角，但見蒼苔繞佛前。此日清遊真寂寞，他年詩句定流傳。木樨花落黃花早，幽興翻緣得地偏。

咏秋芍藥，同蔎林

花譜以秋牡丹目之，洞庭山中花工爲之改名，以其爲草本故也。

小草休夸帶與鞓，秋花尚冒殿春名。輕盈定入揚州夢，蕭瑟終含楚客情。暮靄凝時山共翠，濁醪香處客同頳。老夫正有將離賦，對爾能無百感生。

莓厓周都御史，先司空公石友也。其從孫副使汝觀，先宗伯公婣家也。今其後人已盡，偶與穆門徵君詢其世次，則莓厓之裔遷杭四世矣。爲之驚喜，因勸其東歸展墓，以存故鄉之遺

城南韋杜舊通家，喬木消湛亦可嗟。尚識中丞埋玉地，石人橫裂石碑斜。

東潛以予修學案，購得直閣游公景叔墓志見示，張公芸叟之文，邵公龥之書，章公楶之篆，而安民所鐫也。題詩於後

關陝淪亡後，横渠學統湮。吕蘇僅著録，潘薛更誰陳？石墨何從購，遺文大可珍。邵公亦五鬼，鴻筆壯安民。

讀方子留詩

不波航口水茫茫，東丹山頭雲漠漠。百年哀怨未消殘，一卷遺音疑可作。布衣何事與國家，志士不忘在溝壑。平生許劍愛句餘，墓樹西靡應如昨。我歌大招詞，足感横江鶴。所惜夜悲歌，十九已淪落。

南湖觀張功父像

張郎真將種，不獨數詩宗。一擲事幸濟，終身願未從。象臺消壯志，蕭寺撫遺容。寂寞南湖上，風

流宛可逢。

觀潮同鈍軒

揚波相國伍，重水大夫文，白馬新來者，遥知顧令君。見董户部德偁集。

前過京口銀山，得詩一句而未就，乃續成之

廟中雷震蘄王鼓，岸口灰飛老兀魂。聞道金山但坐嘯，曾無風鶴共追奔。以銀山爲金山，近日閻百詩始辨正之。

鮚埼亭詩集卷七

古今體詩一百五首

漫興集

葉子詩三十六韻

葉子始何年？始自唐中葉。姓徵北里人，藝登南部笈。器以投瓊爲，制與選格叶。後主暨思公，位置各妥貼。鄱陽馬竹村，著録時代接。降而至殘明，新箋變摺疊。區分署誰某，半出江湖俠。三十六英雄，曩者擬荆、聶。自經稽仲招，游魂都被攝。何人慕流風，借以資漁獵。我生於此道，茫未窺藩堞；但從壁上觀，心訝且目囁。如何不終朝，轉戰累百合；正位首分班，計獲必數莢。禽縱或異宜，前卻或遞躡；盪鋒或争衝，〔校〕鈔本作衡。薄險或見壓；責償或示懲，連衡或用夾；或交綏而回，或設穽以斂；或利在壯往，或戒在陵躐；或黠見隔垣，或昧迷目睫。忽然六緋臨，亦象擲梟捷。得喪固無常，吉凶難豫揲。要須乞井公，多儲質錢帖。我讀五行志，妖徵漏史牒。神廟之末齡，女郎偶日涉；其名祖金龍，其戲止妓妾。相傳有馮生，濫觴啟其業；波靡當思宗，薦紳争拈掫。荆谿最所耽，藉以了相業；四友暨十亂，當年尤款洽。見吳農祥嘯叟集，謂馮猶龍也。直廬正沈昏，廟社已血喋。馬、阮竟乘時，江南禍淪浹。搶滿語不祥，順風兆竟協；長箋竟成讖，卒兆渡江檝。垂末産吉翔，滇王復遭蟄。禮經馬從馬，乃爲此輩狎。楊郎序早徵，杲老傳足懾。小技關興亡，感懷幾心慴。諸君方確鬭，莫笑吾唊唊。他日圖譜中，定堪補故篋。

對菊食蟹三十二韻

東籬徑乍開，東海物惟錯。霜螯碩且肥，霜花寒不削。其字曰延年，其族曰郭索。晚禾入根新，宿土貯盆昨。風吹老艾黐，潮退涼蒲縛。應月脂滿匡，留春葉遶腳。夏正紀最先，周易象非鑿。雄雌視臍分，濃淡列種各。古心静可親，堅甲利用斫。吾友多閒居，新冬感寂寞。插之既滿頭，臛之在取臒。於焉供微吟，相於成大嚼。惠分京兆貽，涉自天隨柞。九日雖過時，泥飲亦足樂。畢公真老饕，陶令雅清約。南山望遥遥，左手持矍矍。莫用何生糖，或入桐君藥。問性兼甘辛，流膏參丹雘。涼宜調薑下，香堪和茗瀹。薦枕良所欣，爲胥俱不惡。一朝兼二妙，詩思紛旁魄。羞道涉江枝，詎數拔綿雀。餘事及古方，致用更廣博。所訝漆可投，猶喜潭弗涸。治藕術莫諳，召鼠事近謔。蔡謨尚諦參，葛洪休臆度。以菊洗蟹腥，以蟹爲菊釀。采芳思幽貞，撫形發嘔噱。四界疏寮遺，二經簟谿作。掌故出吾鄉，文獻未荒落。黄髮我自憐，桀步誰相攫。吟罷偕厲生，且跨揚州鶴。是日與樊榭同爲邗江之行。

月夜唐棲舟中，次樊榭韻

霜花霜葉環江城，夜明如晝送我行。生民水旱大可念，故人出處尤關情。時樊榭將謁選，予力止之未得。三千卷書壓艙重，五十里水聽櫓清。東方漸白殘夢醒，荒雞似爲客子迎。

溪行欲與樊榭遊烏鎮東西二寺，不果

緩棹出烏鎮，遥山入望稀。清流染晴色，穲麥幻春暉；河女留魚賤，僧寮訪古違；五湖堪極目，浩蕩白鷗飛。

吴江過接待寺，和樊榭

拂天喬木古，有客訪三乘。帶霧過枯澗，叩門多遠僧。鷗分午餘飯，雲護宋時燈。此去臞菴近，居人識未曾？

茶塢約與余同渡江訪嶰谷，中途聞其爲蔣山之行，且將東下，由洞庭七十二峰至西湖。於是茶塢停橈吴市以待之，而予先發訪半查

五岳初心未易酬，江東巖壑且清遊。人生能著幾兩屐，此樂堪輕萬户侯。莫御孤鴻追後乘，還尋一鳳到西頭。初冬天氣初春似，到處題詩定滿郵。

沈君飲谷有一研作蓮花相，其北波濤甚雄湧，上題梵字，故倪高士物，後歸文待詔者，而莫知摹本所自出。予謂此瀚洲洛伽山景物也，因名之曰小白華研，而系以詩

寶陀十丈妙蓮花，花外洪濤湧海霞。人向蛟宮參瑞相，君從鳳咮據清華。風流知自停雲館，津逮須憑犯斗查。肇錫嘉名今日始，東林東老亦堪誇。

惠泉，泉之良也。惠泉釀酒，酒家之重臺也。漫吟一絶，以爲惠泉解嘲

是誰招麴氏，重爲此泉羞。出山原已濁，何況過糟丘。

張文貞公青山莊

相公投老地，魂魄戀平泉。昔我經過日，猶當克世年。曲池原不改，高閣故依然。獨有巢中燕，驚心夜未眠。

吕城

半枯不枯著色樹，欲凍未凍借春天。寂寥小雪昨夜過，一甕芳露孤舟前。

曉渡揚子

歷亂紅船西復東，江豚挾浪舞空中。人間如此風濤盛，一葦金山豈挂胸。

明梁谿邵文莊公温研歌

道南薪火長熊熊，魁儒研席生春風。鄒、胡、王、尤世所宗，清泉流出墨瀋濃。歷三百年誰嗣蹤？曰故尚書二泉翁。士夫道學罔朦朧，以日格子震羣蒙，重光麗澤大有功，黍谷一夜玄雲封。講堂清供出三冬，巧裁紫玉架青銅，坎離互宅凍可融，不須吹律聽黃鐘，緹室居然元氣充，將無橐籥本參同。墨林安郎藝事工，風流舊著弘正中，勒名銘尾志所從。東林茂草今茸茸，顧、高、錢、華不可逢，寒灰孰然淵孰通。飄零故物如轉蓬，撫兹遺器宜敬恭。『願爲真士夫，莫爲僞道學』，文莊訓學者語也。研爲安國所製。

喆士聞予將至揚，留所購滄酒見待

十年不接麻姑釀，橫海春光夢寐餘。好事更誰千里致，多情爲我一尊儲。舊聞幾憶長洲老，絶品宜魁曲洧書。正值江村黃葉滿，旅人乘醉滌塵裾。慕廬先生論酒遍天下，每以滄爲第一。

嶰谷生辰爲其先太恭人下世之日，每歲必哭墓下。今年六十，薏田約同人，以詩慰之

祝歲原非禮，兼之抱恨多。寒泉彫齒髮，老淚寄蒿莪。子卯猶爲忌，庚寅更若何。我辰亦荼苦，於邑不成歌。

明高邑趙忠毅公鐵如意歌

不如意事常八九，安得袖鐵長在手！黑雲蔽天夜沈沈，神龍孤嘯怒蛟吼。高邑先生望斗杓，熹廟之初長六曹，四凶縮頸甘鼠伏，同心同德憲府高。其奈鴟鴞在宮府，翼以乾兒稱五虎；可憐詔獄産神芝，坐視清流色慘沮。鄭革空勞厲刃須，朱游那得賜劍誅？酒酣一擊唾壺裂，太尉之笏同欷歔。彼喪心者喬氏子，國狗之瘈頽不泚；玦未及玦環未環，老臣竟以荷殳死。潦水既盡見清潭，忠魂箕尾分左驂；寒芒正色足千古，一枝手澤落江南。我猶記讀先生集，洪河千頃波起立。是物曾陪函丈間，昕夕或歌還或泣。嶰谷山房清玩多，重陳舊史同摩挲。茂陵玉盌人間出，未若孤忠故物長嵯峨。

聞嶰谷已至吳門

昨報元裳鶴，隨君下洞庭。新詩知不少，舊屐半曾經。黄爵松陵出，鱸魚木瀆拎。江濱應念我，遥指數峯青。

南圻遊攝山，得宋儒游文清公嘿齋題名於苔蘚中，洗而搨之

乾、淳薪火紹湖湘，白下登樓有漫塘。多少遺書都泯滅，誰尋心畫到荒岡。嘿齋從宣公於長沙，及官秣陵，得漫塘爲高弟。

宣窯蟋蟀筒，爲半查賦

豳詩床下物，一旦陶穴居。器傳明初葉，古色猶斑如。此非堯遺風，我爲思瞿瞿。

鬭蛬里巷戲，濫觴自鬭雞。乃勞好事子，爲之謀幽栖。其嘿足以容，丈人悟息機。
當年老甄官，薄物不枯窳。呵護到微蟲，珍重叨藏弆。鷦鷯見之嘆，予獨憂風雨。

鳩研　亦飲谷物，前在吴門許爲作詩，今寄之。

祝鳩以教孝，尸鳩以教慈。夫君蓄學苑，不徒經師兼人師，降而餘事乃文詞。

鴝研

右軍籠鵝歸，化作印泥石。夫君閒試畫沙文，我當爲鸛助軍力。

吴興趙文敏公番馬軸子　丹陽李氏所藏。

當年十國覲東都，王會曾傳天馬圖。竟聽西樓釀封豕，馴教南燼困雄狐。角觽忽爲新朝出，振鷺誰憐舊社蕪。愁絶淮東老龔勝，揮毫兒背淚先枯。

寄張靚淵於京師

三餘草堂清離離，插架萬卷足自怡。老生鈔詩未卒業，寄君當歸莫濡遲。東華輭塵十丈餘，何、王之門堪曳裾。草堂夜鶴怨蕙帳，北風其涼盼南車。予續選甬上耆舊詩，多得靚淵之力，未及成編，而靚淵匆匆北行。

唐里陳疇種蔬卷

其氣韻蓋元人也，而畫苑失之。

野莘埸藿上生綃，浥露凝霜品目淆。我亦披圖思土物，山中赤堇水中茭。

彈指閣小集，胡都御史復齋喜予之至，而念嶰谷遊洞庭未歸，各賦七言

芒鞋猶帶石窗雲，隔歲離悰話倍殷。蛩蟨心原千里合，馬牛風訝隔江分。南州榻在還重止，北海

樽開正晚曛。此夕漁洋山下客，題襟誰與共論文？

寧守杜君過揚，來詢里社近狀

句餘一片土，疇昔最清嘉。接葉詩書澤，連甍公相家。鮫人富蜃蛤，里井擅桑麻。七觀遺文在，其言未是誇。

到今無恙者，獨喜有山川。梵宇矜三佛，仙經重九天。過雲仍冉冉，飛瀑故濺濺。欒事輸猿鶴，居然太古年。

憲敏遺編重，文元教術深。古窯宗正宅，困學尚書林。帖括拋天爵，科名錮道心。而今併蕭索，蕉萃幾華簪。

元氣胡爲耗？潛消市舶中。頻年添客户，百貨釀淫風。物以通商貴，民因逐末窮。更堪加税吏，悉索繭絲空。

甚矣衣冠蹇，長聞胥隸尊。虎狼多奥窟，雀鼠有旁門。士氣何由振，官方未可論。翦鉏非易事，奚以剷深根。

大府行臺建，諸軍紛錯居。所虞啟奸宄，其患被鄉閭。庚癸如聞警，萑苻豈可除。感懷在近事，城火與池魚。

江湖分表裏，隄隔惠民多。黄鵠謡應念，犀牛石未磨。閒情及洲島，餘事足弦歌。一自履齋後，時亭誰復過。

舊聞胡副憲，雅道使君才。三輔邀殊擢，江東怨暮來。班荆值歲晏，拭目盼春回。我亦湍歸近，相期探早梅。太守爲吾友胡撫軍復齋中表姪。

董生秉純吉夕，貽書求詩

遠聞奠雁結褵日，大好小春紅葉天。佳兒佳婦定難得，正身正家豈偶然。關雎已識諭詖累，弋雁還期警戒先。孝弟柳家稱醯醬，不須豔道玉臺篇。

連夜不能成寐，竹町以爲虐用其心之過，當静攝以治之，予是其言，而未能從也

故人憐困悴，密授試心齋：莫以咸脢感，而令艮背乖。槁梧良可羡，野馬未能諧。昨夜鯨鐘動，瞿

然繫我懷。

洴江編修以病後謝客，浹旬不赴詩集，然竊聞其有納姬之喜，非疾也

誰傳玉臂貫銅青，閒侍維摩夜講經。莫向劉楨長作誑，須防排闥到中庭。

畬經堂夜坐，念𡿩谷

黄葉且落盡，主人尚未還。昨傳西歸信，已道發寒山。連宵好月色，泠泠屋梁閒。

或勸予乞靈於醇酒以求寐，亦不驗

六鑿紛綸動，春今非我春。縱然沈醉後，猶是獨醒人。夜雨瀟瀟下，孤燈耿耿陳。杜康新喪職，無力濟枯津。

題顏公茅山玄靖先生碣後

臨潼張喆士所藏。

江都老道士，姓字佚圖經。一卷太師碣，千年句曲銘。高文寵地肺，結習在仙靈。辛苦雪溪客，長留墨妙馨。碑已仆，苕人沈君扶而出之。

嶰谷至自吴下，同人集於晚青軒，時予將歸

一卷東遊草，篇篇總絶塵。尚含楓葉冷，已見豆花春。合并良非易，離愁又轉新。人生如泛梗，得酒且逡巡。君語予，天池山下豆花已放，異事也。

半查子振伯入塾

類我類我阿翁祝，可兒可兒執友期。叢書樓下萬籤軸，供養崑山玉一枝。

南圻餽藥

拜受百丸藥，於焉清躁心。感君親和齊，惠我過南金。下以中泠水，侑之緑綺琴。

方丈望谿嘗言以萬八徵君之學，而惜不得如梅勿菴受日月之光，以顯於時。予謂是不知萬氏之心者矣，因表而出之，以論其世

四明上溯滁陽胄，風虎雲龍三百年。一出秖緣爲庀史，終身安敢望朝天。誰將客婦行吟苦，漫作枯魚望澤憐。試讀秣陵遺事句，杜鵑心迹尚昭然。崑山、京江兩相公薦疏已具，先生以死力辭。

陳仲醇小像，李是菴所繡也，爲半查賦

是菴圖繪好，繡絲乃更精。恍然三江上，見兹老鯫生。槁項一布衣，不脛馳高名。萬古黃漳海，嚴

事與心傾。得此定非易，乃公未可輕。翻多所著書，身後受詈聲。馬郎真好事，高閣懷孤清。風流感妙嵩，珍重爲多情。閑將玉露酒，相對酹南榮。一枝早梅花，潔供在膽瓶。

次風學士去年索詩，未及致也，客中寄之

十年相逢一握手，蕪城惜别援清琴。日飲醇酒諒無益，獨抱遺經空有心。應憐倔强還猶昔，不道沈吟直到今。聞説承明邀盼睞，匡時何以溉魚鬵。

偶與南漪語及科舉之害

百世遺經重，誰人敢代言！妄思作囈語，何以溯淵源？蹇淺精神敝，揣摩心術諼。活埋天下士，昏墊不堪援。

薏田扶疾渡江，訂予同行，予疾更憊，弗能也。薏田既發，雨大作

漫天風雨客心寒，此日念君行路難。酒醒夢闌聞獨雁，孤燈花落五更殘。

除夕，梅圃以吴于蕃、管聖一二丈殘集至，挑燈讀之，爲補入耆舊録

萬歲名，何寂寞！一片心，未瞑目。幸得之，是亦足。歲寒人，挑蕢燭。

漫興二集

戊辰元夕，芍庭以其世父忠介公生辰，爲蒼水先生祭，即用蒼水過忠介琅江殯宮韻

浹旬春色碧於油，崧嶽神靈在上頭。丞相尚傳弧矢怒，中樞誰寫蕨薇愁？冰槎客散重修祀，芍沚堂高續紀遊。落落通家幾子弟，隻雞猶克溯弓裘。

故國當年事未灰，五千甲盾傍江開。卧龍伏鳳成羣出，鯷壑蛟宮取次陪。一自遺民湛絶島，更無過客上西臺。琅江死别吞聲後，重見南屏白馬來。

董四梅圃寫入山圖，索賦

世路日局促，志士思山居。曳杖入深林，良足恣所如。四窗九洞天，列仙所卜廬；塵氛飛不到，清景樂有餘。二十里過雲，南北互縈紆。我亦深神往，逝將與之俱。所愁經世志，何當竟逃虚。感之不成寐，披圖重躊躇。

元巳前一日之行省，甫出城十里，風雷大作，泊高橋，再宿始行

天豈有不祥，動威加祓除。下土蟣蝨臣，一葉阻沮洳。前村杏花好，墮地嗟淪胥。聊復烹江珧，爲酹劉相如。

山陰求韓莪山家傳不得

魏王好孫枝，葉葉長儒林。如何喬木盡，世本都消湛。猶餘帶草緑，喟然傷我心。

寒食日至行省，過菽林，爲予盛言甘墩看桃之樂，而惜予至之晚，因讀其紀遊詩

我家細湖上，桃根夾岸栽。日昨解維時，正及滿堤開。一爲飢火驅，勝遊動輒乖。嬌兒惜我別，花下幾徘徊。連朝惡風雨，萬紅總塵埋。故人喜我至，輭脚斟新醅。方知是寒食，禁煙凍廚齋。爲言甘墩遊，惜未吾子偕。有詩宛如花，春思與墨諧。人生曾幾何，陸陸困黃埃。明朝定晴霽，新緑尚可懷。且共扁舟去，扶醉六橋來。

樊榭有南屏燒筍之約，曰雖雨無阻。詰旦竟雨，予弗能赴也

及時燒筍正不俗，況有花豬恣大嚼。此樂固應天所妬，墨雲沈沈來作惡。老夫即次悵蕭寥，呼童買筍且永朝。出山入市風格減，冒雨莫怪諸公勞。生平雅志慕幽討，其奈陰晴稱心少。山靈定笑人無勇，此閒清供雨亦好。

雨霽，同人集南屏，補燒筍之約，分韻賦湖中新緑

誰洗繁穠浄，晴光放滿山。三春無此日，積翠乍開顔。天入重湖碧，人依浄域閒。時聞黄鳥唱，深處度緡蠻。

鹿田太守問予不出之意何其決也。笑而答之

野人家住鄞江上，但見山清而水寒。一行作吏少佳趣，十年讀書多古歡。也識敵貧如敵寇，其奈愛睡不愛官。況復頭顱早頒白，那堪逐隊争金幱。

健忘日甚，柬東潛

有書不借乃一癡，借書不還亦一癡；誰翻千古癡人案，此言吾得之劉祁。老生疇曩頗强記，十行並下無留遺。君家牙籤三萬軸，更還迭借奚童疲。此中樂處真不少，飢可忘食寒忘衣。秦火以來亂穿

穴，譆譆出出遊心脾。誰其爲我營複壁，留此焚餘存幾希。與君曾笑西人妄，元珠腦後珍重攜。豈期未老遽衰索，收視返聽恐已遲。冥心從此竟坐忘，還耶借耶都支離。

東幸詩

七百餘年玉檢出，五十八盤石磴雄。太皞連朝召雲雨，恭迎翠輦入神宮。撫臣槎山開道，得宋真宗時玉檢，進呈。

帝出乎震長六索，人生乎寅昭三微。先皇奎墨映星斗，元氣淋漓露未晞。『出震生寅』聖祖題泰山祠中語也。

梁父亢父貢方物，日主月主朝明堂。一遊一豫膏澤沛，大東小東勞可忘。

和風旭日護慈甯，夾道春暉效百靈。七十二君圖籙盡，更添嫄姒寵山庭。

蔥蔥佳氣集聖林，蓍莖楷幹長十尋。四氏諸生齊入覲，是誰來獻孔融琴。甲子仁皇東巡，衍聖公進孔融琴、右軍樂毅論墨跡、唐搨聖教序、文同墨竹及周簠。

周廬如櫛次青齊，華蓋連天日觀低。不道帝車東指近，相星翻落浙江西。時二相讞獄於浙。

大明湖頭黃幄駐，飛瀑泉邊朱芾來。海右驚傳浴龍地，當年邊叟讀書臺。

直沽春色浩無涯，漕楫呼嵩次第排。一路牙檣飄錦纜，不須六月過長淮。

樊榭北行

爾才豈百里，何事愛彈冠？魚釜良非易，繭絲亦大難。瘦腰甘屈節，薄禄望承歡。倘有清吟興，休從簿牘闌。

苦雨詩

春水緜連不可住，轉眼驕陽定足慮。斯人困悴無生趣，六龍聞向東方駐。我欲陳詞到日御，急鞭羲和殺雨勢，嗟乎二麥三蠶半天瘵！

浙東使至，爲言渡江即苦無雨，不知西渡之淫溢如此也

浙西苦潦水，浙東苦旱乾。水甚渰麥死，旱甚種禾艱。三江一葦地，頓爾戴各天。老生長咄咄，非

爲一身飢與寒。

會葬谷林

故人投骨南山隈，風篁颯颯傷我懷。當年蠟屐同遊地，一慟今隨白馬來。卜鄰喜得近詩材，句曲山人齒髮偕。懸知朗月明星夜，連臂清歌接券臺。

偶成

紅藥當階百媚生，幽窗相對共神清。平頭奴子忽趨告，故撫銀鐺被逮行。

端午前一日遊北山、葰林、處泉、甌亭、竹田分韻

頻泛晴湖棹，南山又北山。天中思益智，人外足消閒。灌木連雲緑，殘陽逐水彎。支公聞客至，一笑啟禪關。

瞿將軍行

瞿天葵，應天人，起自行伍，爲都司，狀貌甚偉，史閣部所拔也。亂後守閣部之闇，以終其身。

揚州閣部死乏嗣，中權都督紹絶祀。蒼顔黄髮太夫人，秣陵僑寓邀廪賜。桓桓更有瞿將軍，魁岸曾蒙特達恩。彎弓未殉沙場血，倚劍時傷國士魂。梅花嶺下故人散，寒食年年澆麥飯。鵂鶹恥向别枝栖，依舊長刀守舊閈。吁嗟乎！廟社重門主管誰？蒿萊狐兔紛可悲。疇昔邊關一老羆，今拋鎖鑰竟如遺。天爲孤忠留户牖，幕府殘年衛大母。虎頭猿臂故依然，精衛心期終不負。中權都督亦蕭寥，相與擊竹歌楚騷。孝陵松柏森森動，時有朱鳥門前巢。當年上將推劉乙，駢首不辭肝腦裂。死生異迹寧異心，誰采舊聞裨史闕。中權，謂史懷威也。

都城正陽門西大士祠，予向嘗遊焉，近乃知爲故明洪督師祠也

當年諭祭十三壇，東向招魂淚未乾。歲晚遼陽訝歸鶴，須眉猶是髮膚殘。

松杏淪亡罪豈輕！纍臣分應死危城。偷生視息非無爲，欲報吾皇香火情。
頭顱業已付歐刀，誰料風雲自此遨。十月功宗酹元老，叢祠只合化僧寮。

杜守調任越中

之官廛半載，涖政未三旬。天子眷龔遂，吾儕戀寇恂。扁舟四窗下，薄餞十洲春。猶喜提封近，甘棠接比鄰。
歲歲聞移節，翻添廉吏貧。心原清似水，甑且冷生塵。誰道二千石，曾無三百囷。看君洗手去，寧怪典衣頻。
山水推於越，雄藩重守臣。耕漁舜江舊，弓劍禹陵陳。丕振王劉學，羞稱種蠡仁。閒情消退食，河女獻絲蓴。
十年鉏菜老，長被長官嗔。一自雙旌至，周諮百事勤。風高孺子榻，花識白衣人。何日邀琴鶴，重臨故部民。

歸家見齋前竹實，有作

嗚鳥諒不聞，竹實胡爲者？主人媿弗堪，聊復采盈把。平生藜莧腸，一飽百憂舍。歸裝乏鞠藭，隔宿儲亦寡。何期邀此君，餉我以大雅。或曰歲且祲，飛鴻行遍野。憂心夫如何，徘徊桐陰下。

蒼水先生墓道漸湮，道士吴乾陽謀修復之，和鈍軒韻

一區發鳩巢，千年夸父宅。豈期世外人，而念此窀穸。在昔正氣歌，三分席自擇。紀、朱、張、萬、沈，相與成勝迹。峩峩南雷銘，光照長虹白。久久未開雕，貞珉眠荒陌。我續第二碑，遺事吐格格。一從小跛亡，莫問南屏魄。何家新貴塋，祁連肖層碧。應憐寒谷中，隻輪獨運策。編詩録許劍，諒屬我之責。紀九峯、朱穆生兄弟，張文嘉，萬充宗父子，沈横書，吕東莊，浮屠超遜。

我聞形家言，兹丘真吉宅。渺渺流泉流，藹藹夕陽夕。天定妥忠魂，楊攧不及擇。他年萬香火，鄂王共靈迹。冬青花未開，我亦已頒白。中爲鼯鼪居，旁爲狐兔陌。翩翩有羽衣，高情見風格。朽骨尚關心，何況此毅魄。吴君方埋枯骨於南屏。當年雪竇翁，兹山先埋碧。丸土不可尋，誰爲問故策。行當更

訪求，與君共此責。謂魏山人耕也。

雙韭山房夜話，示董生秉縕、秉純兄弟

少而學道老無成，怱怱浮湛度我生。豈有朝簪還入夢，每於時事尚關情。笑看雙鬢知黄落，渴願諸公奏治平。太白乍傳臨井紐，不禁中夜倚柴荆。

買舟渡江

何日勞人許息機，水雲深處結柴扉。閒栽赤堇青櫺遍，醉啖黄魚白蟹肥。户給不妨扶杖過，花開都插滿頭歸。皋夔事業知難就，此樂誰教天亦違。

不寐苦熱

赤龍竟夜炙南天，我最薰心不可眠。無奈蠅蚊百輩至，試爲鸞鳳一聲傳。炎雲直欲枯星野，古井

徐容試洌泉。太息斯民困飢火，縱臨杭筸亦焦然。

南鎮命祀

日觀峯連月觀峯，東巡秩祀應相從。書開宛委山頭祕，雲發陽明洞口封。樂府併陳小海曲，湖波不鬥大梅龍。使臣更有恭祈事，早望西成慰罷農。

若耶谿竹枝詞

上山試采蕺山蕺，下山試種蘭亭蘭。句踐霸材淪落盡，西施手澤未曾乾。

鴨腳蓴生春水緑，鹿角芰出秋波清。任教木石心腸硬，未免低回移我情。

白楊梅熟甘於蜜，郎若啖時莫傾筐。炎精噓出鼻端火，失卻鏡湖五月涼。

雲門寺前萬壑流，褰裳爲放木蘭舟。試看臨風傾城笑，如何廑直三年留。

塗脂抹粉失真色，淡埽蛾眉賦冶春。社前日鑄初茶出，手製雲牙一百斤。

朝過梅墅暮楊塴，到處花船有笛聲。誰道風流傷盛德，只愁無價覓粱生。謂粱少碧。

殘山賸水陳老蓮，衹爲紅裙著墨鮮。故居青藤已半死，尚有焉支生墓前。

道墟舟中望偁山

越州之水如鏡清，宵分偶爲道墟行。中田歷亂飛流螢，不聞人聲聞蛙聲。新芙蕖葉大於蓋，扣舷而歌何泠泠。舟人遥指偁山近，喬木十丈參蒼冥。侍郎講堂高尺五，少宰格菴先生。重席曾傳念臺經。星移物换此事輟，異軍化爲蒼頭營。火攻都督亦健者，少宰族子欽臣，字朝憲，死於戊子。愚公那得與山争。沙蟲猿鶴共一嘆，不知幾度驚山靈。侍郎飄然蜚遯去，首陽故址傷我情。年來四海爲家久，高陵宿莽連雲平。但見稱心寺宇遥突兀，暮鐘徐動梵火明。何來寒芒赤於電，將無大金夫人之神燈。即朝憲夫人也，詳余若水傳。

東浦舟中

平生慕賀監，老欲住山陰。高尚夫何有？清狂或嗣音。曾聞曲水地，向是少師林。故物祊田在，幾時遂此心。先少師公嘗以蘭亭爲别業，見剡源集，然非今之蘭亭也。

曹娥廟碑

云何黄絹碑，重書自元度。翻爲孝娥羞，江潮洗不去。片石豈宿緣，蔡氏多掌故。

秋塍、處泉以予至，各有宿留之約，予謝未能也

白髮青衫有素心，相逢一笑共披襟。浙東耆舊晨星少，吾輩交情碧海深。正欲對牀消昨夢，其如畏暑廢清吟。諸公及早成蓮社，待我重來話竹林。時處泉欲舉詩集。

重定黄氏留書

證人一瓣遺香在，複壁殘書幸出時。如此經綸遭世厄，奈何心事付天知。猶聞老眼盼大壯，豈料餘生終明夷；疇昔薪傳貽甬上，而今高弟亦陵遲。

大蘭湯使君山行

官重三都尉，人行九洞天。太平無伏莽，仙吏賦游仙。大蘭爲四明二百八十峯要害地，故防府實兼轄寧、紹、台之境。

同年姚君述祖出示家傳，因屬重撰墓碑

峩峩少保昔專征，坐嘯能招横海鯨。仗劍近臨歐冶地，受降遠度荷蘭城。勞臣報國天誰障，功狗攘封衆未平。勳策到今留祕篋，文孫何以振家聲。少保招來之績實在施將軍之上，後竟爲所掩，是非予一家之私言，閩人皆言之。

七鯤身畔紀穹碑，楊僕樓船未足推。樵牧不貽賜姓魄，千旌頻爲幼安馳。孫枝如爾真梧竹，光烈歸天壯尾箕。試向石渠諮信史，平淮莫用段家詞。故太僕斯菴沈公居臺二十餘年，少保欲送之歸甬上，而不果，後竟卒於臺。

曾聞跋扈少年場，家具曾無擔石藏。玄霧一朝傳豹變，炎雲萬里破龍荒。澎湖毒浪先歸命，越絕

神山並有光。爲卜高門終復始，請看喬木蔚生香。

遊天章寺，遇王布衣，自言修竹先生之後

犬年羊月吁可懼，穆陵頭顱飛上樹。爾祖挾客居山中，老淚汍瀾不可住。山南七戰幾危疑，竺西雙匣誰呵護？豈意斯地有神靈，鳳穴於焉成權厝。連袂閩甌數白衣，哭罷揮毫賦長句。爾今拓落一布衣，又視蓬萊淺幾度。雖然燕子已他飛，尚有鶻雛守未去。獨恨梵屋潭潭金粟荒，蘭亭真帖莫知處。

鮚埼亭詩集卷八

古今體詩八十六首

望歲集

望谿侍郎以舊冬辱寄文鈔，兼令覈審，未及復也。度夏於越，乃條上數紙，附之以詩

一編幾洛誦，高蹈更誰京。經術老逾篤，文詞明且清。低頭拜腐史，放眼笑班生。尚有葑菲采，他山礪錯情。侍郎不喜班史及柳儀曹集，聞者多以爲過當，至以馬遷爲聞道，亦似浮於其分，而侍郎守之彌堅，莫能奪。

謬種横流甚，何時得廓如？試嗚塗毒鼓，更指越裳車；斗柄依然揭，榛蕪定可除；羣兒愚不揣，毒霧尚狂嘘。

昔年萬夫子，一見輒知音。我亦四明客，同懷千載心。蹉跎憐病驥，蕭瑟嘆焦琴。湜籍方僵走，何

能效砭鍼。吾鄉萬八先生季野，首識侍郎於少年，勸以從事經學，勿爲無益之文。

寄訊故撫軍常履坦，時方遲秋於西曹

當君開府日，我最罕經過。爲避豬肝累，兼之箕口多。高牙今已矣，舊雨近如何？賸有山中客，神傷春夢婆。撫軍待予甚厚，浙東屬吏因争下石，撫軍不之信，嘗私以告草塘通守鮑辛浦，令予知之。

浙水膏腴地，頻驚貫索臨。方知難寡過，恨不早投簪。被謫應蒙垢，操戈亦負心。請看掃門者，告密去如林。撫軍爲故吏所告，雖不盡誣，亦不盡實，至反噬之風，似亦不可漸長。

聖主恩如海，容當宥纍臣。他年終結草，此日望生春。幸或充城旦，寧辭贖鬼薪。金雞如有唱，白髮拜深仁。

雪舫分司同年，獄中有詩成集，其送萬生幼揚還甬上，寄懷甚殷，未及答也。至杭答以三首，即送之東行

萬氏吾通家，襟襼十世遥；其暨九沙翁，尤稱忘年交。道山騎鶴去，零落嗟小喬。〔校〕鈔本作橋。

周郎真健者，詩格如青瑶。翩翩衡嶽秀，來看浙江潮。坦腹知佳壻，分符得劇曹。西華正苦貧，藉以資蘭膏。才大應得屯，一跌遂飄摇。羝羊既觸藩，旅鳥旋焚巢。反噬一何毒，捫心非所招。菰蘆幾故人，聞之共魂消。之子乃閒暇，旦旦拈詩瓢。縱復慚柳下，不肯祭皋陶。輾然笑髯翁，湯火浪悲號。五月萬生歸，來訪蔣逕蒿。爲言對簿者，相念每連宵。我方愧橐饘，何以報木桃。感之不成寐，中夜空蕭騷。

初秋我渡江，與君重相見。痛定幾低回，噩夢甯須唁。投杼應遭疑，祝網終蒙眷。竟逃人鮓甕，且挽沙場絭。披讀近日詩，一過一稱善。渾忘左徒憂，不作宵雅怨。更喜有哲昆，在原遠急難。詩力雅相當，强兵迭挑戰。豈期對床約，飄泊在狴犴。采采蠲忿花，連枝何婉孌。乃知真性情，多得之憂患。我亦罷鬱陶，重理舊詩研。

關東沙磧地，從軍定可矜。雖然困遠役，所喜在更生。況復近豐鎬，咫尺瞻舊京。邊塞互蟠結，山川有神靈。尤聞富物産，碩大不可名。寒則擁狼裘，飢則啖駝羹，渴即飲涼酪，暑即踏層冰。逐臣省愆暇，足以發詩情。故人謝侍御，荷殳曾此行。貽我書一編，他年補圖經。石林。儒者所流寓，文獻於焉徵。窮荒列戍卒，撫循責匪輕。但能邮薪楚，即以報聖明。賜環諒不遠，著録尚早成。

病中突接辛浦通守彌留之書，爲之一慟

來書：『此番一病，竟入膏肓，從此長辭左右，化爲異物，非所料也。畢生偃蹇，無可紀録，惟操履粗堪自信，吟咏聊以自娱，寂寞身後，幸惟先生是賴，伏枕哀鳴，泫然絶筆。』

魂斷何能哭寢門，開緘未竟已聲吞。孤燈夜雨雙淒絶，細看模糊病墨痕。
悲秋我已化龍鍾，眠食支離百感攻。不料爲君添涕淚，夜窗於邑和寒蛩。
冰霜節操千夫特，玉雪才華萬首盈。二語早堪作自志，了然撒手盡生平。
廿載交情澹暮雲，豫州知我最殷殷。東平墓樹休西靡，已撰穿中石柱文。

訪秋，分得玉谿詩中吹字韻

吾意正蕭瑟，況逢秋半時。誰家臨水處，定有拒霜枝。日落烟花淡，風涼衣帶吹。東城多野色，病叟亦忘疲。

啖蠏又病

儂家東海上，束髮饜霜螯。一旦能爲厲，從今慎所遭。不關爾雅咎，還戒畢公饕。誰說飛仙祕，長生漆漫勞。

中秋約與蘐林爲小集，雨甚不果，辱有酒饌之貽，賦謝

積雨阻良覿，多情有故人。挑燈招海魄，叩户到兼珍。夙解觀頤繇，新知動指因。差堪傲杜老，杯炙愬酸辛。

題寧人先生神道表後

志在規恢四十年，老投華下聽啼鵑。可憐閒卻支天手，餘技猶能試計然。

岱、恒、嵩、華行蹤遍，恥以浮言當説鈴。問誰同此佐王略，除是剡中黄負苓。先生嘗曰：待訪録與日

知録其中同者十之七。

吴下風流脆薄多，先生天界自崖峩。蕨藜蒸好黄精熟，便唱休糧祕藏歌。

貞孝墳前四柿樹，寒芒終夜燭南州。直待魂歸皋復後，攀裾重與慟宗周。先生有貞孝墳前四柿詩。

庾郎蒙面賦江南，柱國家奴更負慙。一灑諸公入關辱，峩眉六月雪生馣。

樊榭至津門而歸

慈親年八十，捧檄已非時。大有陟陔樂，長吟投芾詩。悲秋笠澤鱠，招隱小山枝；興盡翩然返，從今保素絲。

采蕺齋集

將赴蕺山講席，杭之同社諸君集餞南香草堂，得東字

安陽世學山齋重，五百年餘屬起東。試向清江覓寒火，更參新會溯流風。日來帖括司儒苑，誰是真師震瞽矇。珍重諸公尊酒別，何時蘭上共詩筒。韓貫道父子五世講學山中，清江劉子澄高弟也，而近人無知者，專屬之念臺先生。

蕺山瞻雲樓有大士，駴而去之

東西鄰比紛禪榻，又復巍然踞此牀。不讀佛書良寡陋，若行卿法恐荒唐。學儒自笑生天晚，禦侮爭傳碎鉢忙。安得證人昌墜緒，海門弟子息披猖。

卧龍山與蕺山，一東一西，稱越城八山之最，府署在卧龍書院，在蕺偶東補堂

卧龍山色化興龍，領袖千巖棠蔭濃。我亦寒氊飫西爽，與君分據一奇峯。聖祖南巡，敕改卧龍爲興龍。

大士既去，迎子劉子小影供之

已知非族得驅除，陟降英靈喜廓如。敢道登堂許私淑，修吾書更護吾車。

釋奠子劉子祠下，前此未有之禮也

尚有講堂在，依然帶草滋。是誰通小學，未易謁先師。木末花開日，江頭稻熟時。破荒陳俎豆，蘋藻一歆之。子劉子有古小學記。

故太守湯公篤齋有大功於越中，而專祠已圮，今祀於書院中，同補堂賦

經術經世務，方可見施行。在昔胡安定，治事標齋名。湯公涖於越，如梁西門豹。秦李冰。城西三江口，洪流時震驚，朝潮夕汐恣憑陵，菑畬耕穫歲不寧。五馬翩然來，下車蒿雙睛，俯察地理仰天星，妖鱃絶命狂瀾清。東眺有它山，梅龍或與京，斯民左饘右粥到今仍豐盈。三百年來祠宫傾，聊從講舍薦明馨，黄蕉丹荔依諸生。諸生讀書貴有用，豈徒佔畢誇精能。天何以平，地何以成？六府七政資講明，我詩譜神絃，雅歌〔校〕鈔本有「諒爲」二字。神所聽。

偶見子劉子私印曰「蕺山長」，摩挲久之

當年灌灌蕺山長，提唱三關曾幾時？正學於今成絶學，經師未易況人師。先生定嘆薪將盡，後死慚稱文在兹。手澤尚傳私印舊，應同禮器鎮山祠。

朱綿之解吟軒當蕺山之左，念臺先生主講地也，今爲比丘所居

百年帶草化茅蹊，長夜孤燈對老尼。到底寒芒猶未泯，奎文時照佛幢西。

補堂謁六陵，補祀謝臯羽、王修竹、鄭樸翁於唐、林之次，予告以尚有羅陵使，不可遺也

啄粟靈禽志尾年，中涓大節獨無傳。願君分取冬青淚，併弔同聲一杜鵑。

訪購子劉子亡書

蕺夫不作無休死，試問遺書半不存。倘許鑿楹無恙在，定留貞孝涕洟痕。公子貞孝先生伯繩，山居，手輯畢生，今僅存十之五。

遊大善寺

寺乃蕺山先生最初講學之地。寺僧甚賢，先生家無米，歲從之貸，有如寄，每逾年予直，則次年之貸又積矣。如是者二十年，及累官至太僕，始有田二十畝，得免貸。予謂是僧能使先生與相緩急如是其久，非聊爾之堂頭也，而惜乎其名不傳，乃紀以詩。

苦節嚴夷跖，孤貞覈謝陶。懸知老僧廩，芝蕙共清高。事見先生年譜。成佛未爲貴，知儒定足豪。我來尋塔志，莽莽但蓬蒿。

敬題念臺先生手書

先生官司空時墨蹟也。以當暑，須借金爲塾師製紵衣，告其家。

少師希聖學，不廑在安貧。一節見全體，清風識古人。尚傳手澤舊，足爲講堂珍。我亦鶉衣客，門牆倘不嗔。

始寧倪文正公新祠神絃曲

舜江兮湯湯，夏湖兮茫茫；太保陟降兮，自帝之旁。衣雲閣圮兮茂草荒，太保東歸兮思故鄉。百年恩命兮堂堂，墜典初昭兮曰使君之臧，三菁山高兮夜有寒芒。

講堂兮峩峩，諸生連袂兮鼓篋而歌；誦兒易兮聱牙多，揚烏莫遇兮奈之何？我欲畢業兮鬢已皤。前瞻金罍兮五行星羅，參同橐籥兮地靈不磨。太保揖讓其間兮臯比時過，擷蘋藻兮奠清波，佑啟經林兮産菁莪。祠在始寧書院中。

啼鵑破涕兮一笑，太保既醉兮祝宗致告。豈弟使君兮神所勞，亶有功兮名教。諸生讀書兮惟忠與孝，枌榆兮有耀。〔校〕鈔本作『曜』。太保行兮神旌夾道，誰譬黄絹兮題墨妙？

石家池當蕺山之右，亦念臺先生主講地也。暇日過之，有作

子劉子之研池，至今其水清漣漪。東望采蕺齋，寒雲猶栖依。當年一壺砥中流，殷勤浥注忘其疲。是誰先登誰未濟，衣帶之近通聖涯。漫天驚黨禍，託孤之行亦殆而。敬伯真健者，古誼直與王成朱震

堪並馳，矻矻服勤尤所希。幸逃宫鄰厄，卒罷桑田菑。清流不救狂瀾危，高弟已先哲人萎。年來春木歲歲芚，其人如存道莫躋，不若鷗鳧俯仰自得遊化機。敬伯，陳堯年字也。首事念臺於講堂，黨禍時，念臺託孤於堯年。弟子中，以堯年與朱昌祚爲最密。昌祚，即解吟軒主也，皆先卒。

聞補堂遊寓山，因祭祁忠敏公

落日曠園冷，寒芒止水尊。百年傳勝地，五馬式清門。尚有藏書架，爲尋埋碧痕。我尤念公子，誰酹未招魂？

姚江吕漢甍先生叔倫，漳海黄公高弟也。求其遺文五年而未得，里人亦無知之者

漳海正命後，大滌山房空高深。太傅之後有賢者，獨抱遺經不絶吟。誰其爲老伴？何子稱同心。餘杭何先生羲兆。我曾遊洞霄，猶見帶草環帷林。吁嗟杞宋文獻日消沈！

過戴高士南枝宅

南枝先生蕉萃後，誰爲列名汐社中？題詩桐江祭嚴子，賣字滸關葬徐公。固知正氣返天上，長共殘山表越東。學録定慚吾罣漏，偶來三逕弔蒿蓬。稼堂所作先生傳，本末不甚詳，予擬搜其遺事，另爲一通而未成。先生亦嘗從事念臺，頃議劉祠配享弟子，偶失之，當補入。

聞故甘撫胡復齋之赴

老友日淪喪，凋年涕淚多。蜀岡應罷社，楚些不成歌。復齋本武陵人，僑江都。舊德先朝重，餘生衰病過。昨冬臨別語，魂斷我如何。時已在病榻，握予手，嘆曰：『明年此際，恐不再見。』

累葉清華冑，兼之幹濟才。所因非有染，驟貴竟爲災。帝德宏三宥，朋悰感八哀。故人隔江介，絮酒待春來。時予將至吳門，欲渡江一哭之，而不克。

辱有忘年契，登壇共説詩。最憐拓落者，『閑卻聖明時』。復齋每誦此句以惜予，故用之。隨會不可作，虞翻誰見知。寂寥身後事，賸得幾楊枝。

故理刑陳公卧子，有大功於吾甌粤，而祀典未備，以嫌忌也。秋膡偶商及之，予請援太守湯公之例，祠之書院中

東陽許都難，幾社與之相始終。不有賢司李，漫天禍且遍浙東。功成辭賞去，欲以此意謝閩公。孤忠踐妖夢，二千年上感殷通。竟殉華亭鶴，上覲思陵攀墮弓。可憐故部民，尚撫甘棠生餘恫。何地薦谿毛？春猿秋鶴飛吟中。聖朝已不諱，亡國之恨如冰融。蕺山有精舍，聊分一座志報功。請看三〔校〕鈔本誤作『五』。犀石，太守祠祀將無同。長哦禊水詩，定有靈旗颯颯來吴淞。

穎谷索題米海嶽五星研三年矣，今臘過吴，重出研觀之，奉呈七言

當年慶曆瑞同宫，關洛先登道岸通。餘事總超百代上，寒芒又落五州中。研山未泯蟾蜍淚，墨苑長憐鸜鴿工。爾亦少微垣裏客，風流遥繼石田翁。其蓋有石翁銘詞。

題楳莊拾得研，趙寒山物也，亦爲穎谷

寒山一片石，孤格挂晴霓。想其箋説文，曾共陪青藜。可惜多謬誤，願君滌研細論之。

又題穎谷青牛研

老子樹下骨，紫氣長盎然。誰謂爾無牛，代耕歲十千。

西笑集

讀陶公飲酒詩

道喪向千載，有志即已難。昔我亦不惡，忽忽成永歎。問津遍六籍，彌縫無一完。還持此耿耿，以

告諸少年。

勁風無榮木，皇皇求孤松。此蔭殊未易，託身將安從。何當化孤松，以待彼飛鴻。連林好託庇，誰謂獨見奇。不見今之人，愈獨且愈嗤。嗟我思尚同，但未諳汨泥。飢來驅我行，諒哉非久計。東籬念旅人，爲之減佳氣。喟然感飄蓬，孤舟長不繫。倘保此枯槁，身後良稱心。所憂終不免，一跌污塵襟。息機竟何時，聊爲商聲吟。壯節思長公，高風愛仲理。古人豈可希，竊向往之耳。是誰紛狐疑，誚我空凍餒？晨雞未肯鳴，尚亦守所恥。

郝仲輿九經稿，今藏吾鄉張氏

湘東老子傳故紙，塗乙長留妙墨香。想當講堂孤坐日，膏肓廢疾細商量。於今述朱遍天下，經師心氣闒不揚。誰知瑣瑣黄門筆，尚落鄞江蠹鼠旁。京山讀史漢諸種，皆曰『瑣瑣』。

宜田欲開雕蕺山先生遺書，屬予讎正，而予已辭講席，因以書歸之劉氏，并柬補堂

當年伊洛發遺書，鄭重張朱校勘餘。束髮有心傳墜緒，白頭把卷竟躊躇。

少師香火最嬰情，三月俄慚輟講行。祇爲白駒蕉萃甚，場苗別自費經營。

過桐齋，弔廢翁、鼓峯、隱學三先生

證人裘冶到東句，磊落三君最上頭。九死尚傳絶學重，不徒甲子義熙留。三先生首招南雷爲講學之倡，是齋其所倡也。甬上後起之盛，實由三先生導之。

同谷覓深寧先生墓不得

逝者如可作，先生吾所歸。空吟遂初賦，莫覓浚儀碑。荒山斜日杜鵑飛。

佛隴題高夫人墓 即在佛隴菴旁。桂林留守瞿夫人嘗訪夫人來此菴。

巖疆百戰已成灰，有子焦原接迹來。合與夫人人外去，禪花歲歲墓門開。

寒食微雨，欲展先宗伯公墓不果

東風打梨花，病夫意瑟瑟。西山隔重湖，徘徊前復輟。橫塘鼓吹喧，知是諸郎船。

邸鈔

士苦不通今，何以知世務。士或過通今，行且敗吾素。五夜秉蘭膏，徘徊讀邸鈔。

江珧 〔校〕鈔本『珧』作『鰩』。

此郎風味擅江碕，珍重春深上市遲。誰教先期百輩至，青螺白蜆總肩隨。

信宿姚江舟中，偶作三哀詩

張先生客卿、蘇先生存方、邵先生得魯也。張本鄞廣文，丙戌後隱雪竇。邵亦隱雪竇最久。而蘇曾入鄞，參密老。皆於吾鄉爲寓公。嗚呼！三先生之大節，豈余以寓公故私之，而所歎者，姚人或反莫之知也。

天上客星人經師，湖學風規豈似之？冷官蒿目際陽九，赤手安得匡危時。恢復人心第一檄，傳者竊笑聞者嘻。豈知天地遽崩裂，竟坐此故成陵夷。乃信巖疆在方寸，不恃高城與深池。差喜臣心尚無恙，未須討貳勤濟師。妙高臺上乾浄土，殘山足與寸心依。吁嗟世道日淪陷，莫卜此心來復期。大招廣招不可返，茫茫憂患何人知？臨風遥遡足三歎，重泉應與我同唏。

海門弟子誰先傳？石梁鏗鏗儒而禪。有客從之得妙諦，亂後靈光尚巋然。四明山中茅一把，醒即讀書倦即眠。腥風血瀑遍下界，而我神遊炎黄間。偶然小詩鳴自得，擺脱籬落追天鳶。律以學統或未粹，要其風格良孤騫。百年浙學久墜地，石梁薪火亦荒烟。樵牧安能認帶草，蘇園寂寂無故氈。太沖先生不甚可存方之學，謂與史子虛、沈求如一例，而澤望先生極稱之。予謂存方風格自是義熙以前人物，未易及也。

東陵一生真狷者，苦節凜冽吐寒芒。祥麟降生偏不偶，天實厄之當滄桑。桃源何處避何所，一洗頭顱歸竺王。豈以軍持謝世事，翻從魚鼓擔綱常。可憐潭上一畝居，欲扶九鼎則已狂。十年雪竇混姓氏，晚竄福巖竟淪亡。慈雲不足消冤怨，祈死得死何堂堂。曰故遺民非衲子，死返初服朝毅皇。謝翱方鳳不終泯，山水爲之留耿光。三哀賦罷山鬼嘯，春潮夜漲天蒼蒼。

寄懷穆堂閣學

三朝遺舊德，一病竟侵尋。孤負佐王略，空餘衛道心。息機消噩夢，觀物寄清吟。何日浮彭蠡，重陳昔與今。

孺廬仙去後，歡會孰追尋。試挂徐公劍，應傷向子心。暮雲已索莫，新雨費沈吟。脈脈瓣香在，相要亙古今。

冉冉蹉跎老，王黄緒莫尋。已知鄰暮氣，所愧負初心。懷舊紛多感，憂時亦輟吟。自從邗上別，荒落到於今。先生謬許予爲深甯、東發以後一人，慚媿屬望之殷。今未五十而衰，永懷知己，不禁憮然。

三西詩

三危舊是中原地，分比苗民尚有存。其在五燈亦無賴，偏於諸部獨稱尊。誨淫定足招天譴，闡化空教種禍根。安得掃除羣孽浄，不教西土惑遊魂。右烏斯藏

五洲海外無稽語，奇技今爲上國收。别抱心情圖狡逞，妄將教術釀横流。天官浪詡龐熊曆，地險深貽閩粵憂。夙有哲人陳曲突，諸公幸早杜陰謀。右歐羅巴

即事

中天玉燭正當陽，聞道番酋悔陸梁。須信止戈方是武，不關辟土始爲疆。黑頭上相脂車返，白髮元戎看劍長。此日西垂多樂事，羌髳無復有塵揚。

夜讀石齋先生駢枝集

先生經術粹無疵，少作流傳玩世詞。我讀洞璣希領會，挑燈聊爾擬駢枝。

太白山中弔二公子

西炤，爲故尚書龍泉郭忠烈公維經子；可立，爲故侍郎休甯金文毅公聲子；今寺中無復有知此二師者矣。予仍稱之爲公子，存其真也。

太宰諸郎君，次第殉國難；既以慰先公，亦有光楊萬。憖遺此殘生，東竄餘一綫。司馬祇孤兒，曾參績谿戰。幸逃笪橋死，亦得保餘喘。投身玲瓏巖，受役伊蒲飯。世系既沈埋，頭角甘漫漶。相看各相訝，有淚不可濺。郭公長子應銓，字甄孟；次子應衡，字仲平；從子應煜，字扶生；皆以樞部郎從戎而死。而西炤之名不可考，其浮屠名曰興徹。金公志其先墓，祇載一子，名敦涵，不知即可立否？其浮屠名曰□□，一女爲尼於吴，師事蘗菴，曰超遯。

從來鸞鳳種，所在有寒芒。雖然經百罹，其精未消亡。清關魚鼓下，雜沓混否臧。豈期來精衛，繞寺爲徬徨。山靈大驚咤，此是誰上堂？中司一朝來，老眼終無荒。謂彼二少年，顛末宜致詳。眉間有兵氣，頰上尤凌霜。扣之堅不語，乃相與連床。中宵竟舐得，一慟血玄黃。請看新裓衣，猶隱舊劍鋩。山靈大歡喜，呵護有仁王。二公子執爨且數年，都御史高公元若來寺中物色得之，一院皆驚。

密公高弟子，少亦不碌碌。所以玆山中，接踵來耆宿。記得甲申年，曾賦新蒲緑。一朝荷徵書，夜猿厭空谷。欲稱大薙師，新著朝天録。痛絶諸葛兒，隨車遭迫促。白圭險被污，素絲危見辱。高厚所照臨，誓難負幽獨。幸得脱身還，有淚已萬斛。終身向西戒，豈以長齋贖。空門亦易腥，殆哉此孤躅。方歎中司言，前知良以卓。高公贈西炤詩曰：『應歎空門裏，腥塵亦易干』，至是幾爲詩讖。

吁嗟桑海間，志士競沈冥。荒山萬招提，殊不少駱丞。年運與俱往，誰爲留名稱？我來過凰谿，雲外聞蘭馨。將無二公子，魂魄所式憑。獨憐采風者，谷音久飄零。我詩雖不工，聊足補獻徵。擊碎竹如意，空中聲登登。時道忞之徒不欲隨行者，二公子之外尚有沙門雪樵，名真樸，亦高節。

江行遇風，舍舟而陸

一壺空自貯，未敢試中流。豈曰掉頭恝，將貽没頂羞。天方寵箕伯，吾欲愬靈修。祇有江豚輩，乘潮舞石尤。

滄浪今絶險，濯足亦驚心。忠信難爲力，傾危未可任。有生隨厲揭，無術善浮沈。老我青鞋便，歸途緩緩吟。

薄暮，巽亭見過

相逢新綠下，瞑色滿湖濆。漁火參差出，天星旁午分。故人偶遊息，而我正微醺。何處鯨鐘動，南藍夜講殷。

過潘石枰故句園

一卷覓瓢餘，井泥傷廢墅。殘春弔落花，無復詩人至。

碣石行

故都御史華亭徐公孚遠乘桴廿年，從亡道梗，由安南入覲。安南要以臣禮，不屈而歸，所傳交行集者也。歸而同延平入臺。延平亡，臺軍漸削，乃復入中土，棲遑無所就，至碣石，依宮保總戎吴君六奇，竟以完髮終。其野死爲可悲，其得保顛毛，則亦僅有之事也。吾獨壯吴君之出自賤微，自草竊而能爲天下留貞臣之命，使得以無恙威儀入地，是亦絶世之奇矣。世人但舉查職方一事，以爲佳話，豈足以盡之哉？宜其克享功名，殁邀順恪之謚也。若田間先生謂徐公歸自交趾，即留碣石，則譌矣。抑國史吴君傳中，亦應大書者也。

孑遺孤臣頭雪白，不死東寧死碣石。吾戴吾頭吾知免，一枝幸藉將軍力。冥鴻何處覓安宅？老羆帳中堪避弋。鴟鴞不敢加彈射，幾社故人最生色。夏公感歎何公喜，更有陳公同太息。相與驚魂且動魄。謂斯人者從何來，古心所照天地碧。碣石風雷生畫戟，誰知中有柳車客。海王爲之司眠食，朝看揚潮夕重汐。在昔韓王亦無輩，竟賣鍾離足長喟！

諸烟嶼

先生高卧讀書臺，帽有塵封屐有苔。不是吠龙紛惱亂，等閑安得過牆來。

久不登天一閣，偶過有感

歷年二百書無恙，天下儲藏獨此家。爲愛墨香長繞屋，祇憐帶草未開花。一瓻追溯風流舊，十載重驚霜鬢加。老我尚知孤竹路，誰來津逮共乘槎？

臨桂伯錦歸曲 事見所知録。

臨桂相公何精忠，側身蠻瘴矢匪躬。漢家九鼎自岌岌，孤臣浩氣自熊熊。殘疆累蹶亦累振，其奈天廢無成功。幸逃九死竟一死，誰知都在前定中。真人珍重説錦衣，翻成馬革亦已奇。應思此言有精義，堪歎世人知者希。真人定是赤松儕，不逢赤劉盛，偏逢赤劉衰。祕計空陳赤伏災。赤伏雖遘災，其在相公不爲災。堂堂錦衣神歸來，正命而終天所諧。相公竟錦歸，從者爲阿誰？副樞張公緩帶陪，大將焦公韎跗隨；緋袍公子參旄麾，箕尾光照虞山陲。改冠易服誰氏子？褐寬博者視有泚，乃知錦衣不在此。我讀浩氣吟，指南而後有遺音。真人密授獨未及，幾令佚事憂消沉。將無貞臣不語怪，恥逐啼鵑返故林。試歌錦歸曲，懸知陟降神所臨。赤松仙人諒不死，苕霅之閒光尚紫。何當尋之話舊史。

鈍軒謂瓜子蛤未有賦者，因同作

海王副瓜遺其仁，飛入新蒲得化身。紅藥風翻初上市，黄梅雨過又宜人。芳鮮聊爲薄醉下，大嚼未堪老饕陳。不知許事且作達，掌故長貽合氏珍。

鮚埼亭詩集卷九

雙韭山房夏課

五令君詩

乙丙之間，甬句百六，生民莫保殘喘，猶幸五令君者，皆仁人也。五令君：曰職方兼知鄞縣濟人秋水袁侯州佐；曰兵科兼知慈谿縣揚人螺山王侯玉藻；曰職方兼知象山縣定海縣南陵弋江朱侯懋華；曰御史兼知奉化縣吴人虚谷顧侯之俊；曰職方兼知象山縣萊人如圃姜侯圻。王、朱、顧皆甲申以前所授官，圖經尚存其姓氏，袁、姜則出東江之版授，遂無知之者，是豈部民之所可恝然已耶？乃各繫以詩。

二靈雲蒼蒼，嘉澤祀皇皇。至今錢湖葑，居然召伯棠。詳見曾大父太常公乙丙之際存湖録。

大義絶賊臣，私恩寧足紀。斯意關綱常，保障其細耳。螺山拒其房師之從逆者，當時甲乙科中人，多以爲非，不知君臣分義先於師生，是乃所以扶持正氣也。

朱侯真幹才，坐嘯鎮海澨。笑謂王武寧，高牙空虎視。瓜里仗聲援，同仇首剡源。崎嶇嶺嶠魂，未忘兹彈丸。虚谷從亡入閩，閩亡，入粤，間關盡瘁而死。姜郎忠臣兒，一官竟齎志。我作先祠銘，尚亦光義幟。予方爲其先忠肅公祠堂碑銘。

巽亭約爲密巖一帶之遊，予謝未能也。是日偶和故太常莊公九月二日詩

亳社當年萬古愁，城門軍散弔延秋。灰心已分孤臣死，續命還因宗國留。不道微行遭婦口，定傷多事戴吾頭。明朝正有溪船約，腸斷休爲二皎遊。

偃月堤夜泛

大火蒸雲苦，晚潮浴月涼。慶豐樓上酒，同發妙蓮香。賀監定不死，時亭豈可荒；南烏正三帀，一曲思蒼茫。

再和漢曉太常詩

空山循髮訴牢愁，爲道秋今非我秋。夏肄更誰完百粤，周遺枉自愧雙留。不堪東望長垂翼，祇合西歸亟掉頭。三復林生大還句，居然騷些共神遊。

暑甚不寐

夜色渺無際，廓然清我心。夜香一枝放，翻嫌昵我襟。夜氣滿太虛，閒誦香谿箴。

三和漢曉太常詩

茫茫望帝結春愁，百鳥分愁直到秋。試看沙蟲祈速死，誰言山鷓肯遲留。赤符那得興鯨背，白版虛傳瑞鯉頭。賸有流貽巾幗語，詩人摭拾供清遊。

諸子追和莊太常詩成卷，爲題其後

諸子清才善寫愁，吟成老氣各横秋。三閭竟爾乘虬去，一嫗叨緣附驥留。在昔人争憂裂幘，於今吾極愛科頭。賸餘一脈昭忠志，白露蒼葭好遡遊。

七夕前七日作

天公幾日秋，晉鄭頭畢白。候蟲獨欣然，争鳴滿四壁。我亦無如何，一夜吹長笛。大塊感噫氣，於以成商聲。是噫從何來？牛郎訴不平。乃知一物閼，足以擾清甯。衰病正連綿，撫時增蕭瑟。前有一樽酒，不醒積毀骨。連朝風雨多，芭蕉益愁絶。

楊氏脩園

太僕佳公子，風流别墅開。神鴉猶護樹，怪石已爲灰。楊園中花神祠，今爲里社，香火極盛。地據雙湖勝，人稱一代才。誰傳猘兒語，吟眺幾徘徊。嘉則先生每呼伯翼爲『猘兒，難與争鋒』。

沈氏暢園

尚寶好兄弟，超然謝黨論。嘉命分禊帖，小築傍空門。文恭諸子當天啟時，俱能自拔於浙人衣鉢之外，不求進取，其放懷詩酒，亦可尚也。園中題署，皆取禊帖中語。尚有懷寧墨，能污貞士魂。風騷今雨散，蔓草滿城根。阮尚書大鋮與文舍人啟美，嘗偕寓兹園唱和。阮、文臭味不同，而以絲竹之好相連綴，詳見暢園志中。

陸氏意園

在昔浚儀長，幽居肖輞川。花連堤上錦，雲接洞中天。南岸爲先宗伯桃花堤，西岸即史文惠王之真隱洞天也。鳩據因多難，鴻冥遂杳然。我來覓陳迹，重説義熙年。武城以國難故，播遷不返，是園遂爲降臣所有。

七夕，鈍軒集同人祭蒼翁於隱學山房

今夕是何夕，良辰好祭忠。秋江潮汐壯，銀漢女牛通。耿耿扶韓志，堂堂礫卞功。我歌降神曲，天半吐長虹。蒼翁正命之辰，重九前二日也。同人聚散無常，故不能盡同此日。

爲嘆五君子，天中畢命時。共姜宣母教，樞使有孫枝。媚婭清門重，賓寮合食宜。多情仗羣從，聊以慰陵夷。是日配食爲若思先生，共姜，若思母周太安人也。大節詳予所傳，媚婭即見蒼水哭若思詩。

正翁洵舊德，扉屨幾傾家。掉首辭塵劫，低眉誦法華。薇應清似粟，梅亦大於瓜。此日陪靈馭，寧慚博望槎。鈍軒曾祖正先大行，晚受戒於大梅法幢禪師，與桐城方子留輩並稱上座，是日別設伊蒲食以配之。

招魂如可作，移榜不須嫌。故國無星火，伊人在水蒹。欲推瓣香力，遍爲國殤拈。佇待禮成日，新題樂府鹽。時予方議合祭甲乙以後二十八忠，爲之立祠。

寶墨齋看蕙

臭以同心合，香叨東壁分。秋來倍爽潔，病後易沈醺。倘許幽人佩，休令王者聞。爲君鼓一曲，珍重十年薰。君山謝選部之籍，已十五年。

萬竹山中，訪故少參夢章羅公避地寓

剡源清絶處，傳是使君居。辛苦畫江後，章皇蹈海餘；周黎猶被蔭，蜀道竟何如？合有甘棠祀，同招海岸車。吾鄉節推之應祀者，海岸黄忠潔公，而少參之有功於東江，生死雖異，其忠一也。萬履安云：少參丙戌後，衣冠不改，尚能爲諸遺民之寄居剡中者所仗庇，尤不可及。海岸大節登於明史，至少參則泯然矣，爲之三嘆。

鈍軒索題小照

風流公子重清門，衫袖都成書畫痕。莫以華顛嘆遲暮，依然慘緑映朝暾。

飄蓬我亦媿前盟，那得丹砂一昔成。只有飛揚心氣在，披圖約略見平生。

偶示諸生

十年未得去矜心，把卷誰爲上蔡箴。亦有差强人意處，硜硜不作導諛音。

沈郎曾有膏肓語，爲讀君詩長傲多。幾度沈吟難自克，江河滿目正頹波。吴江沈果堂徵士謂讀予鮚埼亭集，能令人傲，亦能令人壯，得失相半，予甚佩其言。

拓落泥塗我自甘，斯民蕉萃是誰慚。羣公定有經綸在，可許低頭子細參。

榆林村中弔戴帥初

剡源老子師傳盛，曾從巽齋復厚齋。洞天福地釀清氣，殘山賸水傷老懷。咸淳百年遺民貴，至元一出晚節乖。而今文統將誰寄，紅樹黄泥漫滿崖。帥初祇得爲文學，今圖經承李氏宋遺民廣録之誤，改入隱逸，甚不合，當以舊志爲是。

新得袁伯長學士研，試筆賦之，兼示配京、沖一兩茂才

珍重清容研，留遺延祐餘。曾調靜寄墨，及侍友恭書。樞使門庭古，南湖池榭虚。一區今屬我，奚翅百璠璵。

此地溯文獻，陽源最長雄。史存梅磵窨，經發竹林筒。呵護欣無恙，烟雲尚不窮。故應靈淑氣，長吐石田中。

聞昔新河啟，高才遂挺生。天心慇磽确，地肺應文明。日送花磚麗，山披石質瑩。猶傳頻扈從，槖研度開平。相傳端平以後，堪輿家言慶元城西若開新河一道，當生大文人，及河開，清容生。

前輩淵源盡，誰其足嗣音。菑畬如不怠，阡陌豈難尋？忽忽中衰恨，茫茫後死心。同疇期二妙，一振式微吟。

配京贈研，先以長句一首，未之和也，翌日更答之

我欲銘研幾踟躕，前光後輝媿弗如，安得好句鳴瓊琚。綠鬢盧郎才思雄，滌研哦詩雲蓬蓬，我則奚

堪徒怔忪。由來文章千古事，清容町畦豈易至。聞道登壇奪纛年，研溪夜夜孕青蓮；大兒奎章虞道園，小兒中司馬石田，鷗波王孫僅隨肩，左右先後研席間。此後拓落向阿誰？蓬飄梗泛定堪悲，清容魂魄亦安歸？我今冉冉益荒學，合六州鐵不鑄錯。研中光氣方氤氳，但當爲君拂拭勤，代興之語惡敢聞。

配京和賦伯長學士研詩，因借鈔其集

斯文應有寄，我老已將休。爲撫遺編在，甯徒一研留。膏肓箴五失，師友重千秋。此意沈吟久，無爲石丈羞。

六詔山深處，王郎故物存。誰披褉水帖，又遇越公孫。十笏精靈聚，中原文獻尊。需君學成日，重酹片雲根。剡源第一曲曰六詔，有王右軍研，見舊志。而學士集中評褉帖，最爲精當。

老友董映泉挽詩

與君共和太常詩，爭羨峥嶸老鶴姿。危腦忽傳妖夢踐，匆匆又作挽君詞。

清門兄弟俱僑札，醇德終當數長公。最是斷腸身後事，墮樵遺秉亦成空。

老去精思審六書，直探皇極鋭何如。而今撒手空行去，脈望翩然返太虛。君老而好學，欲從予講求祝氏皇極數學，因探聲韻諸圖之藴，予逡巡未果，而君逝矣。

鸛浦鄭氏，秋丁祭黄子

黄子澤五世，於今已一絲。閣下木樨花，秋來放幾枝。嗟我僅私淑，未得揖讓於其時。

張二茂才炳和予清容研詩，答之

念爾通家秀，孤吟秋樹根。風流亦猶庶，心事向誰論。近狀蕪田困，先疇黄石存。還期崇耿介，特達重清門。

帖經餘事集

蕺山諸生來訊

臯比未煖匆匆去，慚愧猶縈去後思。舊學商量無别語，莫將輕俊玷清姿。

多師未必真求益，不若歸求自有餘。試到十年養氣後，更參斯語定何如。

田宏遇謁曲阜，挾妓楊宛以行，其碑今尚存，未有宛詩，駴而志之

田郎寵靈仗一女，乃敢呵詈及盈廷。其時盈廷或可詈，不知田郎何所能？碑文盛指百官之庸，科舉取士之誤國。

循碑雒誦得妓句，自古妄人得未曾。九原如遇孔中丞，一殛定洗林廟腥。

瓶花齋雨集，天台寺僧適以鹿銜草至，甌亭索賦，分韻

小草曰『吴風』，其來自洞天。逐逐千年鹿，見之口流涎。藉以金庭茅，沃以桐柏泉。一莖足療飢，十莖足忘寒。久久遂跨鹿，御風遊層玄。寺僧日拾之，珍重禪枝前。時從綺霞中，一接紫柏烟。道力兼佛力，妙合彌神完。詞客一見喜，擬取投觥船。向我徵掌故，欲補桐君篇。鴉銜足消毒，蛇銜足摧堅，龍銜足導氣，功效各有傳。惟羣動有鹿，亦最夸長年。其類爲羣麋，嗜好伯仲間。解角候雖別，口澤頗同然。我聞其賦材，上稟鶉鳥躔。陽冰暨陰火，道在互節宣。謂宜參二冬，和齊乃無愆。或者妄解之，貽誤不可言。草性温，顧或誤以爲涼，則謬甚。願君更致詳，折衷訪臞仙。吾衰已冉冉，百憂感纏綿。鹿亭大小韭，力不振積孱。何當度閬風，長嘯棄塵緣。今夕且聽雨，蕉窗漏濺濺。

煨芋分韻

蹲鴟真清供，殊校晚肉潔。其魁大於瓜，其子圓於栗。愛其秉素心，兼足飽餓餮。上之應昴星，下或謠鴻隙。菓以百斛充，梠以三年黜。亦何足駴人，許氏言未覈。客舍腥鱻希，齋廚宿火活；燔之通

中堅，蒸之消内熱。寒烟映暮山，元氣滿浄室。審候宜紓徐，導和防菀結。意味既疏通，皮毛斯解脱。名理悟空靈，禪力驗充實。其在伊蒲中，野趣足怡悦。切莫似馮郎，使與蘿蔔捋。巳公傍晚來，大恒和尚。相對正蕭瑟。詞客更聯翩，聽雨聲不絶。薦盤何纍纍，下手争勃勃。魚鼓正沈沈，先取祭老佛。試參水晶鹽，雙清有如雪。但覺道腴盈，更無塵思汩。斯人苦章皇，大半爲餔啜。安得擅一區，阻飢不足怵。便傍瓦鑪灰，撥之消寒冽。此意足沈吟，簷霤響瑶屑。阿誰習老饞，杯炙耽殘褻。攢眉乞破戒，失望竟咄咄。茨檐。而我但催詩，白戰亦奇崛。

大恒招集南屏，分韻

試看南山色，連朝倍老蒼。青霜封曲磴，黄葉下空廊。旅客遊方倦，寒蟲蟄漸忙。昨聞開酒戒，來過遠公房。是日，大恒爲予破戒置酒。

題陳秋濤相國墨蹟

公昔張空拳，思以振赤符。赤符讖不驗，滄海爲之枯。天廢誰能興，志士枉受屠。唯是桂林燼，仗此稍支吾。畢竟延一綫，東僵西則蘇。連衡張陳霍，旁暨韓麥徒。張公家玉、陳公邦彥、霍公師連、韓公如璜、麥公而炫。以致惠國公，翻然成改圖。孤忠天所鑒，讖亦未盡誣。卷中詩云『世事予多讖，浮生亦有天』，當是公甲申後作。南極竟渾一，百年拱車書。尚有妙墨寶，流落漸江隅。寒芒而正色，英爽與之俱。番禺耆老盡，文獻誰爲儲。秋痕隨秋去，賸此灰劫餘。相國所作詩名秋痕。連呼玉畫叉，收之緘中廚。

望谿侍郎輓詩

前年我過湄園中，先生留我開經筒。七治儀禮老未竟，上糾康成下繼公。惜我投閒空咄咄，戒我浪遊徒匆匆。速我著書漫忽忽，倚杖而嘆神熊熊。東西宿老淪落盡，歸然靈光世所宗。其秋示我新雕集，寄聲他山錯可攻。長箋亦聊貢一得，謂以寸莛叩巨鐘。謙光一一盡刊削，再索直言資折衷。三江迢迢未盡達，豈期妖夢告蛇龍！昨秋予以先生集中商榷如干條，託樸山先生寄之，不料其不達，擬再寄不果。遺書行世僅十五，尚有祕篋干長虹。由來舊德爲時重，雖復不用亦有功。試看浮玉山頭色，一夜愁雲冥濛濛。江東有客近悔過，欲齎絮酒哭幽宮。尉佗拜表去黃屋，『孰與漢大』敢怙終。我詩寄聲到蒿里，先生一笑降虛空。堇浦向不得見先生，頗操異議，及聞赴，嘆曰『吾方欲之秣陵，一拜床下，不料願竟不遂，長負此愧』。乃以文哭之，自道疇昔。

題張丈亟齋手校漢隸釋源後，贈施六上舍北亭

讀書識字今所希，施郎兀兀忘其疲。六藝妙處足不朽，上函雅故通精微。符山堂上大布衣，渺然古心追籀斯；七載寒窗校漢隸，欲以赤手報婁機。卯柳桃菜紛謬誤，我昔泛覽多闕疑；一首六身豈易曉，一束二縫亦難稽。五日之門曆所誚，三豕之渡史莫釐。馬尾虎穴充談助，落筆茫茫空累唏。吁嗟小學已廢絶，我亦有目如霧迷。昔者襄陽近臨川，署名猶爲世所譏。亟齋謂米顛錯寫『芾』字，而北亭亦笑臨川先生名，不當用俗體『紱』字。施郎何處得此本，老眼恍然逢珠璣。符山遺書已四散，淮浦帶草空離離。神呵鬼護幸存此，一朝靈物得所歸。巧偷豪奪世不少，尚其寶之防速飛。北亭以予之愛之也，乃以贈予，即爲其尊先人墓銘潤筆，予詩遂成佳話。

長至日展蒼公墓，同江聲，用離合格

九沙仙去後，瓣香過者希。觀察真多情，偕我踏山蹊。謝山致江聲。今日正南至，一陽氣霏霏。太史多雅懷，來看朱鳥飛。江聲答謝山。墓前麟辟邪，亦是故國儀。一枝借孤忠，星火以爲依。謝山。承聞

豐狐筆，已草黄絹碑。明年速上石，長作山中輝。江聲。

病中三首

疇昔負壯志，寧當遽就衰。二毛嗟早見，一病盼春回。自舊年沈疾後，蕉萃遂不可振。哀樂偏多感，升沈不待推。尸居慕姑射，何以絶塵埃。用止齋先生語。

聞道長安信，徵書下石渠。遺經增氣色，左席寵師儒。一洗專門陋，寧愁六藝蕪。膏肓吾自媿，廢疾不堪扶。時有致諸公見推之意者，即以此詩答之。

到處山陽笛，淒然感客心。此生豈金石，幾度悵人琴。試問歲寒客，誰投空谷音。便教長老健，顧影已蕭森。

鈍軒爲俞四蜚聲畫雪中高士圖，索題

高士愛冬不愛春，落落冬心冷愈醇。坐笑春風野馬塵，自冬發春乃長新。千山萬逕蹤迹絶，冰甌清絶見天根。寒厓之黍抱凍蹲，中有鴻濛木介痕。百昌不復能氤氲，誰知老子心脾愈浄骨愈尊？是誰滕六誰葛三，造化小兒遣來伴吟魂。山鬼颯颯噤不語，但見峥嶸鹿角横黄昏。暗香疏影自怡悦，忽然老鶴一聲戛然下天門。力能通乾而流坤，萬籟盡泯我獨存。底問北枝爲弟南枝昆，冬耶春耶一笑歸混敦。

即事

神州舊説江南好，十載顒顒望幸殷。一自中天消息降，山增金碧水增雲。

庚午歲朝

吠日吠雪犬譁然，噑南噑北客不前。老夫所憂在無年。穉兒不解事，應門索紅箋。

逸田以人日祭蒼翁，得三絶句

春來猶自怯霜風，人日題詩酹信公。畢竟擘蘭家法在，細挑七種菜叢叢。

最憐民部遊仙日，正是元樞授命年。地下雙雙埋碧血，人間久久發陳編。

華屋山丘一望中，誰來城北弔遺忠？張徐楊葉都零落，賸有平陵松柏桐。張遺民、徐石耕、楊竹畝、葉天益皆居城北，附近尚書里第，今其後人俱亡矣。

配京書齋，故寒厓先生居也，不可無詩

聞君焚膏地，舊是寒厓廬。將無承塵上，或有戊子紀事書。吁嗟小江一抔土，嘿農諸公陟降俱。

偶然作

返葬師臣苦，猶疑未乞休。將無戀香火，朽骨尚依周。

疏傅真高蹈，恩榮擅始終。由來能審分，不敢望功宗。

弓劍今蕉萃，還爲國體憐。橋山遥在望，回首一潸然。

病甚有作

老夫春病太咄咄，無處告訴但支離。偶然欠申不自覺，盲風閒道窺心脾。

昨宵舌本赤熛怒，流血驚怖雙牙關。或者渙去惕亦出，天心俯憐賀若頑。舌閒無故湧血。

昔人欲心如槁木，今我已槁乃逾危。乍疑方寸已皺裂，安得膚寸春雲垂。心氣忽忽告盡，異事也。

仲翔骨節原生硬，病裏猶添觸迕多。幸未折腰已若此，倘教束帶更如何。

湘東一目已郎當，何堪更晦半面妝。從今合眼亦自好，更莫奪我靈府光。

三千丈髮且半白，忽然作楚難按摩。絲絲細擢罪莫悉，一握任爾棼婆娑。髮痛甚怪。

世間萬事我何豫，其奈百感偏嬰心。此病天痼不可療，扁佗束手空沈吟。亡友姚薏田嘗言予病在不善持志，理會古人事不了，又理會今人事，安得不病。

諸生未了傳經業，幾許關情在替人。莫似老夫中暴棄，桑榆潦倒媿先民。

配京借鈔東發史稿列傳十篇，予家所塵有也

抱遺老子趨庭日，賣馬曾聞購日鈔。一卷遺文參宋史，問君何以報瓊瑶。

徐錦衣花乳石印譜

彎弓没石志未遂，揮刀切玉藝亦奇。此是萇宏未埋血，雪泥鴻爪尚離離。

明宗室隱頭陀寫文信公像，故民部董次公先生物也

南嶽諸劉嘆道窮，重摹王蠋感孤忠。懸知燕市光明相，跨鶴東來聽匪風。次公有匪風集詩。

病目集

八赤舟中柬薌林

天子親裁錫類詩，華堂争誦錦歸時。椎牛我自知難逮，只合空江理釣絲。
木雁遭逢豈可班，羞居材與不材間。故人爲我關情處，莫學瓊山强定山。
鮚埼亭下户長扃，未死心猶在六經。但使稍能窺墜緒，餘生不敢嘆沈冥。
駒隙難將歲序留，相看霜鬢各盈頭。益公爲待明農日，重約誠齋共唱酬。

鉏經圖爲藻川作

吾友子張子，新成豳頌箋；菑畬識元化，箕豆戒蕪田。負郭無多産，逢秋别有年。他時我止宿，雞黍足欣然。

慶湖課耕圖，爲秋睠作

朝過梅墅午麻谿，別製秧歌被耦犂。我亦來分餘餕好，湯公祠下啖豚蹏。

蓮宇先生再入政府

清德人無間，孤根帝所知。重膺左席召，不待大廷推。民力方憂敝，天災孰與支。望公調玉燭，晚節在斯時。

雨中江聲、菽林、菫浦、竹田、雪舫、雲亭，過飲篁菴

叢桂香隨暮雨沈，旅人獨坐正蕭森。相逢舊雨皆華髮，並奏清商寫素心。米價未平愁歲歉，江湖大上識秋深。精藍喜與塵氛隔，且擘鱸魚供醉吟。

嶰谷北行，同人分賦行裝，予得油衣

客裏難教用瓦精，偏逢雨雪送長征。襟分薜荔牆頭色，袖作芭蕉窗外聲。渴日若升應棄置，漏天未塞足孤行。故人此日齊東道，愁聽簷花落五更。

穆堂先生下世，欲作挽章，不能盡所欲言，援筆輒泫然而止。冉冉一載，邗上寓中得三首，亦竟未足抒予痛也

坡潁好兄弟，終身酹兗公。後來陳正字，没齒感南豐。薄植寧堪比，深恩實所同。重江素車隔，何日拜〔玄〕宫。

我有籲天語，蒼蒼遠不聞。終難遺一老，殆欲喪斯文。大鳥臨江介，妖星入楚分。最憐用世志，百折尚殷殷。

淮上分襟後，長愁十載多。心期已孤負，音問亦蹉跎。絶學知難紹，雄文定不磨。墓門雖寂寂，正氣表山河。

著老書屋分賦梅事，予得吟梅

徙倚南枝下，霜髭斷幾莖。有香慰幽獨，無句寫孤清。雪釀高寒景，山深太古情。微吟有未竟，天上已參橫。

鮚埼亭詩集卷十 古今體詩一百七首

度嶺集

東粤制撫以天章精舍山長相邀，辭謝不得，齒髮日衰，乃爲五千里之行，非予志也

忽忽暮春日，茫茫五嶠行。庭前書帶草，遠别最關情。張生瑶暉頗不欲予遠行。
此去特謀食，投荒作遠遊。解嘲姑漫語，好爲訪羅浮。
衰病畏行役，屏營足不前。杭生真邁往，先我已揚鞭。時堇浦有粤秀山長之聘，先行。

嚴灘

在昔紫薇翁，説詩白雲原。紫薇已先去，白雲滿江村。荒江撫木末，尚有魯公魂。我亦酹巵酒，一弔謝生墳。

豫章小泊，欲過哭孺廬學士墓下，不得

弭節望東埂，西州涕泗多。素車吾有負，玄冕或來過。莫報恩如海，應憐鬢亦皤。悤悤感鄰笛，落月滿江沱。東埂學士村居所在。

吉水道中

泝江西上去，極目路漫漫。岸泊山根穩，天浮水面寬。荒涼知瘠土，蹭蹬識驚灘；況復石尤阻，彌愁行路難。

贛關

疇昔憐楊萬，空將螳臂殘。功應侔翟義，志未遂田單。往事魚羊劫，遺民心膽寒。沙場百戰地，試上榷關看。

大庾

此地亦絶險，開荒賴始興。古梅卻不喜，行李破荒塍。

紅楳驛

吴公持節真瀟灑，手種南枝萬五千。何物督郵堪領受，故應泥首酹梅鋗。

閩中豔説楓亭好，未若臺關清復清。敢以風塵輕下吏，美人高士共通靈。楓亭驛産荔。

楳花北去多爲杏，誰道南轅亦有然。聞説瓊臺還六出，嵇含狀裏未詳箋。

海珠寺

落落三浮石，相望鼎峙尊。由來分地肺，何處泝雲根。日護朝臺影，潮喧估客樽。寺前古榕樹，消暑足昕昏。三浮石，謂靈洲、海珠、浮丘也。菊坡不可見，願得見文谿。又復五百載，吾將誰與齊。孫枝遍嶺嶠，栗主傍招提。尚有殘編在，寒芒映彩霓。寺有李公昴英祠。聞道炎興日，軍烽鬬此間。欃槍駴佛火，矢石躪禪關。小鳥難填海，愚公浪徙山。三忠當勝國，亦復踵殷頑。

梅園小集

由來百粤士，多豔説梅侯。臺嶺南枝放，珠江遺愛留。尚餘湯沐在，正傍水雲幽。此地蕭閒甚，披襟散百憂。

天章精舍釋奠禮成，示諸生

魁儒疇昔降神時，紫水黃雲天命之。世遠山川長寂寂，投壺誰唱代興詩。雲水爲白沙之瑞。

瓌奇多學數瓊臺，底事三原忽見猜。力毁石翁尤可詫，瓣香姑舍莫相推。時多以瓊山不豫祠中爲疑。

泰泉高弟稱盧子，尚有遺書歷劫存。怪殺圖經遂滅没，我來重爲薦芳蓀。盧太守冠巖所著獻子偶存，深造自得之言，南海志乘竟無爲立傳者，予始表而出之。

清瀾雅自居朱學，學蔀成編世所傳。此是當年執政意，真儒定論豈其然。泰泉不喜陳、王之學，出於意見不合。清瀾則投政府之所惡而攻之，醜矣。

江洲極口排貞復，不以枌榆事黨同。方信石翁真世嫡，肯將蔥嶺玷宗風。

由來報本重先河，此席功應首見羅。曾以講堂爭去就，蕭寥香火竟如何。端州精舍始於李公，分守嶺西所作，其後以督府殷正茂不喜講學，拂衣去官，今粵人無知之者。予近討論先師，但列粵中諸儒，而未及涖斯土者，然見羅斷不可恝然也，當補行之。

九日諸生請予登高於定山，予病未能也。梁新、謝天申、黄文各有長句一首，予亦同賦

秋來蕉萃倦題糕，諸子行吟興各豪。五嶺炎風宜落帽，人能清韻在登高。東籬何處尋黄菊，左手相看握巨螯。我亦掞天閣上望，七星嵐翠自周遭。

送耜堂掌教新會

沂水春風自在天，白沙密授更誰傳？張林湛李都零落，木鐸消沈三百年。

年來絶學已榛蕪，大雅危輪好共扶。目送君舟自厓返，端溪凉月夜牀孤。

木蘭花下共論文，曾爲諸生討論殷。此去正逢冬日好，霜橙露菊薦黄雲。

越公墓下信公祠，填海遺編試問之。淒絶鷓鴣清夜淚，一樽爲我酹南枝。

江東粤秀講堂開，定有雄文足起衰。不道一時齊度嶺，浙宗和會廣宗來。陽明、甘泉同講學，時稱爲二宗。

蓬萊香吏正鳴琴，主客遭逢定賞心。倘有唱酬成別集，老夫乘興更相尋。謂張惕菴。

遊光孝寺

仲翔負直節，垂老乃投荒。飢啖荔支實，渴飲訶子湯。未知粵後進，阿誰爲登堂？至今寓寮畔，書帶尚成行。我亦骯髒人，南來漫鼓篋。浮屠不知儒，但禮六祖塔。

粵中之梅，祖臺嶺而宗浮山，然其餘郡國頗稀少。予至端谿，因憶海目詩中言官棠山中多古梅。官棠，海目之別墅也，今未知存否？乃語諸生訪之

嶺外梅花自古傳，而今花事竟蕭然。每當雪白風寒日，孤負參横月落天。聞道官棠多佳植，舊知詩老有流泉。何當蠟屐同探去，倘結瑶華歲晚緣。即用江洲先生詩。

有以魚凍柑來餽者，粵無柑，實即橘也，而冒以爲柑，指其小者爲橘，詩以正之

千頭不下洞庭甘，魚凍尤於霜後酣。粵客未通韓氏録，錯將朱橘唤黄柑。宋韓彦直有橘録。

病甚，偶然口授侍者

春來蕉萃木蘭花，槁盡三冬金粟芽。即此便同官舍鵩，先期早爲報長沙。予窗前有木蘭花一樹，甚愛之，新歲將放花，忽槁。

誰言獻歲已兼旬，不見南中草木春。天亦與吾共蕭瑟，蠻風蜑雨幾酸辛。

示諸生

辛苦諸都講，朝朝問起居。稽疑頻筮易，侍藥罷觀書。共學情原摯，當歸恨有餘。服勤真古誼，惘

悵別征車。

自我開堂後，相依未一年。所懷多不盡，有待或徐宣。遂爾悤悤去，誰將耿耿傳。諸君能自得，定不藉言詮。

雅憐維縶意，決去定非情。其奈多憂患，誰爲久合并。相孚在志氣，不隔有神明。他日學成後，扁舟慰老生。

遊寶月壇

喬木蒼然古，猶疑孝肅遺。遥青接員屋，新緑滿清池。天曠定無暑，地偏足自怡。老夫輿疾過，聊以慰支離。

登閱江樓

端州城市裏，偪側不成歡。突兀樓臺起，蒼茫眼界寬。江天落襟袖，烟雨幻林巒。尚有大函碣，摩挲蘚石看。

七星巖

天帝當年啟大樽，七星羅列似兒孫。洞門尚有歌鐘在，石室將無祕籙存？自昔湖山烟水闊，於今阡陌草萊焚。何當反復謠黄鵠，用瀉灕江春漲痕。謂灕湖也，説見屈氏新語。

白日伊誰巧琢成，離奇變幻有神明。乳泉上接天漿落，斗枋遥疑石筍擎。山鬼空中驚爆竹，詩人傍午作題名。老夫蹇足徒惆悵，病後探幽不勝情。

堇浦渡江來視疾

蕭晨病榻意淒然，剥啄驚來吾友船。春雨奄奄生趣盡，相看同唤奈何天。

白髮猶然動殺機，中央四角校盈虧。先生正恐心兵鬭，憑軾休輕用指麾。

新會張明府惕菴以予將去粵，有『諸生無福』之歎，予皇恐不敢當也

泰山不作文昭逝，方信人師絕世無。自分衰殘天所廢，敢耽棧豆誤生徒。

孤負賢侯屬望奢，幾時帶草盡開花？鯫生量力知無補，只合焚香祀白沙。院中舊無先賢栗主，予始創祀白沙先生以下二十一人。

一年鼓動終無術，因病逃閒亦見幾。誰變秀才爲學究，此中罪責有攸歸。

梁父主生亢父死，泰山祕册定難詳。故人愛我將無過，欲卜天心恐渺茫。時君謂予必不死，以所蘊未盡暴於世也。

肇慶訪故宮

當年草草構荒朝，五虎猶然鬬口囂。一夜桂花零落盡，沙蟲猿鶴總魂消。

辛苦何來笑澹翁，偏行堂集玷宗風。丹霞精舍成年譜，又在平南珠履中。丹霞精舍在南雄，予嘗謂澹

歸在『五虎』中，本非端士，不待爲平南作年譜而始一敗塗地也。

天湖慶雲寺 有序

天湖本名頂湖，相傳有湖在山頂。今山頂無湖，但平地耳。或者桑海之變耶？翁山則以瀑潭爲湖，亦近之。村夫子不知，乃以爲鼎湖，而引黄帝弓劍之迹以附會之，妄矣。予病後將去粤，諸生請入山，因再宿，漫成古詩三十二韻。

『明鏡本無臺，菩提本無樹』；天湖本無湖，莫問濫觴處。放舟羚羊峽，取道大蕉園。遥青四十里，知是白雲源。路曲擬羊腸，林深怖虎穴。因緣古佛慈，膜拜不脛集。梁郎既捨宅，曹洞遂傳衣。一自棲壑來，弓冶盛軍持。山花不識名，各各吐香氣。山鳥啼其間，盎然感春意。從行二三子，捷足善探奇；而我已頹然，扶掖仗闍黎。努力躋絶頂，端州如彈子；一葦灘江流，渺然溝澮耳。俯睇七星巖，蒲伏來朝宗。或曰彼瀝湖，原與天湖通。天湖今已平，瀝湖漸亦閉；伏見均有時，開塞定一氣。更陟大龍湫，飛瀑滿空山；清入人心脾，寒動人鬢鬟。其餘諸小潭，環拱尚八九；或曰是皆湖，未知果然否。山僧愛敬客，啜我白雲茶；肺腑滌塵氛，齒頰吐香花。坐久移我情，疑與下界隔；轉嫌嵐氣濃，鷓鴣催歸客。阿誰不學者，妄託軒轅遺；謂是攀髯迹，謬語真無稽。老夫病愁餘，百事已心死；一榻借諸天，五言授侍史。未能寫清勝，聊以正圖經；他日討文獻，譌謬庶有徵。向來有山志，然譾劣，殊不足觀。

天湖石船歌

高州石船，舊見屈氏新語，是山則未之聞也。事見登封景氏崧臺集。

天湖有石船，夜半誰負去？將無天湖涸，石船因失據。飛行同怪山，長逝不知處。我作大招詞，欲以返徒御。湖通船亦歸，我便浮家此中住。

天湖杜鵑花盛開

殷紅長明燈，化作杜鵑血。方知長至後，已踰百七日。故鄉石窗下，五色正蔥蔚。

天湖之稱，不知所出，近從獨漉詩，方知以桂王得名也

當日小朝廷，湖山別署名。尚傳亡國痛，敢爲望藍榮。浩劫幸垂盡，慈雲慶永清。遺民詩史在，莫罄籲天情。

萬年果

天湖萬年果，嵇含狀未具。相傳石洞生，或有石髓注。我昨來山中，偶拈澄谿句。乞靈古先生，詰朝倘有遇。

白沙岡訪桄榔亭 今高要人所呼爲龜峯者。

習之昔南邁，言登茲山阿。故人題名在，感舊幾婆娑。今我亦來過，望雲感羈寓。爲尋桄榔亭，不見桄榔樹。

研谿

昔人研材隨處有，其後僅稱端與歙。端既盛行歙亦衰，䍽羊日苦錐鑿及。年來端産亦告盡，竭澤而漁苦不給。厲階徒爲有司梗，生者不敷采者急。石工因之競售欺，冬瓜無瓤青花澀。孤冢誰招常侍魂，清風莫溯包家笈。有司之困縱莫憐，亦應稍爲地脈攝。是誰爲我告天子，封山罷貢足安緝。鸜鴿夜眠睫不驚，水雲重吐新蕉葉。

甘竹灘鰣魚歌示梁新、謝天中、黄文

我聞甘竹灘，在昔本盜巢。三忠竊因之，思以延小朝。其時赬尾愁，探丸驚周遭。清流無恬鱗，時物避腥濤。太平踰百年，滄波亦逍遥。何況彼萑苻，有不化樂郊？牧人夢繁殖，笙詩奏豐饒。相望海目山，比屋皆漁舠。下灘與上灘，肥瘠各分曹。誰言風物異，頗不下金焦。大江以南，金山之鰣爲最，錢塘次之。粵中以甘竹爲最，海目次之。罛師乘急艇，來逐九江潮。爲我細指語：其口中櫻桃，粉頰斯已劣，鐵頰不待嘲；其要在護鱗，比之珍青瑶。三眠楊柳枝，穿以入吾庖。烹之宜苦筍，下之宜新醪。膾之尤絶佳，蟬翼輕雲飄。乃知四腮鱸，未若兹堪豪。粵鰣終不如吴鰣，惟膾之獨擅風味，他方不逮也。老夫久病憊，染指破寂寥。以侑益智糉，愛其多芳膏。諸生正格物，登堂紛諏咨。是魚名氏多，五雅未盡釐。在古本曰鮥，周公曾記之。在今或曰鰽，集韻足補遺。唯鰽至以春，而鰣與夏期。一物分二候，變化成差池。別字曰當魱，郭公箋可稽；又或但曰時，偏旁亦依稀。鄞人呼曰箭，方言更詭奇。在粵曰三鯠，其通爲三鰲。是亦見舊經，埤蒼誤爲魱。鯠、鰲二字，音之通也，見爾雅。郭氏曰『未詳』，而埤蒼誤以爲『魱』。今粵諺曰『三鰲不過銅鼓灘』，乃知鰲即鰣也。是足補爾雅注疏。自此更逆流，不越銅鼓西。老夫一笑粲，洽聞良足資。惟是審名物，奚事細碎爲。由來磊落人，屑屑非所宜。溯儂年少時，蟲魚亦紛披。近欲比羅願，遠將跨陸璣。年來百不能，冥心已嫌遲。但當食蛤蜊，餘事安所知。遥望甘竹灘，罨網掛晴霓。甘竹灘豪余龍嘗受陳、張諸公之爵，國初被剿。

羚羊峽

萬壑自西來，奔騰不可迴。中流成阸塞，傑閣起崔嵬。謂閱江樓。思婦牢愁寄，謂望夫石。勞臣棨戟開。羚羊窺塔火，掛角到林隈。

瀶川訪海目先生故居

江洲好兄弟，宫相以詩鳴。侍郎江洲先生，講明白沙之學。爲過瀶川宅，水雲明且清。風騷今道喪，池榭亦塵冥。太息斯人逝，誰爲發地靈。粵中詩人如五家、三家，多出東州，其自端而西，唯海目父子一門。

嘉魚

嶠南雖澤國，頗苦食無魚。入市盡凡品，薦盤乏芳腴。丙穴有佳種，賦材良獨殊。夷然惡溷濁，而獨耽清虚。玄霧供茹吐，青苔飽有餘。炎天偶見雪，尤屬性所娱。置身遠潮汐，因之謝泥淤。是在高士中，井丹足並驅。初冬木葉脱，灕江氣蕭疏。十里小湘峽，夾岸皆罾罟。蜀魚乘春出，以待漲水瀦；粤魚乃冬遊，以待潦水枯。吾獨憐是魚，待時始一出。一出遽危身，豫且同刳裂。何不老石潭，誰得窮其窟。行矣尚速歸，見幾莫終日。

馮生元才家順德，屬之訪李抱真先生畫猫，然殊恐其難得也

李公學道人，閑情作畫師。相傳小廬山，沙翁曾賞之。吾家繙薑鼠，四出不敢支。乞靈得一卷，潛伏倘有時。購之不敢用吴鹽，李公之畫直百縑。吴中以鹽易猫。

增城荔子

新州香荔已堪推，掛緑東來更絶佳。況有嘉名以人重，當年曾入尚書懷。以甘泉翁故，有『尚書懷』之名。

牂牁江上偶然作

牂牁怒濤亙萬里，東江亭口不可磯。桃花新漲忽山立，一點塔火遥熹微。
春來佳絶木棉花，夾岸殷紅萬本賒。此是承平好燈火，誰將烽燧向人誇。木棉花是烽火樹，尉陀語也。
古榕高與碧霄參，正以中虚内美含。長爲不林蒙訕誚，就中誰識有伽倆。伽倆，往往産榕樹中。
萬山深處鬼神憑，夜半風來楓樹鳴。驀地一天雷電降，楓人束帶更垂纓。
陸郎湯沐留南嶠，帶礪丹青澤未沾。天以陸谿長賜姓，不教鍾室起猜嫌。錦石山有陸谿。
水枝啖罷又山枝，九夏輕紅劈荔時。更浥天漿和脂水，女郎玉面發華滋。
玉欄金井良無輩，只恐炎天火易驕。莫道黄皮是凡果，爲郎消熱長神膏。黄皮可以解荔支之熱。

生成大化定難參，物産由來未易諳。不料赤龍都會地，荔奴反以背陽甘。荔以向日者佳，龍眼反是。

山栽龍目水龍鬚，別有屠龍絶伎殊。抉取靈眸供大嚼，攀髯一夢已蘧蘧。高要金渡村有龍鬚席。

女青百尺經冬茂，貞婦門前合取栽。亦有男青人不識，此花或爲義夫開。

東三峽更西三峽，最愛靈山寺水清。活火寒流烹諫果，待郎夢醒解餘酲。

陳村水比鏡湖清，豆酒新淘一百瓶。只恐南中灰力健，願郎飲少爲尊生。

連朝夏課莫須增，可怕炎威易鬱蒸。何物爲郎助清興，夜來新製素馨燈。

思夫村裏愁雲生，望夫山下哀淚盈。未若閬風巖獨好，鴛鴦雙雙共目成。巖有鴛鴦石。

西樵山中茶事好，最愛茶娘淑且閑。秋胡問道嘿不答，時有瀑泉掛鬢鬟。

端州白石浄於玉，端州錦石爛如雲。黄岡十里皆石户，女郎亦參追琢勳。

鮚埼亭下是儂家，雪後沙螺舊所夸。度嶺相逢重道故，南烹此足擅清華。

農家旱潦最關情，共卜田雞上巳鳴。莫似翁山呼作蛤，介蟲將與鸁蟲争。

『莫采廣寧員嶺筍，迷人九十九條坑』。若許長年啖玉版，終迷亦足老吾生。粤之筍多苦，首二句乃粤諺也。

七星巖裏花蝙蝠，五色迷人雙目睛。不減羅浮大蝴蝶，仙風習習更通靈。

杪春鰽白化爲鰣，正逐刀魚上市時。試向漁家一問訊，家家藿葉膾薑絲。鰣魚之在粤者多以鰽魚化，而隨鱒魚出。

極林村裏貢香柑，道是如來信手拈。莫訝柔荑竟拳曲，前身鉤弋不須占。

西江前去路屯邅，孤客行旌未易前。郎到夜深須警醒，戒心猶在夢香船。夢香，以破布葉之藥解之。

春日春閨樂不支，姊魚妹蜆競芳姿。謂郎何事催妝急，且賦糖梅糖欖詩。粵婦以糖梅爲于歸之贄，次之糖欖。

江門謁陳文恭公祠，因訪文恭服玩遺器，各賦一首

碧玉老人太古心，碧玉老人太古音。老人去我三百載，許我登堂撫石琴。碧玉，文恭樓名，右石琴。

玉臺巾製已無存，湛子猶傳葵笠尊。有客切雲冠戛兀，白頭訪古到江門。右玉臺巾。文恭詩曰『唯有白頭豀裏影，至今猶戴玉臺巾』是也。甘泉以葵笠授弼唐爲傳衣，即所云『心性冠』是也。

石翁曾繡自然裳，付授甘泉永勿忘。我亦荷衣更芰製，摩挲襟襶浥餘芳。右自然裳。

圭峯石上三茅君，曾爲講堂供奉殷。今日陽春私淑者，何當分策管城勳。右茅筆。

蘭橈桂楫亦已遠，玉色金聲倘可從。如聞先生扣舷和，春水汨汨雲淙淙。右光風艇，文恭及門伍君光宇所作也。

寶查村蕉布歌

唐志端、潮皆以入貢，今端惟寶查、廣利二村有之。

珠娘怨甘蕉，長作風雨聲；繅以緯黄絲，天孫見未曾。當年貢天府，舊史最有名。近日尤矜貴，市司罕所登。由來纖纖手，經年始織成。但以私其夫，膚清更神清。客從寶查來，貽贈忽數尋。用之作涼幬，不翅貴南金。儂衾如蕉葉，儂便作蕉心。展轉相什襲，炎威遠不侵。中夜夢殘時，簷溜滴有聲。喚醒帳中魂，與之共清吟。

慈元陵

高曹向孟均賢后，尚有芳魂殉落暉。一洗簽名臣妾媿，虞淵雙抱二王歸。

題故都督傳示容生勸 故督佟養甲也。

戊子翻城事可哀，最憐故督是奴才。已成負國難辭咎，浪欲歸朝竟致災。豈有遺民俱不考，妄將大節漫相推。桂林殘史猶堪證，曾受褒平封册來。

艇子冶春詞

尉陀魋結亦風流，曾作重三祓水遊。歌舞岡頭蘭芍盡，鷓鴣獨自唱荒陬。

秦女南來萬五千，武王奇策亦奇緣。至今越女多秦種，可有嗚嗚舊曲傳。

誰製花枝鞶鑑銘，回環宛轉似天成。由來嶠外閨人巧，傜女都能解四聲。

番山剷去禺山削，南漢荒唐不待論。只合三春明月夜，花田花下弔花魂。

聞道西江女土司，兵符親報擅奇姿。滿堂記室承顏色，獨愛東州海雪詩。

吴淞女子思報國，擾亂南中竟數年。多少降臣蒙面死，不如桑濮一嬋娟。謂李成棟之姬也。

丁敬身求予揭光孝寺千佛塔記，詩以答之

訶林癡絶降王塔，宦者名連髡者傳。寒鐵千秋遭穢筆，不須更玷蜜香箋。

張新會惠葵扇

江門葵田遍阡陌，員葉扶疏幾四尺。長夏能嘘長養風，涼不傷人在温克。江門工師翦裁精，袚暴兼資水火力。居然大雅成柔嘉，蠲煩解躁有令德。由來葵產異百材，入火不焦最雄特。天蠶之絲紉以精，椶竹之枝惠且直。青銅爲扣玉爲板，鸖耶鵝耶都減色。南方赤帝赤熛怒，一遇此君都冰釋。此物流遺自幾時，相傳典午陪巾幘。物經王謝總風流，況在炎洲尤任職。老夫久病熱惱侵，安得卧冰揮素琴。江門使君愛我深，貺以雙扇清塵襟。願君推此甘棠陰，陰火陽冰互酌斟，大洗燄伏慰我心。

濠畔偶成

此山舊是小秦淮，油壁香車處處排。客自十三行口至，定情先下寶珠釵。

郎君落落擅春濃，欲卜良緣安所從。試祝堂前金孔雀，但教命中即乘龍。

波羅江上浣輕紗，更有波羅新樣麻。攜手波羅廟下去，波羅蜜已大於瓜。

夜來香以夜來甜，郎若夜來香更添。只恐不來孤負甚，望穿花影動前簷。

柳因顧媚與王微，舊院遺民世所希。天末朱樓安遠嶠，板橋誰爲志芳菲。